SALUTE & DISCOVERY

致敬与发现

 感谢中宣部2019年文化名家暨四个一批人才之宣传思想文化青年英才自主选题项目的资助、中国农业大学"世界经济新格局"青年科学家创新团队的科研资助,以及国家社会科学基金青年项目(10CGJ023)的资助

世界经济新格局丛书　A SERIES ON THE NEW PATTERN OF THE WORLD ECONOMY

中国国际贸易
摩擦治理路径的有效性研究

李春顶 著

经济管理出版社

图书在版编目（CIP）数据

中国国际贸易摩擦治理路径的有效性研究 / 李春顶著. —北京：经济管理出版社，2018.12

ISBN 978-7-5096-6242-7

Ⅰ.①中… Ⅱ.①李… Ⅲ.①国际贸易—国际争端—处理—有效性—研究—中国 Ⅳ.①F752

中国版本图书馆 CIP 数据核字（2018）第 275328 号

组稿编辑：宋　娜
责任编辑：张　昕　张玉珠
责任印制：黄章平
责任校对：王淑卿

出版发行：经济管理出版社
　　　　　（北京市海淀区北蜂窝 8 号中雅大厦 A 座 11 层　100038）
网　　址：www.E-mp.com.cn
电　　话：(010) 51915602
印　　刷：唐山昊达印刷有限公司
经　　销：新华书店
开　　本：720mm×1000mm /16
印　　张：16.75
字　　数：318 千字
版　　次：2020 年 11 月第 1 版　2020 年 11 月第 1 次印刷
书　　号：ISBN 978-7-5096-6242-7
定　　价：98.00 元

·版权所有　翻印必究·
凡购本社图书，如有印装错误，由本社读者服务部负责调换。
联系地址：北京阜外月坛北小街 2 号
电话：(010) 68022974　　邮编：100836

前　言

中国是国际贸易摩擦的最主要受害国，研究贸易摩擦的治理路径是中国对外贸易领域的一项重要课题。全球金融危机爆发之后，世界经济格局和国际经济规则呈现出新趋势和新变化，中国遭遇的贸易摩擦表现出新特征；同时，当前中美贸易摩擦进入"白热化"的博弈和谈判阶段，影响了双边经济以及世界经济的发展。在此背景下研究国际贸易摩擦的治理路径正当其时。在理论上，对国际贸易摩擦成因和经济效应的研究较多，但对摩擦治理路径选择及有效性评估的研究文献相当匮乏，本书在理论上是及时而有益的补充。

本书从博弈论的理论视角和定量回归的实证分析两方面全面系统地研究了单边行动、双边谈判、诸边区域一体化，以及多边 WTO 争端解决机制在国际贸易摩擦治理上的效果和适用条件。构建并扩展贸易摩擦治理效果评价指标体系，并实证评估中国的贸易摩擦治理现状和治理效果，得到贸易摩擦治理路径选择的一般性结论，为中国的贸易摩擦化解提供有益借鉴和政策建议。

当前国际贸易摩擦的发展趋势及对中国的影响

近年来，国际贸易摩擦呈现了新的特征和趋势。国家援助措施替代了传统的贸易限制措施，成为国际贸易摩擦的新手段，新兴产业和稀缺资源成为国际贸易摩擦的新目标，全球治理成为国际贸易的新保护伞，国家安全成为贸易摩擦的重要新借口，发展中国家发起的贸易摩擦和贸易救济数量不断增加。

国外对中国发起的国际贸易摩擦损害了中国的产业发展和经济增长。发达国家发起的贸易摩擦对中国行业的损害显著，行业总产出、利润、从业人数以及出口都遭受了显著的负影响，但生产率在一定程度上却获得提高。比较发现，出口受到的损害最强，利润和产出次之，就业的损害较小。发展中国家发起的贸易摩擦对中国行业利润和企业数目的损害较大，对产出、就业和出口的影响较小，对生产率具有正向激励。比较起来，发达国家的贸易摩擦对中国的负面冲击大于发展中国家的贸易摩擦。

进一步细致分析国外贸易摩擦对中国行业生产率影响的结果发现，国外贸易摩擦对中国行业的整体生产率产生了积极影响；效应对于私营企业突出而显著，对外资企业较弱，而对国有企业无显著作用；发达国家贸易摩擦的影响大于发展中国家；生产率的分解分析揭示：贸易摩擦对技术效率的激励效应最强，对全要素生产率次之，而对技术进步的影响较小。

中美贸易摩擦的量化分析发现，相互贸易摩擦会给双方带来损害，且美国不能实现制造业就业的增加。在中国应对中美贸易摩擦政策措施的救济效果比较上，人民币汇率贬值，建设区域全面经济伙伴关系协定（RCEP）和中美达成合作开放等措施最有效，中国进一步对外开放、加入全面而先进的跨太平洋伙伴关系协定（CPTPP）的效果其次，而贸易报复的效果略差。短期内，推动人民币汇率适度贬值、贸易报复和进一步对外开放是较为可行的有效应对路径，在政策启示上，中美贸易摩擦不符合双方经济利益的选择，美国的贸易保护主义和"逆全球化"政策缺乏存在的经济基础，双方合作共赢才是长期的最优抉择。

单边行动治理国际贸易摩擦

单边行动的政策措施主要有：提升出口产品竞争力，促进产业结构转型升级，对外直接投资缓解摩擦，建立贸易摩擦救济和预警体系，第三方力量的使用等。对中国来说，化解贸易摩擦的最重要单边措施是促进贸易平衡，以及调整国民经济的需求结构。

中国的对外贸易存在不平衡，长期处于贸易顺差地位，且顺差额不断增加，容易招致国外的贸易摩擦。促进贸易平衡，不仅符合出口可持续原则，也是缓解贸易摩擦的重要单边行动。在中国国民经济的需求结构中，消费所占比重较低，投资和出口所占比重较高，经济增长较多依赖外需，过高的出口比重决定了贸易量大且贸易不平衡，进而贸易摩擦多。调整国民经济的需求结构，提高消费和内需比重，能够从根本上化解国际贸易摩擦。

国际贸易摩擦的发生是两国之间内部经济结构矛盾或一国的单方面非公平做法引起的，任何的谈判协商和诸边及多边机制都是讨价还价的过程和结果，长期内能够最终化解贸易摩擦的途径是单边行动。中国应该更多地在单边行动上促进贸易平衡、提高"中国制造"的竞争力、促进需求结构的转型，逐步化解国际贸易摩擦。

双边谈判协商治理国际贸易摩擦

理论分析发现，国家之间的谈判协商解决国际贸易摩擦的效果取决于双方国家之间的相互依赖程度，以及竞争性企业之间成本差异的大小和进口国消费者对本国产品的偏好程度。当出口企业具有可置信的威胁，同时出口企业的成本优势足够明显时，"大棒加胡萝卜"的威胁策略有效。

加强贸易摩擦国之间的谈判协商有利于化解贸易摩擦，对贸易伙伴国政府的游说策略同样可以起到缓解国际贸易摩擦的作用。

双边谈判是治理国际贸易摩擦最直接和最有效率的途径，只要贸易双方具有共同的利益，并且国际贸易能使双方获益，则通过妥协让步和安抚措施就能够化解国际贸易摩擦。

诸边区域一体化治理国际贸易摩擦

现有区域一体化的贸易争端解决机制中，北美自由贸易区、欧盟、东南亚国家联盟、中国—东盟自由贸易区、亚太经济合作组织等都有各自的贸易争端解决机制，有利于化解内部成员相互之间的国际贸易摩擦。

全球金融危机之后的区域一体化发展如火如荼，重要的组织安排主要有跨太平洋战略经济伙伴关系协定（TPP）、跨大西洋贸易投资协定（TTIP）、中日韩自由贸易区、区域全面经济伙伴关系协定（RCEP）等，积极发展和参与这些区域一体化组织，建立国际贸易摩擦和争端协调机制，有利于化解贸易摩擦。

区域经济一体化治理国际贸易摩擦存在着局限性。其一，对于地理位置相距较远，经济基础相差较大且相互依赖性不对称的国家来说，建立区域一体化安排是较困难的。其二，贸易中双方的获利是不对称的，贸易摩擦在本质上是由不对称的利益分配格局所引起的。如果区域一体化安排不能消除贸易双方获利的不对称性，将难以化解贸易摩擦。

多边的 WTO 争端解决机制治理国际贸易摩擦

WTO 争端解决机制有一套完整的程序，能够相对有效地化解国际贸易摩擦。但 WTO 争端解决机制也存在缺陷和不足。首先，机制还不够完善，存在不公正的现象；其次，效率较低，成本较高，所需时间长；最后，制裁手段的有效性不强。

WTO 争端解决机制由于效率低、成本高等原因导致应用性不强。一般情况下，只有在双边谈判无果，区域一体化安排又难以实现，并且确实会给受害国造成较大损失的情况下，才会上诉 WTO 争端解决机构（DSB）。

四种贸易摩擦治理机制的适用性

理论模型的分析发现：其一，对具有一定市场势力的大国来说，双边谈判对大国最有利，其次是区域一体化，而 WTO 机制的福利最差；如果大国的市场势力较弱且不明显，则应优先使用 WTO 争端解决机制，其次是双边谈判，最劣是区域一体化；同时，无论在何种情况下，双边谈判都是比区域一体化更优的贸易摩擦治理路径。其二，对没有市场势力的小国来说，想方设法解决贸易摩擦是有利的；而在治理贸易摩擦的路径中，争取越多的成员参与对其越有利，即 WTO 争端解决机制最有利，区域一体化次之，最后是双边谈判措施。其三，对世界总福利来说，解决贸易摩擦总是有益的。在三种解决路径中，WTO 机制的总福利最高，区域一体化机制的福利次之，双边谈判均衡时的世界福利最低。

通过一般逻辑和现实分析发现：第一，单边行动是解决贸易摩擦的最根本途径，最有针对性和彻底性，且不需要浪费谈判成本和协商所需要的时间；但难点是单边行动难以在短期内实现。第二，双边谈判协商是解决贸易摩擦的最直接方法，能够找到摩擦的原因，有针对性地协商解决，并且化解问题效率较高、时间较短、手续较少和成本较低；不利的是双方往往缺乏合作的基础和共同利益，谈判难以达成一致；任何贸易摩擦的解决通常都离不开双边谈判，对任何贸易摩擦都是适用的。第三，诸边的区域一体化安排集合了双边谈判相对效率高的优势以及多边体系带来的强制性约束对摩擦解决的效力优势；不过摩擦的双方不一定具有形成一体化安排的基础，适用性往往不强。第四，多边 WTO 争端解决机制的优点是效果较好，能够充分发挥多边体系的权威性约束力，从而化解贸易摩擦；但缺点是效率太低，耗时太长且成本太高，结果不一定理想和公正。

中国贸易摩擦治理效果评估与对策

通过中国国际贸易摩擦治理的有效性评估结果发现：中国的贸易救济措施效果显著，对于企业数目、总产值、就业、利润和出口都产生了正向推动作用,并提高了行业生产率。比较而言,中国贸易救济对行业生产率和利润的积极效应最为突出,对就业、产值的作用次之,而对出口的效应最小。从不同的企业类型看,私营企业受到的救济作用最显著,外资和国有企业受到的救济作用较弱。针对生产率的分解分析发现,中国的主动贸易救济措施对国内相关行业的整体生产率存在显著的正向激励作用,主要是通过技术效率的提升来实现的。

对于具体的争端来说,到底采取何种策略来化解,应根据具体的情况而定。一般性的原则是,能够单边化解的应该首选单边解决,单边无法化解时应首选双边谈判解决,如果都不奏效,才考虑区域一体化的解决机制,最后才考虑上诉WTO。原因是这些化解途径所需要的成本不同,涉及对象越多的路径意味着将会耗费越多的时间成本和谈判协商成本。

针对不同行业的国际贸易摩擦,如果中国是一个具有市场势力的大国,应优先选择双边谈判,区域一体化和WTO争端解决机制位列其次;如果中国是一个没有市场势力的小国,应该争取尽可能多的国家参与协商化解贸易摩擦,此时WTO争端解决机制最优,区域一体化是次优选择,而双边谈判措施效果最差。

目 录

第一章 引 言 ·· 1

第二章 文献综述 ·· 3
  第一节 国际贸易摩擦的类别、特点和发展趋势 ································ 3
  第二节 国际贸易摩擦产生的原因和机理 ·· 6
  第三节 国际贸易摩擦的影响效应 ·· 12
  第四节 国际贸易摩擦的治理策略 ·· 16
  第五节 小结 ·· 18

第三章 中国国际贸易摩擦的发展趋势与影响 ·· 20
  第一节 发展趋势 ·· 20
    一、金融危机后国际贸易摩擦的新趋势和特点 ·························· 20
    二、中国遭遇贸易摩擦的现状：以反倾销为例 ·························· 25
    三、中国主动发起贸易摩擦的现状：以反倾销为例 ···················· 27
  第二节 中国遭受贸易摩擦的原因 ·· 30
    一、贸易摩擦发起国获取贸易利益 ·· 30
    二、发起国企图保护其国内产业和就业 ·································· 30
    三、国际贸易失衡以及相互依赖性的不对称 ···························· 31
    四、政治因素与压力 ·· 31
    五、国际产业结构不协调 ·· 32
    六、经济和社会制度的差异 ··· 33
    七、文化的差异与冲突 ··· 34
  第三节 发达国家贸易摩擦对中国的影响：以反倾销为例 ··················· 35
    一、国外反倾销对中国影响的理论分析 ·································· 36
    二、美国反倾销对中国影响的实证分析 ·································· 40
    三、欧盟反倾销对中国影响的实证分析 ·································· 49

四、发展中国家反倾销对中国影响的实证分析 …………………… 57
　第四节　国际贸易摩擦与中国行业生产率：以反倾销为例 ………… 64
　　一、DEA方法的全要素生产率计算及分解 …………………………… 64
　　二、实证模型和数据 ……………………………………………………… 70
　　三、实证结果 ……………………………………………………………… 74
　　四、稳健性检验及进一步分析 …………………………………………… 79
　第五节　可能的积极效应 …………………………………………………… 82
　　一、可能有利于推动和促进产业结构升级 ……………………………… 82
　　二、可能有利于培育我国的竞争优势产业 ……………………………… 83
　　三、可能有利于推动我国对外直接投资的发展 ………………………… 84
　　四、可能有利于实现我国贸易地理方向的多元化 ……………………… 84
　　五、有利于提升我国对外贸易质量，纠正我国贸易失衡状况 ………… 84
　　六、诱导和激励技术创新，促进经济增长 ……………………………… 85
　第六节　小结 ………………………………………………………………… 85

第四章　中美贸易摩擦的进展和治理 ……………………………………… 87

　第一节　新一轮中美贸易摩擦的发展 …………………………………… 87
　第二节　中美贸易摩擦的原因和影响 …………………………………… 89
　　一、美国对中国发起贸易摩擦的原因 …………………………………… 89
　　二、中美贸易摩擦的影响 ………………………………………………… 90
　第三节　中美贸易摩擦治理路径的效果评估 ……………………………… 92
　　一、一般均衡模型、数据和参数校准 …………………………………… 92
　　二、中美贸易摩擦的影响及中国应对策略的效果模拟 ………………… 99
　第四节　小结与政策启示 ………………………………………………… 118

第五章　单边行动与国际贸易摩擦的治理 ……………………………… 121

　第一节　单边行动的具体措施 …………………………………………… 121
　　一、提升出口产品竞争力 ……………………………………………… 121
　　二、促进产业结构转型和提高 ………………………………………… 122
　　三、对外直接投资 ……………………………………………………… 123
　　四、建立贸易摩擦救济和预警体系 …………………………………… 124
　　五、第三方力量的使用 ………………………………………………… 125
　第二节　贸易平衡与国际贸易摩擦治理的理论分析 …………………… 126
　第三节　需求结构调整与国际贸易摩擦的治理 ………………………… 130

一、中国的消费结构 …………………………………………… 130
　　二、中国的投资结构 …………………………………………… 135
　　三、中国的出口结构 …………………………………………… 139
　　四、三大需求在国民经济中的地位 …………………………… 145
　　五、需求结构调整与国际贸易摩擦化解 ……………………… 148
　第四节　中国的政策抉择 ………………………………………… 149
　第五节　小结 ……………………………………………………… 149

第六章　双边谈判与国际贸易摩擦的治理 ……………………… 151

　第一节　双边谈判的具体措施 …………………………………… 151
　　一、谈判策略的使用 …………………………………………… 151
　　二、对摩擦发起国的政治游说 ………………………………… 152
　　三、贸易安抚措施的使用 ……………………………………… 153
　　四、政企配合，增强谈判效果 ………………………………… 154
　第二节　双边谈判有效性的理论分析 …………………………… 154
　　一、国家间谈判措施的可行性及实现条件 …………………… 159
　　二、双边企业间沟通和协商谈判策略有效性 ………………… 162
　　三、双边政治游说行为的有效性 ……………………………… 164
　第三节　中国的政策抉择 ………………………………………… 165
　第四节　小结 ……………………………………………………… 165

第七章　区域一体化与国际贸易摩擦的治理 …………………… 167

　第一节　区域一体化化解贸易摩擦的具体措施 ………………… 167
　　一、北美自由贸易区（NAFTA）贸易争端解决机制 ………… 167
　　二、欧盟（EU）贸易争端解决机制 …………………………… 169
　　三、东南亚联盟（ASEAN）贸易争端解决机制 ……………… 170
　　四、中国—东盟自由贸易区（CAFTA）贸易争端解决机制 … 171
　　五、亚太经合组织（APEC）贸易争端解决机制 ……………… 173
　　六、CEPA贸易争端解决机制 …………………………………… 174
　第二节　中国的政策选择 ………………………………………… 174
　第三节　小结 ……………………………………………………… 175

第八章　WTO争端解决机制与国际贸易摩擦的治理 …………… 177

　第一节　具体措施和程序 ………………………………………… 177

一、WTO 争端解决机制的渊源 ……………………………………… 177
　　二、WTO 争端解决机制的宗旨、职能和原则 …………………… 178
　　三、WTO 争端解决机制的基本程序及时间表 …………………… 180
　　四、争端解决机制的管辖范围 ……………………………………… 185
　第二节　WTO 争端解决的典型案例分析 …………………………… 185
　第三节　中国的政策抉择 ……………………………………………… 189
　第四节　小结 …………………………………………………………… 190

第九章　国际贸易摩擦治理路径有效性的评价及中国对策 ……… 191

　第一节　中国国际贸易摩擦治理机制的现状 ………………………… 191
　　一、中国的对外贸易预警机制 ……………………………………… 191
　　二、政府、企业和行业协会在解决贸易摩擦中的作用 …………… 193
　第二节　三种治理方式效果比较的理论模型分析 …………………… 195
　　一、模型设定 ………………………………………………………… 196
　　二、模型均衡结果 …………………………………………………… 197
　　三、模型结果分析及结论 …………………………………………… 200
　　四、对中国的启示 …………………………………………………… 202
　第三节　中国国际贸易摩擦治理效果的实证评估：以反倾销为例 … 203
　　一、计量方法和数据 ………………………………………………… 203
　　二、实证结果 ………………………………………………………… 209
　　三、结论与政策启示 ………………………………………………… 214
　第四节　中国主动措施的生产率促进效应：来自反倾销的证据 …… 215
　　一、中国对外反倾销的实践 ………………………………………… 217
　　二、主动反倾销生产率效应的理论分析 …………………………… 217
　　三、数据与实证模型 ………………………………………………… 221
　　四、实证结果分析解释 ……………………………………………… 228
　　五、"反倾销—生产率"正向效应的经济解释 …………………… 234
　第五节　中国的路径选择及适用条件 ………………………………… 237
　第六节　小结 …………………………………………………………… 238

第十章　总　结 ………………………………………………………… 240

参考文献 ……………………………………………………………… 244

第一章 引 言

全球金融危机之后，国际经济格局出现新变化，国际贸易保护主义有所加强；同时，金融危机之后的国际贸易摩擦呈现出新的趋势和新的特点。在此背景下研究贸易摩擦的治理路径具有重要的现实价值。理论上，国际贸易摩擦成因和经济效应的研究较多，但是与贸易摩擦治理路径选择及有效性评估的相关文献虽极富价值且却数量较少。

本书系统全面地从博弈理论和计量实证分析的视角探究单边行动、双边谈判协商、诸边区域一体化，以及多边 WTO 争端解决机制对治理贸易摩擦的有效性及适用条件，并为中国的贸易摩擦治理提供有益借鉴和建议。

本书的研究思路是：第一，分析金融危机之后中国国际贸易摩擦发展趋势，为治理路径的研究奠定基础；第二，从理论和实证两方面具体研究单边行动、双边谈判、多边区域合作以及 WTO 争端解决机制四种不同的贸易摩擦治理路径的有效性和适用条件，得到一般性的结论，并根据中国实际分析我国的策略选择；第三，评估中国历次国际贸易摩擦治理路径的有效性，根据相关研究结果并结合金融危机之后贸易摩擦的新走向，提出和制定中国应对贸易摩擦的具体措施和对策。

本书内容具体从八个方面展开。第一方面，国际贸易摩擦的文献综述。从贸易摩擦的类别、特点和发展趋势，贸易摩擦产生的原因和机理，贸易摩擦的影响效应，以及贸易摩擦的治理策略等方面评述现有研究文献。第二方面，中国国际贸易摩擦的发展趋势与影响。分析金融危机之后国际贸易摩擦的新趋势，国外对中国发起贸易摩擦带来的经济效应。第三方面，中美贸易摩擦的进展和治理。第四方面，分析单边行动治理国际贸易摩擦的具体措施、理论条件和适用性以及中国的政策选择。第五方面，双边谈判协商治理贸易摩擦的具体措施、理论条件和适用性，以及中国的政策选择。第六方面，区域一体化治理国际贸易摩擦的具体措施、最新区域一体化的发展以及中国的政策选择。第七方面，WTO 争端解决机制治理国际贸易摩擦的具体规定、典型案例以及中国的政策选择。第八方面，中国国际贸易摩擦治理路径有效性的评价及中国对策。分析中国国际贸易摩擦治理的现状、三种贸易摩擦治理路径的效果比较、中国国际贸易摩擦治理的有效性评估以及中国的贸易摩擦治理路径的适用性。

本书的创新包括以下几点：第一，系统分析归纳金融危机之后的国际贸易摩擦新形式和新趋势；第二，国际贸易摩擦治理路径的有效性研究在国内外文献中均较少涉及，是一个富有意义且新的问题；第三，构建模型分析不同贸易摩擦治理路径的有效性，在理论上富有新意；第四，在新形势以及有效性评价的基础上分析中国国际贸易摩擦的应对策略，具有重要现实指导价值。

第二章 文献综述

全球金融危机之后，中国面临的国际贸易摩擦有增加趋势，摩擦涉及的案值也在不断扩大。如何化解国际贸易摩擦成为中国面临的重要关切现实，并且已经成为政府部门、企业和学术研究的重要课题之一，对于推动中国的外贸发展和经济增长具有重要的现实价值。

国际贸易摩擦是国际贸易的伴随产物，是国际贸易理论中的重要主题之一。国际贸易摩擦的表现形式，如反倾销、反补贴、特别保障措施、技术性贸易壁垒、知识产权等，都属于贸易政策的范畴。可以说，国际贸易摩擦的研究是国际贸易理论发展的主要线索之一。

梳理国内外的研究文献，以下从国际贸易摩擦的类别、特点和发展趋势，国际贸易摩擦产生的原因和机理，国际贸易摩擦的影响效应以及国际贸易摩擦的治理策略四个方面对现有文献进行梳理。

第一节 国际贸易摩擦的类别、特点和发展趋势

国外文献对国际贸易摩擦的研究多数从某一个具体的摩擦入手，研究成因、影响效应以及化解途径。例如，Sing（1987）研究新加坡和日本面临的国际贸易摩擦，Myneni 等（1994）研究加拿大和美国遭受的木材贸易争端。国际贸易摩擦类型及趋势的专门研究很少，但可以从这些具体的研究中总结出国际贸易摩擦的类型及发展趋势。

从严格意义的贸易摩擦看，最早的类型是关税。Johnson（1954）指出，政府之间的贸易政策是相互依存的，在一国谋求关税效应最大化时，其他国家会采取相应的报复性措施，贸易摩擦由此产生，结果是双方福利受损。Stern（1973）分析了关税歧视引发国际贸易摩擦的过程，以及关税对经济产生的扭曲效应，同时分析了配额、自愿和强制性配额限制以及其他的非关税壁垒措施。这些类型的国际贸易摩擦可以称作传统国际贸易摩擦形式。

国际贸易的不断发展推动了贸易的自由化，促使传统的国际贸易保护手段和国际贸易摩擦形式退出了历史舞台，而隐蔽性强的非关税壁垒措施受到了各

国的重视和青睐。Sturm（2006）分析了保护主义的技术标准引起国际贸易摩擦的机理以及产生的经济影响；Kastner 和 Powell（2002）分析了卫生检验检疫措施（Sanitary 和 Phytosanitary Measure）引发国际贸易摩擦的过程以及 WTO 的 SPS 协议情况；Reynolds（2006）解析了反倾销措施带来的国际贸易摩擦；Baron（1997）分析了一国企业使用本土优势控制国内分销商的垄断措施进行保护，从而引发国际贸易摩擦的过程；Sherman 和 Eliasson（2006）分析了保障和反补贴措施、301 和特别 301 条款以及 Trade Barriers Regulation（TBR）和 Transatlantic Business Dialogue（TABD）等国际贸易摩擦措施。以上这些较为隐蔽的国际贸易摩擦措施可归结为现代国际贸易摩擦形式。

国内相关研究文献方面。基本都是以中国所遭受到的国际贸易摩擦为研究对象，对国际贸易摩擦的类型以及发展的趋势有专门的分析，内容比较丰富。例如，陈立鹏（2006）指出中国遭遇到的国际贸易摩擦类型主要有：第一，瞄准价格的反倾销调查；第二，瞄准政府财政支持的反补贴调查；第三，瞄准进口数量的保障措施；第四，瞄准中国产品进口数量的特保措施和 242 条款措施；第五，瞄准知识产权的 337 调查；第六，瞄准技术性要求的技术性贸易壁垒和卫生检验检疫措施。鞠真（2005）对中国入世以来的主要贸易摩擦进行了分类，划分为：第一，反倾销方面的国际贸易摩擦；第二，知识产权方面的国际贸易摩擦；第三，服务贸易方面的国际贸易摩擦；第四，汇率方面的国际贸易摩擦，主要是人民币汇率升值和汇率操纵方面的论争。

与此同时，还有一些较为新颖的国际贸易摩擦分类。例如，赵瑾（2002）把中国遭受到的国际贸易摩擦划分为微观贸易摩擦、宏观贸易摩擦、投资贸易摩擦、制度贸易摩擦以及技术性贸易壁垒摩擦五种类型。这其中，微观贸易摩擦是指一个具体产业或产品遭受到的国际贸易摩擦；宏观贸易摩擦是指因贸易不平衡问题而引起的国际贸易摩擦；投资贸易摩擦是指人民币升值压力和外商在华投资的产品返销等所引起的国际贸易摩擦；制度贸易摩擦是指中国的制度差距引起非市场经济地位的国际贸易摩擦；技术性贸易摩擦主要包括技术性贸易壁垒、合格检验检疫程序以及绿色壁垒等措施引起的国际贸易摩擦。王雪峰和王平利（2005）将国际贸易摩擦划分为显性国际贸易摩擦和隐性国际贸易摩擦两大类。显性的国际贸易摩擦是指已经呈现出来的国际贸易摩擦形式，包括反倾销、反补贴和保障措施三种 WTO 所允许的临时保护措施；隐性的国际贸易摩擦是指可能出现的潜在国际贸易摩擦，包括由于 TBT/SPS、知识产权保护和社会责任要求等引起的国际贸易摩擦，目前还没有成为引发国际贸易摩擦的主要原因。尹翔硕（2006）按照国际贸易摩擦的不同性质将其划分为比较优势领域的国际贸易摩擦和比较劣势领域的国际贸易摩擦。比较优势领域的国际贸易摩擦主要是指中国出口劳动密集型产品所引致的国际贸易摩擦形式，该领域内市场完全起作用；比较劣势领域的国际贸易摩擦主要是指中国进口资源性产品和高技术产品、现代服务业以及知识产权保护等，在这一领域内市场不完全起作用。

国际贸易摩擦的特点和发展趋势方面。国外的文献屈指可数，Bown（2004）分析了WTO国际贸易争端中发展中国家越来越多地参与的趋势。国内的文献比较丰富，钱学锋（2004）、李成钢（2005）、包小忠（2006）以及黄建忠、吴超（2013）等都总结了当前中国面临的国际贸易摩擦的特点和发展趋势。主要的结论包括：第一，国际贸易摩擦的争执点从单个产品逐渐扩散到产业，最后直抵政策和制度层面；第二，国际贸易摩擦数量居高不下且呈增长趋势、强度也在不断增加；第三，中国日益成为全球国际贸易摩擦的中心；第四，国际贸易摩擦已经逐渐从传统市场扩散到新兴市场；第五，国际贸易摩擦的对象继续以欧美尤其是以美国为主；第六，国际贸易摩擦的直接诱因将呈现多形态性。李成钢（2005）归纳和总结了当前国际贸易摩擦的特点，主要有：第一，国际贸易摩擦逐渐从传统市场扩散到新兴市场；第二，国际贸易摩擦的争执点将从单个产品逐渐扩散到产业，最后直抵政策和制度层面；第三，国际摩擦数量居高不下且呈增长之势、强度也在增大；第四，国际贸易摩擦的直接诱因将呈现多形态性。钱学锋（2004）的研究发现，中国的国际贸易摩擦呈现了五个方面的趋势和特征：第一，从国际贸易摩擦的手段看，多为WTO框架内的合理保护措施，呈现"非违反型"特征；第二，从出口竞争力的角度看，国际贸易摩擦的行业主要是我国具有比较优势的行业；第三，从国际贸易摩擦的全球视角看，中国日益成为全球贸易摩擦的中心；第四，从国际贸易摩擦发展的历史阶段，我国正处于显性国际贸易摩擦时期；第五，从国际贸易摩擦中的地位看，开始由单纯被动应诉向积极维护自身利益角色转换。包小忠（2006）的分析认为，中国未来的国际贸易摩擦将会有以下特点：第一，国际贸易摩擦的产品向多领域扩大；第二，技术性贸易壁垒将成为国际贸易摩擦的主要原因；第三，贸易摩擦激化的情况还将继续；第四，反补贴措施将增加；第五，国际贸易摩擦的对象继续以欧美尤其以美国为主。

学者们从不同的视角对国际贸易摩擦进行了差异化的分类，其中一个明显的特点是：在发展中国家具有相对优势的传统产品方面，包括初级产品和劳动密集型制成品，市场竞争性较强，产品的技术含量较低，生产的标准比较统一，各个国家会更多地采用关税、配额等传统的贸易措施或者反倾销、反补贴等直接的贸易措施进行保护；在发达国家具有优势的高技术产品和服务产品上，市场的垄断性强，产品的技术含量高，生产的标准复杂多样，国际贸易摩擦更多来自技术标准、知识产权保护等似乎更加"合理"的隐蔽型国际贸易政策措施。

全球贸易自由化进程不断加快，在 WTO 的多边贸易体系约束下，一个突出的趋势是：无论是传统产业还是新兴产业，WTO 限制或禁止采用的关税、配额等措施所引起的国际贸易摩擦已越来越少，反倾销、反补贴、保障措施等引发的国际贸易摩擦不断增加，而 WTO 未有涉及和很难限制的知识产权保护、技术标准、卫生检验检疫标准、劳工条件、环境保护等正成为许多国家，特别是发达国家争相使用的保护性措施而引起的国际贸易摩擦正在增加。

第二节 国际贸易摩擦产生的原因和机理

国外关于国际贸易摩擦产生原因的文献主要有三类。第一类认为，国际贸易摩擦是贸易量增加的产物，是由于各国之间的体制、习惯等不同引起的，导致在相互贸易中不可避免地产生国际贸易摩擦。我们可把这类摩擦称作不可避免的摩擦。第二类文献认为，国际贸易摩擦是由于贸易的一方希望通过采取贸易政策措施达到保护的效果。这一类型的国际贸易摩擦被称为保护性摩擦。第三类文献突破了国家经济利益以外的范畴，研究政治决策过程以及企业的活动与国际贸易摩擦之间的关系；通过分析政治制度因素和企业的政治经济行为，来探究国际贸易摩擦形成的原因。这一类型的国际贸易摩擦我们称为企业行为引起的摩擦。

第一，不可避免类型的国际贸易摩擦。即国际贸易量的增加是摩擦滋生和增加的原因，两国间贸易量增加了，贸易联系多了，国际贸易摩擦自然而然地随之增加。这是由于贸易中双方的习惯、风俗以及理解的不同形成了国际贸易中的误会和争执，国际贸易摩擦由此产生。这一类国际贸易摩擦没有规律性，也没有富有针对性的措施进行避免，相关的研究文献屈指可数。Bown（2002）的研究指出，国际贸易摩擦是一个随机波动的过程，且随着双边贸易量的增加而不断增多。Grinols 和 Perrelli（2002）也提到了相类似的观点。Langdon（1983）分析了美国和日本的国际贸易摩擦状况，认为美国和日本的风俗习惯、消费观念以及制度和体制的差别是国际贸易摩擦的重要起因，是不可避免的国际贸易摩擦起因。Anderson 和 Hilaire（2004）指出公共卫生科学标准的不确定导致人身健康风险评估的困难，从而进一步导致国际贸易摩擦具有不确定性和随机性。

第二，保护型国际贸易摩擦。多数情况下，国际贸易摩擦的产生是贸易一方为了维护本国的国家和企业利益，采取和使用国际贸易政策措施来达到保护的目的，进而形成了国际贸易摩擦。Lingelbach（1930）最早分析得出商业政策是国际贸易摩擦原因的结论，文献指出，工业化国家采取不平等的商业政策掠夺其他国家的国内市场，使他国工业化无法起步和发展，这种不均等的贸易政策导致贸易摩擦的发生甚至是战争的爆发。后来的研究较多地从关税保护引起贸易摩擦角度展开。相关的研究有 Kahn（1947）、Little（1948）、Johnson（1954）、Jabara 和 Thompson（1982，1985）、Beladi 和 Samanta（1991）等。Cowan（1935，1936）、Moser（1952）、Tower（1975）、Zimmerman（1981）、McCorriston（1996）等则研究了配额保护手段引起的贸易摩擦。

20 世纪 80 年代初，Brander 和 Spencer（1981，1985）在不完全竞争的假设下提出了战略贸易政策思想，Krugman（1986，1990，1996）则更加扩展和完善了该理论，使得对贸易政策互动的研究得到了相当大的推动。尽管关于战略贸易政策的研究一般并不直接提到贸易摩擦，但是其思想实质却在相当程度上能够解释贸易摩擦的原因：贸易摩擦之所以产生，是因为在不完全竞争下，参与贸易的各国都想把其他国家在国际竞争中获得的超额利润夺过来。此后，20 世纪 80 年代到 90 年代，战略性贸易政策分析都是研究贸易摩擦的一个重要方法。例如，Bagwell 和 Staiger（2001）用战略贸易理论研究了农业补贴和贸易争端的起因。文章沿用了 Brander 和 Spencer（1981，1985）的分析方法，即建立完全竞争下的三国局部均衡框架，他们假设有两个同样的国家 A 和国家 B，他们生产并向 C 国出口同质的产品，并且 A 国和 B 国厂商之间是完全竞争的关系，并把政治行动引入模型，得到的结论是：政府会采用出口补贴来促进出口，而农产品的出口补贴又被 WTO 规则所允许，故而农产品争端就会越多地表现为战略性策略的结果。此外，Eaton 和 Grossman（1986）、Maggi（1996）则分析了寡头垄断情况下的均衡，Dixit（1984）研究了增加国内厂商数量情形下的均衡。

近年来，随着贸易摩擦的增加，特别是随着新的贸易保护手段的出现，新的研究文献也出现了，这些文献在研究方法和实证性方面有一定的创新，针对不同的情形给出了更加具体的结论，但总的来说还是没有脱离政治和经济分析的框架。Sturm（2006）在论文《产品标准、贸易争端和保护主义》中指出，贸易进口国总是倾向于制定较高的标准，保护国内产业。该作者把进口国设定的产品标准称作"伪装的贸易壁垒"（Disguised Barrier to Trade），用标准的两国政治代理模型进行分析。均衡的结果是，一国的政策制定部门总是偏好于使用技术标准作为一个伪装的转移机制，该机制会保护到本国的产业，所以进口国总是制定更加严格的标准而出口国会制定较宽松的标准，结果就是贸易争端不断。Yoshimatsu（2002）分析了经济全球化背景下日本和中国之间的贸易摩擦动因。他的结论是，保护以及维护本国利益的动机是贸易摩擦的原因，且摩擦的程度与两国间产业相互关联程度相关，但同时，在经济全球化背景下，贸易摩擦又有一些新的特点，因为此时两国的产业相互关联，中国的出口会涉及日本在华投资者的利益。对于那些日本有投资的产业（如纺织品），日本国内的相关利益集团会要求取消进口限制措施，贸易摩擦较为平缓；而那些没有日本投资者进入的产业（如农业），保护性限制措施严密，贸易摩擦激烈。Bown（2004）就 GATT 框架下保护主义导致贸易争端的事实作了实证研究，文章选用 GATT 体系中 1973~1994 年合规保护和不合规保护①两类数据，研究了贸易摩擦的产生，实证模型的结果显示，报复性心理影响了政府的政策制定，从而可以解释贸易争端的存在。

第三，政治经济和企业行为引起的国际贸易摩擦。实际上，20 世纪 90 年代后的文献都或多或少提到政治行为和政治决策在贸易摩擦中的决定性作用，这是由于传统的单纯从国家整体福利角度的研究已经逐渐不能够说明政府挑起争端的动因，因为按照国际贸易理论，贸易是一个双赢的正和博弈过程，贸易摩擦和贸易保护不应该成为国家利益最大化的选择。这时，更多的研究转向了政府决策过程分析，指出政治游说等影响因素是贸易摩擦的一个重要原因，其中 Grossman 和 Helpman（1994）、Baldwin（1987）、Goldberg 和 Maggi（1997）等都是运用政治经济模型研究贸易政策和保护以及贸易摩擦的代表，Bhagwati（1985）也论述了政治游说和贸易保护的关系。而近期典型的研究有 Grinols 和 Perrelli（2002）以美国的数据实证研究了政治因素在 WTO 贸易争端中的作用以及 WTO 在化解贸易摩擦中的作用，结果显示，政治变量在引起贸易争端中起着重要的作用，并且也影响着贸易摩擦裁决时间的长短，而 WTO 在减少贸易摩擦中却没有很好的效果。Lee 和 Mah（2003）研究了美国的制度变化和政府的反倾销决策关系，文章从理论和实证两个方面进行分析，用美国 1975~1999 年的最终损害结果及初步损害结果数据进行 OLS 回归分析，结论是，美国的政治制度变化影响了美国国际贸易委员会的损害裁决，而且民主党委员比共和党委员对宏观经济形势的变化更加敏感，这就说明了政治偏好会影响摩擦和争端的发生。

从企业竞争行为角度研究国际贸易摩擦属于新贸易理论的研究范畴，也就是说对于贸易摩擦的分析不再限于国别，而是直接从企业的竞争策略着手，得到贸易摩擦的产生机制。如 Irwin 和 Avcnik（2004）分析了空中客车和波音两

---

① 这里的合规保护（Legal Protection）是指符合 GATT 条款规定的保护性措施或者是一些例外规定，而不合规保护（Illegal Protection）是指不符合 GATT 条款或者规定的保护性措施。

家航空公司之间的竞争。他们之间是典型的不完全竞争情况，战略性贸易策略会引导两国政府对本国企业采取补贴措施，文章在假定离散选择、差别产品需求的情况下分析两家航空公司的竞争行为，同时估测了美国和欧盟的贸易争端情形，发现两家企业对于政府的游说和寻租行为导致了贸易争端的产生和激化。Baron（1997）的文献更是总结和归纳了企业的两种行为对于贸易摩擦形成的影响，论文以柯达和富士胶卷的竞争为例，研究了企业的综合竞争策略和国际贸易争端的产生，文中所谓的综合竞争策略是指企业的市场策略和非市场策略的综合，而非市场策略又是指企业对于政府的游说等活动。作者指出，正是企业对于本国政府寻求保护的寻租行为导致了两国政府间的贸易争端，而争端的谈判结果由两个政府的综合谈判均衡决定。

在这三类贸易摩擦原因中，不可避免类型的国际贸易摩擦不必要过多重视和担心。保护主义的国际贸易摩擦是研究的重点，现有文献较多地从理论模型上展开分析，而在实证基础上测度贸易保护程度、形成一套测度方法和指标体系是重要的研究方向。政治和企业行为引致的国际贸易摩擦类型和保护主义类型的贸易摩擦存在很大的交集，是具有很大研究空间的一个新视角。这一类国际贸易摩擦的研究无论是在理论还是实证上都有进一步完善和扩展的空间。

从国外文献的梳理可以看出，对国际贸易摩擦的研究正越来越趋向于向微观层次发展，更多地从企业竞争行为的角度去展开研究。

国际贸易摩擦原因的研究方法主要是理论和实证两个方面。理论方面，Baron（1997）以两国企业之间的竞争均衡和政府之间的谈判均衡为研究对象，建立了局部均衡分析框架。在企业竞争均衡中，模型以柯达和富士胶卷为例探讨双寡头古诺竞争的情形，分析两个企业的市场竞争策略和非市场竞争策略对收益的影响，且把政府的行为内生化于企业非市场策略变动之中，分析政府和企业的均衡选择。Bagwell 和 Staiger（2001）建立了一个局部均衡分析框架，模型假定两个相同的国家（Identical Country）A 和 B，向 C 国出口一种同质商品，而 A 和 B 两国允许选择出口补贴，且两国以两个代表性厂商进行完全竞争。模型以企业的均衡为重点，研究政府的补贴行为对于企业利润和长期发展的作用，指出补贴是导致摩擦的原因。Sturm（2006）构建了一个一般均衡框架，假定两个大国的经济环境，生产并交换两个单位基准商品（Numeraire Good）n 和 x。生产需要劳动和资本两种要素，资本是特定要素，每一个国家由一个政治部门、代表性生产商和代表性生产（消费）者构成，从而构成一个典型的 2×2×2 的一般均衡框架，模型使用比较静态分析研究技术标准的变化对于一国总体福利的影响及对政治部门决策的影响。这些理论分析模型中，企业竞争和政府福利的均衡分析是主要研究方向。

实证分析的方法较为单一，主要是用计量经济学回归方法研究贸易摩擦数量与不同因素变量之间的关系，进而分析国际贸易摩擦的形成原因。Grinols 和 Perrelli（2002）对美国在 GATT 和 WTO 中的特别 301 条款措施的贸易摩擦进行了实证研究，在具体数据的基础上，回归了政治因素和贸易争端之间的相关系数，分离出了政府引发的争端和贸易引致的争端，实证结果发现政治因素是国际贸易摩擦的重要原因。Lee 和 Mah（2003）使用美国 1975~1999 年的反倾销数据，测度了美国贸易委员会对反倾销损害裁决的影响因素以及影响系数，实证结果发现政治因素和损害裁决的相关性强，是主要的影响因素。Irwin 和 Pavcnik（2004）实证分析了波音和空中客车之间的竞争行为与国际贸易摩擦之间的关系。首先，用实际数据估测对于不同飞机类型的需求状况，又将 1969~1998 年的数据按照每四年一组分成六组，研究两个企业之间的竞争性价格选择，并测定古诺均衡和伯特兰德均衡的情形，同时度量了 1992 年美国和欧盟国际贸易争端的产生及影响。表 2-1 归纳和汇总了这些主要的研究方法。

表 2-1　国外文献中国际贸易摩擦形成原因的研究方法梳理

分类	文献	研究方法	具体方法/模型	研究结论
理论分析	Baron（1997）	局部均衡分析，双寡头模型	双寡头古诺竞争均衡；企业采取市场竞争和非市场竞争策略；非市场竞争把政府的行为纳入分析框架，两国政府的政策选择由纳什博弈均衡结果决定。企业和政府的共同均衡就是稳定状态的结果	企业的非市场策略左右了政府的政策行为，使得企业之间的竞争形成为国家之间的国际贸易摩擦
	Bagwell 和 Staiger（2001）	局部均衡分析，三国完全竞争模型	战略贸易政策框架。假定两个同样国家向第三国出口同质产品，产品市场完全竞争，两个出口国都给本国企业出口补贴。由生产、消费和投入要素市场均衡分析政府行为	出于战略性发展的考虑，出口国政府会给予本国企业出口补贴，这是农产品贸易争端的一个重要原因
	Sturm（2006）	一般均衡分析，特定要素政治代理模型	两个国家，用劳和资本两个要素生产可贸易的单位基准商品（2×2×2 框架），分析政府的最优均衡政策	进口国政府倾向于制定严格的标准，而出口国倾向于制定较宽松的标准，贸易摩擦由此而生

续表

分类	文献	研究方法	具体方法/模型	研究结论
实证分析	Irwin 和 Pavcnik（2004）	分类法，OLS 回归方法	根据飞机的载客量分类，使用 1969~1998 年数据，用最小二乘法估计参数。并测度 cournot 竞争和 betrand 竞争下均衡，还模拟 1992 年美国—欧盟贸易争端协议的影响	新的产品类型的增加会激化竞争，并增加贸易摩擦和争端，cournot 竞争和 betrand 竞争下的均衡结果相似
	Grinols 和 Perrelli（2002）	OLS 回归分析方法	使用 1975~1999 年的美国特别 301 贸易争端月份数据进行相关性分析，把这些争端分为政府引致的争端和贸易引致的争端两种，分析变量之间的相关关系	政治因素和贸易争端发起和裁决的时间紧密关联，WTO 在解决争端中的作用很小
	Lee 和 Mah（2003）	OLS 估计方法	根据 1975~1999 年美国反倾销案的数据，使用最小二乘法进行估计	美国政治变化影响了美国国际贸易委员会的损害裁决，而且民主党委员比共和党委员对宏观经济形势变化更敏感

资料来源：根据以上文献内容整理。

国内文献对于国际贸易摩擦形成原因的分析相当丰富，主要存在于经济和政治两个方面。在经济角度，相关文献主要从内因和外因两个层次分析。内因方面，付娟（2003）指出，中国出口产品的单一性和激烈的竞争性导致整体价格低廉，容易引致反倾销调查，同时中国对外贸易地理方向的过分集中也是国际贸易摩擦频繁发生的一个重要原因；钱学锋（2004）认为，中国的贸易政策和制度体系不完善，在公平贸易、政策透明度、市场准入、投资政策、知识产权保护、进出口政策、汇率政策、产业政策等诸多方面存在不完善，成为其他国家发起国际贸易争端的借口；苗迎春（2004）认为，中国出口商品以量取胜的状况和长期的出口补贴措施以及地方保护主义行为都构成了国际贸易摩擦繁多的原因。外因方面，贸易的失衡及中国的顺差地位是引起国际贸易摩擦的一个重要原因（石磊、寇宗来，2004；于铁流、李秉祥，2004）。裴长洪（2005）指出保护主义是一个原因，同时中国出口增长方式的转变是一个长期的过程，注定了中国以出口劳动密集型产品而引起贸易摩擦的状况还会持续和加剧。丁黎（2005）认为，世界贸易组织自身的问题以及国际贸易救济措施被滥用造成了国际贸易摩擦。鞠真（2005）指出，贸易保护主义根深蒂固是摩擦的根本原因，中国的迅速发展引起了其他国家的恐慌也是一个原因。政治角度上，梁军（2005）认为，从经济学视角很难解释中国的国际贸易摩擦，要从利益集团压力、政府自身政治需要以及发达国家对中国的抑制性战略等政治因素角度去分析。李丽（2005）分析了中美国际贸易摩擦中政治因素的作用，指出美国的国会管理贸易和利益集团代言人制度导致贸易保护主义横行。杜莉（2006）、岳晋峰（2005）等也对国际贸易摩擦成因中的政治因素进行了分析。

另有一些国内文献从技术进步和产业结构角度分析国际贸易摩擦的原因。如雷达、于春海（2004）解析了内外均衡、结构调整和国际贸易摩擦的关系。指出美国20世纪的新经济带来了高端产业生产能力的扩大，而这种潜在的生产能力没有变成实际的生产和出口，导致美国内外经济的失衡，也就是贸易逆差的扩大，这样美国就会排斥进口别国产品，导致贸易摩擦产生。解决的途径就是我们生产他们高端产业的下游产品，促使美国潜在生产能力得以实现，这样贸易摩擦就自然而解了。赵建（2004）认为，国际间产业结构的不相配是引发贸易摩擦的深层原因，同时各国经济政策及其国内利益集团的政治行为是使国内外产业间的矛盾外部化为国际贸易摩擦的关键。魏国学、熊启泉（2006）构造了美国进口政策模型，推导出贸易摩擦和保护是美国政府的最优选择，并用实证进行了检验。

第三节 国际贸易摩擦的影响效应

国际贸易摩擦影响效应的研究中，国外文献大体上集中于三个方面：一是国际贸易摩擦对贸易量和贸易范围的影响；二是国际贸易摩擦对发起国经济福利的影响；三是国际贸易摩擦对受害国和世界的影响。

大多数的研究认为，国际贸易摩擦会减少贸易量，缩小贸易的范围。Huff和Jenks（1968）用引力模型分析了国际贸易摩擦对两国间贸易的影响，结果发现国际贸易摩擦的增加会使两国贸易的范围变窄，而国际贸易摩擦的减少会导致国际贸易的区域扩大和贸易量增加。Drazen（1988）把贸易摩擦变量引入经济周期模型，发现国际贸易摩擦会使一国出口量下降，抑制该国的投资和消费，使经济在一个较低的水平达到均衡，但贸易摩擦也会减少两国经济周期的协动性，可能会降低全球性经济萧条爆发的可能性。

国际贸易摩擦对发起国的福利影响方面，有关文献基本都认为会减少消费者的福利，并且降低一国的总体福利，但它对特定的利益集团起到了很好的保护作用。从战略角度看，对一国的长期福利可能有利。Baron（1997）的论文也证明了政府挑起的贸易摩擦可以保护一国的相关产业，使企业获得更大的收益。所不同的是他用一般均衡分析，指出贸易摩擦促使贸易伙伴做出让步，从而使本国企业获得更大的市场进入和拥有权，使受保护企业的利润增加。Bagwell 和 Staiger（2001）从局部均衡模型分析着手，说明了贸易摩擦虽然对发起国国内总福利不利，但是它可以保护国内相关产业，符合战略性保护的要求，从长期来看对一国是有利的。

国际贸易摩擦对受害国以及整个世界的福利影响是不利的。国际贸易摩擦阻碍了贸易的开展，抑制了要素和商品的流动以及在全球内的资源配置。Elms（2004）指出，国际贸易摩擦会给贸易国带来高额成本和微薄的收益，即国际贸易摩擦会使双方得不偿失。按照经济学的效用最大化原则，国际贸易摩擦是不应存在的，但期望理论在这里起了很大的作用，双方都希望通过国际贸易摩擦的谈判，迫使对方做出更多让步。但实际情况往往又是双方都必须让步，就造成了收益较少而受损较多的结果。Bernstein 和 Skully（2003）用局部均衡分析框架研究了国际贸易摩擦对受害国和全球福利的损失，又用欧盟与美国及加拿大的高能牛肉富含荷尔蒙超标争端为例，测度了该贸易摩擦的福利损失，并将经济学家和 WTO 争端解决委员会的测度结果进行对比，揭示了经济学家测定的实际损失比争端委员会宣布的损失程度更大。

国际贸易摩擦影响效应的研究方法相对较多。Campbell（1994）以及 Calvin（1998）就曾使用价格揳入方法估算了技术性贸易壁垒的关税当量。该方法的基本思路是把贸易摩擦措施引起的进口商品价格变化程度分离出来，计算出其相当于关税的税率程度，再代入典型消费者的效用模型中计算影响效应。如以 $p_I = p_D + NBT + Tariff$ 表示进口商品的国内价格，其中 p_D 表示世界市场价格，NBT 表示非关税的技术性壁垒措施，这样我们可以很容易地计算出 $NBT = p_I - p_D - Tariff$，也就是说非关税措施相当于关税的价格影响效应。Balistreri 和 Hillberry（2006）用引力模型实证分析了贸易摩擦带来的损失。他们的结果显示，在模型的可行参数条件下，贸易摩擦至少使 50% 的出口商品在运输中"融化"了[①]。Beghin 和 Bureau（2001）提出了可以运用"价格揳入"方法[②]（Price-Wedge Method）计算非关税壁垒等引起贸易摩擦措施的经济效用。Orden 和 Romano（1996）的论文中提出了基于风险评估的成本收益分析方法

---

① 这里是用冰山（iceberg）成本的概念来表示贸易摩擦和运输带来的商品损失，如二次冰山成本函数 $(1-g_{ij}y_{ij})\ y_{ij}=m_{ij}$，表示出口国出口 y_{ij} 单位的产品，到了进口国只剩下 m_{ij} 单位产品，其中的 $g_{ij}y_{ij}^2$ 单位产品在运输中"融化"了。

② 所谓"价格揳入"方法是把贸易摩擦措施引起的进口商品价格变化程度分离出来，计算出其相当于关税的税率程度，再代入消费者的效用函数来计算影响效应。

(Risk-assessment-based Cost-benefit Measures),并针对墨西哥的鳄梨贸易争端估价了非关税壁垒和SPS的成本和收益。这种方法目前多被用于分析农产品、食品和与环境有关的产品。它的基本分析过程是根据风险测评得出的损失大小及概率进行成本—收益测算。对于这种方法的应用,Bigsby和Whyte(2000)、James和Anderson(1998)都做出了贡献。Drazen(1988)用经济周期模型(Business Cycle Model)推导了贸易摩擦的经济效应。这种方法由于不能够直接用来估算精确值,而贸易摩擦对于经济的影响还是要通过对于贸易和价格的效应间接地实现,所以该方法一般只用于推导方向性影响,而做定量分析就难以奏效。国际贸易摩擦经济效应的研究方法中,常用的模型还有微观局部均衡分析(Bernstein和Skully,2003;Elms,2004),一般均衡模型分析(Baron,1997;Camera和Delacroix,2004)。这些方法归纳在表2-2中。

表2-2 贸易摩擦经济效应分析方法的总结

方法	研究者	方法的内容	适用性
引力模型+计量经济方法	Balistreri和Hillberry(2006)	以牛顿的万有引力公式为启示,得出两国间贸易量的公式,以此公式为基础,采用计量分析工具研究一项贸易政策对于贸易的影响效应	是一种很有发展潜力、客观和富有启发性的方法;它的弊端在于其可靠性和可信性存在问题,因为很难精确分离出具体变量对于贸易的影响
价格揳入法	Beghin和Bureau(2001)Campbell(1994)	假定引起贸易摩擦的措施能够用它们对于一国国内价格的影响测度,以此测算该摩擦措施的关税当量	提供了一个直观的关税当量的精确计算方法;但它假定国内外产品为完全替代品,有一定局限性;同时真正的价格差异数据很难获得,计算有困难
基于风险评估的成本—收益分析	Orden(1996)Whyte(2000)	多用于分析农产品、食品和与环境有关产品;基本分析过程是根据风险测评得出的损失大小及概率进行成本—收益测算	有一定的实用性,但其分析范围较窄,很难进行系统的分析;而且风险的概率和大小估计有很大不确定性
经济周期模型	Drazen(1998)	把贸易摩擦变量引入经济周期模型中,再计算该变量的变化对于贸易、投资和收入的影响。这也是一个一般均衡框架	可以系统研究贸易摩擦的影响,但不能够直接用来估算影响的精确值,而且摩擦对于经济的影响还要通过对于贸易和价格的效应间接地实现,所以该方法一般只用于推导方向性影响,而做定量分析就会难以奏效

续表

方法	研究者	方法的内容	适用性
微观局部均衡模型	Bernsfein 和 Skully（2003） Elms（2004）	以微观经济学的供需平衡为测度基础，分析某一特定的贸易摩擦政策对均衡价格、数量和福利的影响	在分析摩擦的局部影响方面是很有效的。但离开了一般均衡的框架，对于效应的分析可能有片面性，而且该方法还需要实证研究来检验
一般均衡模型	Baron（1997） Gabriele（2004）	仅是从模型角度来做研究，试图构建一个包括所有的框架体系	最好的分析手段，但是数据收集非常困难，做实证测度难度很大。已有的研究基本只从框架体系上研究问题，实证很少

资料来源：根据以上分析的文献整理。

国外对贸易摩擦经济效应的分析文献非常丰富，未来可以扩展和研究的方向是进一步完善一般均衡的模型和测量方法，以及灵活掌握这些模型和方法，运用到具体的贸易摩擦分析中，正确和准确地测度其对于不同群体的经济影响效应。

国内文献方面。主要研究中国的出口贸易中所遭受国际贸易摩擦对中国经济的影响。一般性的观点是国际贸易摩擦影响和阻碍了中国商品的出口，使中国的国际贸易获益减少，国内产业发展受损，劳动力就业减少，以至于影响整体的经济增长。苗迎春（2004）认为，中美的贸易摩擦不仅破坏了双边的正常经贸关系，而且具有溢出效应，贸易摩擦的加剧往往会波及政治领域，使中美关系受到抑制性影响。艾华（2006）指出，贸易摩擦直接影响中国出口近百亿美元。路红艳和王保伦（2006）认为，国际贸易摩擦日益加剧给中国的产业发展造成巨大压力，同时跨国公司大量地进入还会给我国的产业安全提出更为严峻的挑战。与此同时，也有一些学者提出了相反的观点，认为贸易摩擦也会存在一定的积极效应。如龙永图（2005）在做客南京金陵图书馆"名家讲座"时就曾提出，贸易摩擦不是洪水猛兽，贸易摩擦多是好事的观点。海闻（2005）也指出，贸易摩擦可以淘汰一些缺乏竞争力的企业和产业，从而增强我国实力。贾海基、李春顶（2006）认为，我国的贸易摩擦存在提升产业结构，刺激对外投资，引入竞争而激励技术创新，优胜劣汰以优化资源配置的积极效应。另外，还有一些学者提出了一些更加深入和详细的看法，如尹翔硕（2006）在划分两类贸易摩擦的基础上，提出我国比较优势领域的贸易摩擦对于我国的战略性影响不大，而比较劣势领域的贸易摩擦关系到我国经济的长远发展，消极效应较大。

在研究方法上，国内更多的研究集中于定性分析和局部均衡分析，实证的研究较少，所以应该说还有很大的研究空间。接下来的研究可以更多地用实证方法检验及测度我国遭遇的不同类型贸易摩擦对于我国经济和不同产业的影响效应。

第四节　国际贸易摩擦的治理策略

国外文献对国际贸易摩擦的化解路径和应对策略的研究，基本沿着三条思路进行。第一条思路是通过国与国之间的协调和谈判来化解国际贸易摩擦；第二条思路是以企业之间的博弈协调来化解国际贸易摩擦；第三条思路是通过超国家的协调机制化解国际贸易摩擦，如 WTO 的争端解决机制或者欧盟内部的争端解决机制等。三条思路各有利弊，在不同条件下所起的作用不同，也都各有自身的适用性。

Baron（1997）详细分析了贸易双方政府之间谈判和协商解决贸易摩擦的问题，指出政府之间的谈判均衡是一个纳什博弈结果，均衡点更加有利于哪一方不单单是双方谈判技巧的问题，更重要的是由双方在谈判中的地位以及贸易对于双方的重要程度不同决定的。如果一国出口和经济发展严重依赖于另一国或者是处于贸易顺差地位，则他在谈判中是不利的，纳什均衡肯定对该国不利，反之则反是。Bac 和 Raff（1997）分析了国家之间协调和让步解决贸易摩擦的可行性。他构造了一个关税贸易摩擦模型，假定贸易双方在不完全信息条件下无限次地重复博弈。文章发现，如果双方的贸易收入折现率很高，并且贸易量不大，则贸易协调容易达成，也就是贸易摩擦能够化解；即使贸易摩擦双方都对贸易收益持悲观态度，贸易让步还是能够达成。但文章分析的前提是贸易过程必须要是无限次的重复博弈，也就是说双边贸易会一直持续下去，这样双方才会为了长期的巨大贸易利益而采取妥协对策。

对于企业之间的协调措施，也有不少学者进行了研究。但由于摩擦中的企业是相互竞争的，难以形成共同利益，所以要通过企业之间自觉的沟通和协商解决贸易摩擦，一般来说可行性不大。但同样按照博弈论的观点，竞争性的企业之间相互合作可以达到双赢，而相互不合作的结果是双方都受损。所以在企业间也会有"大棒加胡萝卜"的策略，也就是说只要一方不合作，另一方立刻用惩罚性措施如价格竞争等"大棒"进行抵制，双方都受损；而如果双方都合作，则对于市场的共同控制及垄断带来了"胡萝卜"的共同利益。因此，贸易摩擦从企业层面也是有化解的理论可行性的。Chang（1997）在他的论文

《胡萝卜、大棒和国际外部性》中,用一个一般均衡模型框架,分析了"大棒"和"胡萝卜"的有效性,得出"胡萝卜"是促使贸易双方走向合作的关键;但同时在不完全信息和国际外部性之下,"胡萝卜"又会导致贸易污染过多、环境恶化的结果。Baron(1997)在他的论文中也研究了企业之间的协调问题,指出一个企业如果有足够的能力在对方采取不合作的情况下,用惩罚策略让其受损更大,则用"大棒加胡萝卜"足以使相互的合作和摩擦的化解成为子博弈纳什均衡。

在国际贸易摩擦应对策略的文献中,最多的是对于超国家协调机制的研究,如GATT和WTO的贸易争端解决机制以及欧盟内部的争端解决机制等。这是由于这些超国家组织在争端解决上还是相对比较维护公平的贸易环境并且这些机制也是比较有效的。当然也有很多研究指出了GATT和WTO争端解决机制的无效性及弊端。Kastner和Pawsey(2002)分析了WTO-SPS框架对于解决美国和欧盟牛肉争端的有效性。他们指出,该框架在三个方面对于解决贸易摩擦起作用。首先是促进了使用国际食品安全标准,其次是要求政府在风险评估的基础上才能制定卫生措施,最后是它提供了多种灵活的措施来实现同样的健康目标。Ederington和McCalman(2003)用三个国家、三种完全竞争的出口商品模型研究了GATT和WTO所允许的最惠国待遇原则对于贸易摩擦的影响。他们的结论显示,最惠国待遇原则使得贸易双方合作的程度降低,因为它降低了不合作的惩罚力度,同时,最惠国待遇引起的差别性惩罚也降低了摩擦发生时再谈判协商的可能性。Bown(2004)用理论和实证相结合的方法,说明了一国违背GATT规则寻求保护的原因,并且贸易报复的有效程度影响了一国政府的政策制定,对于解决贸易摩擦有着关键性作用。Grinols和Perrelli(2002)研究了政治因素和WTO在解决贸易摩擦中的有用性。他们用实证研究的结果显示,WTO在减少贸易摩擦以及缩短摩擦的时间两个方面所起的作用都很有限,而其中起主要作用的还是政治因素。在这三个方面的应对策略之外,Sherman和Eliasson(2006)提出并证明了非国家力量在化解国际贸易摩擦中的作用,这里的非国家力量主要是指受国际贸易摩擦影响的国家通过对对方国家的政府及官员的游说行为等措施达到化解国际贸易摩擦的目的。

对于国际贸易摩擦治理路径的研究更多的是作为一个对策提出或者仅仅对对策的实施效果进行分析,而对如何提高对策本身的作用研究不多。据此,国际贸易摩擦路径的未来研究方向可以更多关注于每一项对策实施效果的影响因素以及提高效果绩效的策略,进而更好地指导实践。

国内文献主要研究中国的国际贸易摩擦化解问题。主要从政府和企业两个方面分析应对策略,也有研究提出用行业协会等中介机构和第三方力量来解决国际贸易摩擦。从政府角度看，丁黎（2005）认为，政府应该要加强产业结构调整、促进产业升级，提高国际竞争力；同时加快加工贸易的转型升级、提高利用外资的质量，优化外贸结构、加速技术转移；还要加大力度做好取得完全市场经济地位的工作。聂文慧（2006）提出要有完备有效的贸易法律和政策体系，健全完善的贸易摩擦预警和工作机制，运用区域和双边贸易安排解决贸易摩擦，还要积极参与制定多边和双边贸易规则。

从企业角度看，裴长洪（2005）提出企业要积极利用世贸组织的争端解决机制来应对贸易摩擦，还要灵活运用国际化经营战略，利用对外直接投资来绕开贸易摩擦。钱学锋（2004）指出，企业在应对贸易摩擦中要增强主体意识，遇到不公平竞争时要敢于应诉和申诉，同时企业还要转变竞争策略，切忌低价倾销而导致双亏的结果，而且企业还要巧妙利用利益集团的作用并在贸易谈判中善于使用可置信威胁解决摩擦。马常娥（2005）提出要充分认识和关注第三方力量对于化解贸易摩擦的作用。

从第三方力量角度看，是指发起国际贸易摩擦国家的国内各种非直接利益关联人，包括进口商品的代理商和销售商、遭遇贸易摩擦方聘请的国外律师、进口商品的购买者和消费者等。于铁流、李秉祥（2004）强调了处理贸易摩擦时安抚政策的重要性，如适时采用政府采购和注意改善相互之间的贸易关系等措施的采用，往往能够起到较好的效果。王厚双（2003）指出了公关在处理贸易摩擦中的作用。他认为贸易摩擦受害国应该重视对他国政界、企业界及公众的公关工作，通过一系列有效的防卫性与进攻性的公关工作，妥善地处理贸易摩擦。

解决国际贸易摩擦的过程是一个国内利益和损失权衡的过程，要有全局的眼光，不能只看到损失而看不到国内经济的获益；更不能只看到国内的进出口收益，而看不到付出的机会成本。未来的研究应该在权衡这些实际效应的基础上提出更有针对性的建议。

第五节　小结

在国际贸易摩擦的类型和趋势上，新情况不断出现，更加隐蔽的摩擦形式层出不穷，需要有新的归类和分析，需要根据不同的类型开展研究。例如，知识产权贸易摩擦问题以及劳工标准问题等新情况都需要理论界及时地发现、"把脉"、"诊断"和开出"处方"。

在国际贸易摩擦的原因上，保护主义是一个永恒的话题，差异的只是保护的目的和手段以及引起保护的原因不同。这些新而不同的目的、手段和原因都是未来的研究方向。可以预测这个方向的趋势是更加注重微观层次的分析，也就是企业行为对于贸易政策决策的影响。政治经济分析和微观企业分析是未来的主要研究方向。

在国际贸易摩擦的影响效应上，不利于出口国的经济福利，而对进口国来说也不一定会有积极作用。国际贸易摩擦影响效应的研究主要分析对一国经济增长和产业发展的影响。在综合评价国际贸易摩擦对经济的影响效应时，更应从长期效应出发，从一般均衡出发，用正确的计量模型进行估计，不能只看到短期效应和局部效应。

在国际贸易摩擦的治理路径上，单靠某一国或某一方的力量，很难达到满意的效果。国际贸易摩擦的产生，归根结底是由于两国在相互贸易中的利益分配存在不对称和不平衡；只要这种不对称存在，国际贸易摩擦就无法消除。解决的办法是可以加深两国的经济往来和相互依赖程度，这样即使存在利益分配的不对称，但贸易摩擦和争端对两国经济的影响很大，"大棒"的威胁会促进国际贸易摩擦的化解。另外，可以通过多边贸易体系的约束来推动国际贸易的自由化，以此来免受国际贸易摩擦的阻碍。逻辑思路是，经济全球化导致单个国家对于世界整体的经济依赖程度很高，如果通过一个具有法律约束力的多边体系监督和控制一国的贸易政策，则双边的贸易利益不对称问题就变成了多边利益权衡问题，单个国家不会因为双边贸易利益的不对称而挑起贸易摩擦和争端，引致失去整个市场的结果。

在国际贸易摩擦的研究方法上，理论和实证是两个永恒的方向。对任何一方的忽视都是不合理和偏颇的。按照现有文献状况，需要增强实证分析的内容和分量，国内文献更是如此。总之，国际贸易摩擦的研究内容还有不少，研究的空间广阔，而其随着现实不断变化的动态特征，决定了国际贸易摩擦是国际贸易领域一项重要的研究课题。

第三章　中国国际贸易摩擦的发展趋势与影响

本章主要分析全球金融危机之后，中国国际贸易摩擦的发展趋势、呈现的特点，以及对于中国经济产生的影响效应。通过明确中国国际贸易摩擦的现状以及受到的影响，一方面有利于更好地认识和了解中国的国际贸易摩擦，另一方面也为后续分析贸易摩擦的治理路径奠定基础。以下的研究内容主要包括三个方面：第一，中国国际贸易摩擦的发展趋势和特点；第二，中国遭遇国际贸易摩擦的原因；第三，国际贸易摩擦对中国产生的影响。

第一节　发展趋势

一、金融危机后国际贸易摩擦的新趋势和特点

全球金融危机之后，各国为了尽快走出危机的阴影，扩大出口，增加就业，不断采取各种贸易保护措施而引发国际贸易摩擦。据统计，从2008年11月至2013年5月，全球共采取了3334个贸易保护措施，其中，仅2012年7月到2013年5月就实施了904个。特别是在2012年第四季度和2013年第一季度，全球采取的贸易保护措施分别为127个和125个，是2012年第二季度（26个）的近5倍[①]。可见，金融危机背景下的全球贸易保护主义已"悄然抬头"，且有愈演愈烈之势。不同的是，金融危机前，各国的保护措施往往以防御性为主，而金融危机以后，各国的贸易摩擦更多地采取了"以邻为壑"的措施，并呈现以下的新趋势和特点。

1. 国家援助措施替代传统贸易限制措施成为贸易摩擦新手段

为尽快摆脱危机，加快国内经济复苏步伐，各国政府采取了一系列经济刺激政策，包括政府采购和政府救助措施。这些经济政策将重点从限制进口转移

---

① 数据来源于中国贸易救济信息网，http://www.cacs.gov.cn/。

到扩大出口上，通过政府经济政策的扶持，增加本国产品的国际竞争力，从而达到拉动经济增长的目的。在此期间，发达国家普遍实施了"再工业化"政策，以解决国内实体经济空洞化、出口减少、就业不足等问题。各国政府鼓励本国企业将工厂搬回国内，避免在海外投资，投资保护主义的风险随之增加。同时，很多国家实行了"产业政策"，包括进口替代政策，要求外资进行技术转移，以及对特定行业进行金融支持等措施。如法国将电动汽车可享受的环保奖金最高额由5000欧元提高至7000欧元，政府还承诺在大型城市设立电动汽车充电桩，国家机关也将购买混合动力汽车和电动汽车作为援助条件。此项措施的适用范围可扩大到整个欧盟地区，目的是争夺电动汽车的全球市场。

2. 新兴产业和稀缺资源成为贸易摩擦的新目标

信息技术、生物技术、节能环保、新能源等新兴产业被视为带动世界经济走出低迷的重要引擎，因此，各主要经济体都将新兴产业作为新的经济增长点，并重点发展，企图依靠资金和技术优势，控制新兴产业关键领域，占领未来产业发展的制高点。因此，保护主义开始向新兴产业蔓延。2011年11月，美国正式对进口中国的太阳能电池发起"双反"调查，开启美国对中国清洁能源产品的首例"双反"调查。紧接着，又对原产于中国的晶体硅光伏电池和应用级风电塔发起"双反"调查。2012年法国成立11个委员会对国内的航空航天、可再生能源等一些核心产业进行监督，以在"必要"时干预国外企业的并购。同年，欧盟又开始对中国光伏电池展开"双反"调查，并欲征收惩罚性关税（双方达成了价格承诺）。由此可见，保护贸易正在向战略性新兴产业扩展。

由于稀缺资源被广泛运用于高新技术产业和战略性新兴产业，因此，发达国家格外注重控制这一战略性资源。而发展中国家在经济发展初期，由于技术水平较低，大量地出口资源型产品，长期粗放式经营和大量出口导致许多丰裕型资源变得极为紧缺，有些甚至需要进口才能满足国内需求。所以，发展中国家开始通过出口限制等贸易保护手段来保护本国资源。所以，稀缺资源领域的贸易摩擦逐渐显现。

3. "全球治理"成为贸易措施的新"保护伞"

随着人们生活理念的变化，国际社会关注的问题越来越集中于气候变化、低碳经济、粮食和食品安全、能源资源安全等问题上。这些问题不仅直接关乎人类生存，也是涉及经济发展的重大问题，成为全球新的治理机制建设过程中的重大议题。因此，很多国家，特别是发达国家常常以全球治理为借口，行"贸易保护"之实。

一些发达国家凭借环保技术优势，以节能减排为口号，提出低碳经济、绿色经济等概念，碳关税、碳标签、碳认证等"三碳"问题便随之应运而生，并被越来越多的国家推崇。2009年6月26日，美国众议院通过了《美国清洁能源安全法案》，授权美国政府今后对因拒绝减排而获得竞争优势的国家的出口产品征收碳关税。法国国民议会（议会下院）和参议院也于2009年10月和11月先后投票，通过了在法国国内征收碳税的议案。同时，法国政府还希望将其发展成为针对欧盟以外国家的碳关税。碳关税的主张提出后，引起广大发展中国家对贸易保护主义抬头的严重担忧，在世界上遭到许多国家的反对，批评这种做法是"以环境保护为名，行贸易保护之实"，是贸易保护主义的新借口。一旦征收碳关税，发达国家可能利用现有的国内标准来计算进口产品的碳排放量，这将使发展中国家出口的高碳产品面临被征收高碳关税的风险，打压发展中国家的出口竞争力。碳标签一旦成为国际出口商品的通行证，将会有效地阻止发展中国家的产品出口。碳认证一旦在发达国家广泛推行，其国内消费者将更加倾向于购买地理位置更近的本国产品，这将有利于减少进口产品的市场份额，为发达国家制造业的回归创造良好的环境。因此，"低碳"不仅是贸易保护主义的新形式，同时也是发达国家经济霸权的一种新形式。

4. 国家安全成为贸易摩擦的重要借口

2013年，美国国会通过并由奥巴马总统签署了《2013年合并与进一步持续拨款法案》，第516条要求美国各政府机构考虑购买信息技术系统时，必须咨询执法部门，并就"网络间谍活动或破坏"的风险进行正式评估。评估必须包括"信息技术系统由中国拥有、主导或资助的一个或多个实体生产、制造或组装相关的任何风险"。法案还规定，美国商务部、司法部、国家航空航天局和国家科学基金会不得利用任何拨款采购由中国政府拥有、管理或资助的一个或多个机构生产或组装的信息技术系统。

事实上，美国以"国家安全"的名义设限阻碍中国信息技术产品出口和投资的行为绝非"新鲜偶然"。全球金融危机以来，中国华为和中兴在美国屡遭"国家安全"贸易壁垒的侵扰。

2008年，华为试图收购美国一家电信企业，但终因美国政府的"国家安全"担忧而被迫放弃。2010年8月，华为准备向美国电信运营商斯普林特公司供应设备时，8名共和党参议员致信奥巴马总统及盖特纳财长，要求评估可能的"国家安全"威胁；同年，华为试图再次收购两家美国公司时，又因"国家安全"借口而被阻。2011年，华为收购美国通信技术公司3Leaf，最终也功亏一篑。同时，从2011年2月开始，美国国会就对华为和中兴进行调查，以确定它们的产品和服务是否威胁了美国的国家通信安全。2012年9月13日，美国众议院举行听证会，就所谓的"威胁美国国家安全"接受质询。

美国对中国信息技术产品出口频频以"国家安全"为名发起刁难，贸易保护主义的踪迹一目了然，泛滥的"国家安全"贸易壁垒逐渐清晰地显现。

首先，中国的信息技术产品出口世界各地，安全性和信誉度有口皆碑。以华为为例，与全球150多个国家和500多家运营商展开合作，产品的安全性得到了世界各国的证明，却唯独在美国遭遇了频繁的"侵害国家安全"指控。这不得不让人怀疑美国"国家安全"贸易壁垒的保护主义性质。

其次，金融危机之后，美国等发达经济体遭受重创，贸易保护主义难免泛滥。就美国来说，金融危机之后，反倾销、反补贴等发起数量明显增加，针对"中国制造"的贸易壁垒愈演愈烈，在这其中，"国家安全"无疑是针对信息技术产品的最佳借口，很容易被用作贸易保护的手段。

再次，美国多次的调查均无果而终，折射背后的"司马昭之心"。美国针对中国华为和中信的信息技术产品，已发起多次的调查，但每次调查都无实质的结果，未找到任何证据。然而屡次的调查都产生了让美国国内竞争企业受益的结果，不仅阻碍了中国相关产品的出口，也成功地将中国企业阻挡在收购美国公司或大型合同招标的市场之外。

美国是信息技术产品的主要创新和技术前沿国家，能够影响到美国的国家信息安全，并且不被调查所发现，这在技术上的要求是极高的。而中国目前出口到美国的信息技术产品多数是已经标准化的设备，核心技术仍然被美国等主要发达国家掌握，这样的背景下指责中国产品危害了美国的国家信息安全，是让人难以置信的。

最后，仅仅针对中国信息技术产品的歧视性措施难掩保护主义实质。美国对中国信息技术产品发起的"国家信息安全"调查以及政府采购中的限制基本都是专门针对中国产品，这难免让人感觉是一种保护主义的行径。如果真正出于"国家安全"考虑，就应该针对所有国家的信息技术产品，这种歧视性的做法是难以让中国信服和接受的。

5. G20国家既是全球治理的主要实施者，也是贸易摩擦的主要发起者

每次国际金融危机都会对全球治理结构产生重大的变革压力。美国大萧条后，建立了以美元为主导的国际金融与货币体系；1992年欧洲货币体系危机加速了欧元和欧洲经济同盟的诞生；1997年亚洲金融危机促进了东盟经济一体化进程。而2008年席卷全球的金融危机爆发后，G20这种新型的全球治理机制真正走向前台，并在协调各国的危机应对政策、避免贸易保护主义泛滥，

防止全球经济陷入更深层次的衰退等方面起到了重要作用。

然而,不可否认的是,"多极化"也蕴含着"无极化"风险。由于世界各国从金融危机中复苏的步伐快慢不一、利益诉求逐步分化,G20 的影响力和执行力也有所下降。特别是很多国家更多地采用"国家援助措施"等较为隐蔽的贸易保护手段,有效地避开了 G20 的全球治理措施。因此,金融危机后 G20 国家不仅依然是贸易保护措施的主要发起者,而且数量有所增加。贸易保护的抬头是金融危机的必然产物,同时,也与全球经贸格局发生重大变化(新兴经济体的崛起)、全球经济结构进行深度调整(国际分工格局的改变)、全球经济再平衡(解决全球经济失衡问题)以及全球治理(气候变化等)密切相关。因此,即使全球经济从金融危机的阴霾中彻底走出,贸易保护的抬头趋势也不会很快消退,仍然会持续相当一段时间。

贸易保护的抬头和贸易摩擦的增加势必对世界经济产生一定的负面影响,包括减少贸易机会、增加失业人口、减缓世界经济复苏的步伐等。目前贸易保护措施的影响依然难以量化,因为很多都涉及许可证或监管规则层面的改变,而非征收反倾销反补贴进口关税等容易计量的手段。据估计,G20 国家的商业利益将因此损失 20%。WTO 估计,2008 年 10 月以后采取的贸易保护措施,可能对世界贸易产生了 3% 的抑制作用。

6. "竞争中立"等新规则和制度成为新型的贸易壁垒

2011 年以来,美国在多次政治、经济和外交活动中讨论"竞争中立",并在世界经济合作与发展组织(OECD)、联合国贸易和发展会议(UNCTAD)等国际组织中推动"竞争中立"框架的落实和推广,希望在双边和多边贸易以及投资协定中加入有关限制国有企业的条款,使得"竞争中立"原则引起国际市场的广泛关注。

在双边和多边贸易投资协定中,发达国家积极推动"竞争中立"条款。一个典型的例子是 TPP,美国力推"竞争中立"成为 TPP 谈判中的重要条款之一。在 TPP 谈判中,美国强调缔约方需对贸易和投资及竞争做出有约束力的承诺,制定加入 TPP 的条件为"高标准的政策协议",包括取消给予国有企业的大量补贴,严格的知识产权、劳工标准和环境标准等。另外,在美国和欧盟推动的跨大西洋贸易和投资伙伴关系协定(TTIP)中,虽然还没有启动正式谈判,但"竞争中立"原则已经被跨大西洋委员会认可,并责成 OECD 出台相关指南。另外,在澳大利亚、韩国、新加坡等签订的一些 FTA 中,也附有与"竞争中立"有关的条款。

2012 年 4 月,美国与欧盟共同发表了《关于国际投资共同原则的联合声明》,其中第 2 条关于公平竞争的原则中指出,"欧盟和美国支持经济合作和发展组织(OECD)在'竞争中立'领域所做的工作,重点集中在国有实体和私人商业企业要受制于同样的外部环境并应确保在既定市场上公平竞争"。"竞争中立"规则的提出和应用是在全球金融危机和"欧债危机"的形势下,发达经济体增长乏力,为了进一步推动自身的贸易、就业和经济增长,由美国和欧盟等发达国家提出并倡导推动的,旨在限制和削弱发展中国家的国有企业及主权基金企业的竞争力、维护发达国家企业竞争优势的新规则和新制度。

7. 发展中国家发起贸易摩擦和贸易救济的数量不断增加

全球金融危机之后,在国际贸易摩擦和贸易救济的发起国中,发展中国家越来越成为积极的力量。一方面是发展中国家处于保护其国内经济增长和就业的目标,另一方面也是面临保护主义抬头形势下的必然选择,同时也说明了发展中国家正在逐步适应于采用贸易保护和贸易救济手段来维护自身利益。

二、中国遭遇贸易摩擦的现状:以反倾销为例

中国是国际贸易摩擦的最主要受害国,是反倾销的第一大受损的国家。WTO 的反倾销数据显示,1995~2010 年,中国遭遇的反倾销占据了所有 3751 件指控的 20.9%,所有 2433 件措施的 23.1%[1],如图 3-1 所示。

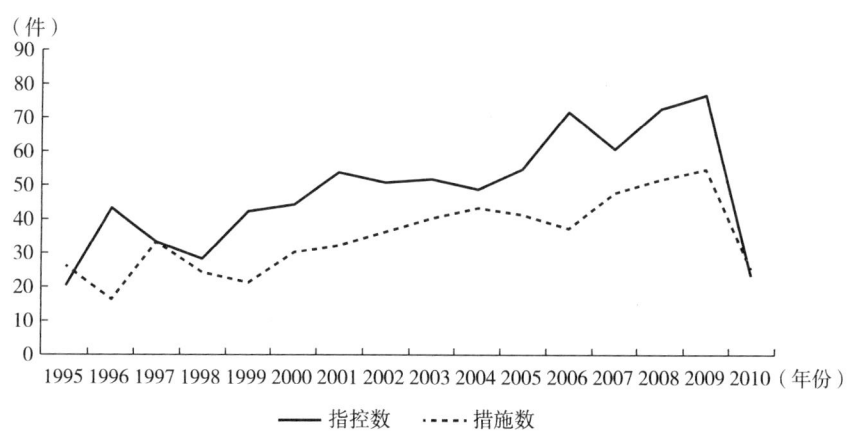

图 3-1　1995~2010 年中国遭遇反倾销指控和措施的情况

资料来源:根据 WTO 反倾销数据库整理。

---

[1]　根据 WTO 反倾销数据库数据计算整理所得,http://www.wto.org/english/tratop_e/adp_e/adp_e.htm。

在全球反倾销的发起国中，美国列为第二（印度第一）。数据显示，1995~2010年，美国共发起反倾销指控442起、反倾销措施289起，分别占据全球反倾销总数的11.8%和11.8%；其中，中国大陆、日本、中国台湾和韩国是美国的前四位反倾销对象，分别占美国反倾销措施的24.6%、7.8%、4.9%和4.5%[①]。近年来美国发起反倾销的具体情况如图3-2所示。

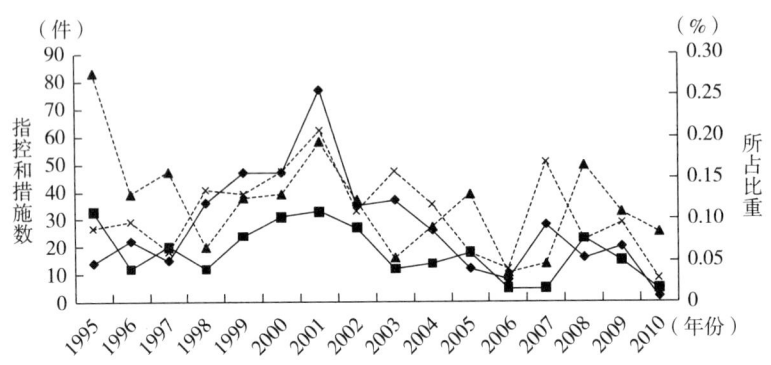

图3-2　1995~2010年美国发起的反倾销指控和措施数及占WTO的比例
资料来源：根据WTO反倾销数据库整理。

而在中国遭受的反倾销指控中，1995~2010年，印度、美国和欧盟是前三位控诉国，分别发起指控137起、101起和96起，分别占中国遭遇指控总数的17.5%和12.9%、12.2%；分别采取措施105件、79件和68件，分别占中国遭受措施总数的18.7%、14.0%和12.1%[②]，详细情况见表3-1。可见，美国是中国反倾销的发达国家第一大指控国。

表3-1　1995~2010年对中国发起反倾销指控和措施的前十位国家

国家	反倾销指控 数量（起）	反倾销指控 占该国发起总数的比例（%）	反倾销措施 数量（件）	反倾销措施 占该国发起总数的比例（%）
印度	137	22.35	105	24.08
美国	101	22.85	79	27.34
欧盟	96	23.19	68	25.28

---

①② 根据WTO反倾销数据库数据计算整理所得，http://www.wto.org/english/tratop_e/adp_e/adp_e.htm。

续表

国家	反倾销指控 数量（起）	反倾销指控 占该国发起总数的比例（%）	反倾销措施 数量（件）	反倾销措施 占该国发起总数的比例（%）
土耳其	57	39.31	55	38.73
巴西	41	22.28	30	28.57
南非	33	15.57	18	14.06
澳大利亚	31	14.62	12	14.81
墨西哥	28	28.57	16	19.28
加拿大	25	16.45	18	19.15
哥伦比亚	24	48.00	14	58.33

资料来源：根据 WTO 反倾销数据库数据整理。

三、中国主动发起贸易摩擦的现状：以反倾销为例

后金融危机时代的国际贸易格局将会出现巨大变化。随着美国、欧洲提出经济"重新实体化"战略、贸易保护主义的重新抬头及各国对中国贸易顺差的普遍关注，倾销与反倾销的"战争"将不可避免地成为未来国际贸易的关键主题之一。而中国，也将不可避免地成为这个主题的聚焦点之一。历史地看，中国可能是受到其他国家以"反倾销[①]"为名的伤害最多、最深的国家。但是，从21世纪初，特别是加入WTO以来，中国的策略发生了很大的改变，中国主动发起反倾销调查并采取措施的案例正日益增加，反倾销也正成为我国国际贸易自主救济的重要手段[②]。而且，随着我国进口贸易量的增长及其在整个对外贸易中的地位持续增强，中国将来无疑还会继续使用主动反倾销的"武器"。

WTO的反倾销数据显示，1995~2010年，我国共发起对外反倾销指控（Antidumping Initiations）182件，采取对外反倾销措施（Antidumping Measures）137件，这些案件90%以上发生在2000年之后；其中，2008~2010年，

[①] 反倾销是 WTO 体制允许的一项常用的贸易救济措施。反倾销的一个普遍接受的定义是：当一国的商品以低于生产成本的价格在他国倾销并试图占领市场，给他国国内相关产业造成了实质性损害时，他国采取征收反倾销税等形式保护和救济国内产业的行为（Horlick 和 Shea, 1995）。

[②] 我国发起反倾销的原因主要有两个方面：其一，随着我国进口贸易的发展和进口量的增加，国外出口中的低价倾销行为给我国相关产业造成了损害，按照WTO原则，我国可以用反倾销措施保护贸易公平和国内受损产业。其二，近年来，"中国制造"经常遭遇他国贸易保护主义的侵害，在反倾销、反补贴和一些特殊保障措施被严重滥用的形势下，出于反击和自我保护的目的，反倾销也被用作"以牙还牙"的反击手段。

中国共发起反倾销调查14件、17件和7件,制定反倾销措施4件、12件和14件;分别占1995~2010年调查总数的7.69%、9.34%和7.69%,占1995~2010措施总数的2.92%、8.76%和5.11%[①],如图3-3所示。

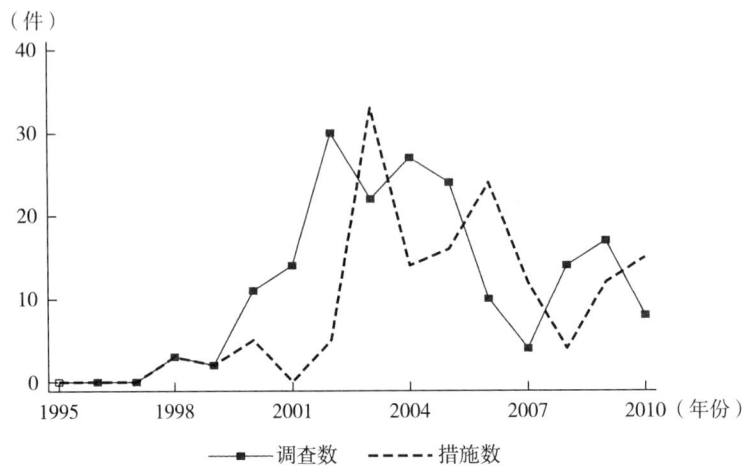

图3-3 1995~2010年中国对外反倾销调查和措施的情况

资料来源:根据WTO反倾销数据库整理。

中国反倾销指控和措施的主要对象为韩国、日本、美国、中国台湾和欧盟,对五个地区1995~2010年的反倾销调查分别占中国发起调查总数的17.03%、16.48%、16.48%、8.79%和7.69%;而反倾销措施分别占据措施总数的18.25%、18.25%、16.06%、10.22%和6.57%;这四个国家与地区的反倾销调查和措施总数都占1995~2010年总案件数的近67%[②],如表3-2所示。

表3-2 1995~2010年中国发起反倾销调查和措施的主要目标国与地区

国家	调查 数量(件)	调查 占比(%)	措施 数量(件)	措施 占比(%)
韩国	31	17.03	25	18.25
日本	30	16.48	25	18.25
美国	30	16.48	22	16.06
中国台湾	16	8.79	14	10.22

①② 根据WTO反倾销数据库数据计算整理所得,http://www.wto.org/english/tratop_e/adp_e/adp_e.htm。

续表

国家	调查 数量（件）	调查 占比（%）	措施 数量（件）	措施 占比（%）
欧盟	14	7.69	9	6.57
俄罗斯	11	6.04	9	6.57
其他	50	27.48	33	24.09
总计	182	100	137	100

资料来源：根据WTO反倾销数据库数据整理。

从行业分布看，1995~2010年中国发起的反倾销调查和措施主要集中在化学及化学医药相关产品，塑料和橡胶及其相关产品，木材及相关纤维材料制品和造纸及相关制品，金属及相关制品，纺织及相关产品，矿产品，分别占据调查总数的61%、21%、6%、4%、2.6%和2.6%，以及占据措施总数的57%、21%、6.5%、2.8%、2.8%和3.7%[①]，如图3-4所示。

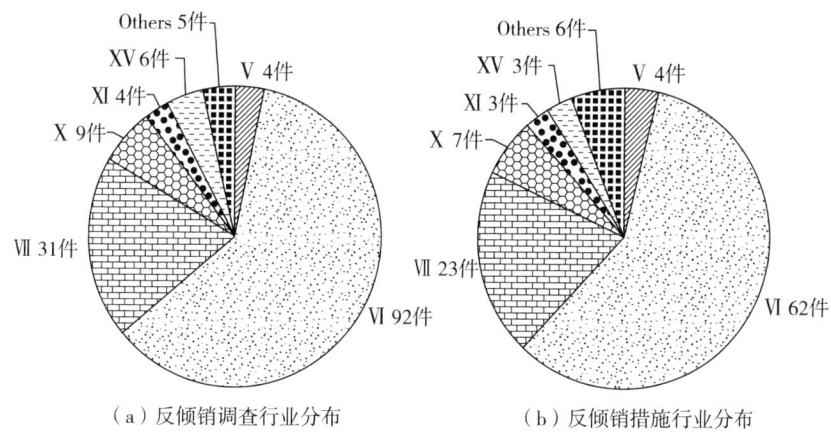

(a) 反倾销调查行业分布　　(b) 反倾销措施行业分布

图3-4　1995~2010年中国发起反倾销的行业分布情况

注：行业Ⅴ是矿产品；行业Ⅵ是化学及化学医药相关产品；行业Ⅶ是塑料和橡胶及其相关产品；行业Ⅹ是木材及相关纤维材料制品和造纸及相关制品；行业Ⅺ是纺织及相关产品；行业ⅩⅤ是金属及相关制品。图中标识的字母表示行业代码，后面的数字是反倾销的数量。

资料来源：根据WTO反倾销数据库整理。

---

① 根据WTO反倾销数据库数据计算整理所得，http://www.wto.org/english/tratop_e/adp_e/adp_e.htm。

第二节 中国遭受贸易摩擦的原因

一、贸易摩擦发起国获取贸易利益

国际贸易政策理论告诉我们，一定程度的贸易阻碍措施是有利于进口国的。一项贸易措施既具有贸易抑制和转移效应，同时也具有贸易收益再分配效应，从而可以把原本属于出口国的贸易收益转移到进口国，"最优关税理论"正是对这一效应的描述。除了关税具有这样的效应外，其他的非关税措施也和关税一样具有收益转移效应，尤其是在进口国是大国经济的情况下，效应更加明显。因为大国的非关税措施会影响出口国产品的世界市场需求从而会压低其价格，价格变化的收益就被进口国获得了。

在实际的贸易政策制定中，贸易净福利是主要的考虑因素，既然贸易摩擦措施能够提高进口国的福利水平，那么贸易摩擦也就必然存在。诚然，理论上的贸易利益在实际情况下不一定能够实现，且如果遭到出口国报复，也会出现得不偿失的结果，故而该解释已经越来越不被理论界和现实所重视。但我们也不能否认其客观存在性，它必然会成为一部分国家制定贸易措施的向导。

二、发起国企图保护其国内产业和就业

保护主义动机一直以来都被认为是国际贸易摩擦和争端的主要原因，相关的贸易理论为其提供了很多的依据和素材。先看保护国内相关产业的动因，最早的"重商主义"就提出了保护国内产业，获取贸易收益的思想；李斯特的"幼稚工业保护论"则指出了一国应该用一定的贸易措施阻碍进口，以保护国内幼稚工业的发展；克鲁格曼的"战略性贸易理论"则认为对于国内产业一定的出口补贴措施可以帮助本国战略性产业占领更大的市场，培养竞争优势，把竞争对手挤出市场，从而使国内产业迅速成长。这些理论无不认为进口国应该采取一定的贸易措施以保护本国的相关产业免受竞争之害，故而保护主义必然是贸易摩擦和争端的主要原因和因素，这无论是在过去、现在还是将来都将是不变的定律。保护贸易理论之所以能够成为国际贸易理论的一个重要分支也体现了贸易保护和摩擦之间的紧密相关关系。

诚然，保护国内产业是贸易摩擦的一个很重要原因。但就发展中国家来说，出口的都是劳动力密集型的低附加值产品，这对于南南贸易摩擦来说有着很强的解释力，但对于南北贸易摩擦来说，似乎又很难让人信服。原因是南北贸易是一种互补贸易，发展中国家出口的产业在发达国家处于即将淘汰的"夕阳产业"

地位，对于这类产业，早日破产和消失是有利于发达国家整体福利提高的。这样保护主义还能够解释南北贸易摩擦吗？实际上，贸易保护主义不仅局限于保护本国的相关产业发展，还包括保护国内的就业以及保护特定群体的利益。对于南北贸易摩擦来说，保护就业就是一个重要的原因。充分就业一直以来都是宏观经济政策的四个主要目标之一，对于发达国家来说，充分就业目标显得尤为重要，这是因为经济越发达的国家，整体国民的福利提高越重要。

国内外相关文献对于保护主义引起贸易摩擦的研究非常充分，也是研究贸易摩擦原因的一个重要方向。这足以说明保护主义是贸易摩擦产生的重要原因，我们在以下部分还要专门分析就业目标、保护和贸易摩擦的关系。

三、国际贸易失衡以及相互依赖性的不对称

贸易失衡导致贸易摩擦是指两国之间贸易处于收支不平衡的状态，也就是一国对于另一国的出口额远大于对其进口额，结果就是两国相互之间对于另一方市场的依赖程度不同。这样处于贸易逆差的国家就会认为贸易自由化使顺差国从本国获取的利益大于本国从顺差国获取的利益，同时再考虑到开放本国市场时所损失的机会成本，逆差国往往会认为贸易让他们实际上受损。这时一旦逆差国国内经济发展缓慢或者失业增加，他们必然将这些结果归咎于贸易逆差。这样的局势如果长期存在而得不到改善，贸易摩擦肯定在所难免。

与此同时，从博弈论角度来看，贸易失衡引起贸易国之间的相互依赖性不对称，这种依赖程度的不对称会导致贸易谈判中两国地位的不对称，逆差国一般会处于劣势地位，而顺差国处于优势地位。这是因为相互依赖性的不同使得不合作和封闭对于两国经济的影响程度不同，也就是博弈双方采取惩罚措施的力量不同，威胁的效力不同。这样的相互依赖不对称会引起和加重贸易摩擦，一方面是由于逆差国认为贸易分配对于自己不公，从而没有深化贸易的激励；另一方面是逆差国会因此对顺差国提出条件或者是高举惩罚"大棒"向顺差国施压，达到自己其他的目的，一旦顺差国不妥协，贸易摩擦就会发生和激化。对于贸易失衡如何会影响经济增长，从而引起贸易摩擦，以下部分也会做深入研究。

四、政治因素与压力

所谓政治压力引起贸易摩擦是从贸易政策的制定过程来看的。我们知道，贸易政策是由一国政府制定的，而政府制定的政策措施必然要代表其自身的经济利益。也就是说政府的贸易政策不一定反映该国整体福利最大化要求，而是对于不同的群体给予不同的福利权重。贸易政策的政治经济学也就是研究影响

政府贸易政策制定的因素，贸易政策从某种程度上来说也是一种政治行为，其必然受到非经济因素的影响。

政治因素引起贸易摩擦的过程，一般来说是进口国国内的受益群体对于政府政策制定者进行游说和寻租行动，或者是向其施加压力，让他们制定出保护性的贸易政策，摩擦由此产生。而南北贸易摩擦之所以能够存在，从政治上来说，主要由以下原因形成："集体行动"的思想决定发达国家易于制定保护主义贸易政策。按照集体行动观点，贸易政策一般都会偏爱那些较小的、组织较好的集团，即使成本收益分析显示保护是个坏主意。从国际贸易来说，保护性措施一般是损害了消费者的福利，但会增加一国生产者的利润，而在通常情况下，发达国家的生产者总是会组织得很好，有自己的行业协会，但消费者往往都是松散和单个的，他们没有很好的组织来影响政府的政策选择，从而发达国家会更多地选择保护并引起贸易摩擦和争端。

可以引入一个事例来分析该过程（尹翔硕，2001），假设美国政府对食糖产业进行保护，阻碍进口，使得食糖价格上涨，消费者的代价是每年12.66亿美元，而食糖生产者和政府的收益是每年7.83亿美元。由于消费者平均每人损失不到5美元，因此很少有人会注意到这个事情，特别是大部分食糖是作为其他食品中的一种成分被购买而不是直接出售的。从消费者来说，个人的抗议显然不会改变该项政策。而对食糖生产者来说，保护可能就意味着几万乃至几十万美元的收益。而且食糖生产者是个有组织的集团，他们有能力集体行动，游说政府官员。因此贸易政策的选择结构必然是贸易摩擦和争端。另外，贸易双方之间政治上的分立和不对等会加剧贸易摩擦。贸易两国之间既是合作伙伴关系，同时也是一种竞争的关系，贸易双方都唯恐对方的强大和崛起，担心自己的地位受到威胁，因此在制定贸易政策时，无形中就会加入政治和情感因素，希望通过贸易来抑制对方的发展，这也就加剧了贸易摩擦的发生。

总之，贸易因素的研究是贸易摩擦分析的一个重要方面，已经受到越来越多的关注，它也是贸易摩擦发生的一个很重要的原因，尤其是在纯经济因素解释难以奏效的情形下，政治原因往往能够起到柳暗花明的作用。以下部分我们还要深入研究贸易摩擦的政治经济学。

五、国际产业结构不协调

国际产业结构不协调实质上可以看作是贸易摩擦的本质原因所在。因为按照古典经济学理论，如果市场是充分的，劳动分工是完全的，那么市场可以自动调节分工至最优状态，使各国的资源配置效率最大化，从而有利于世界经济整体的发展。在这种情况下，贸易是完全有益的，贸易摩擦也是不可能存在的。然而，现实世界是复杂的，各国的政策目标是实现本国福利的最大化，各国政治经济的独立性和国家利益的至上性使得追求全世界总体福利最大化不可能成为任何一方追求的目标。从而，个体的理性行为必然造成全局的非理性，所以不同的国家为了追求有利于其自身的最优政策，必然会阻碍市场机制完全起作用，这意味着国际分工是不可能完全有效的，无效和失灵的国际分工又导致国际产业结构的不协调，不协调的产业结构使得各国为了追逐有限的市场而展开激烈的竞争，这时贸易摩擦难以避免。

对于南南贸易来说，产业结构的不协调导致贸易摩擦的过程很容易理解，因为南南贸易一般都是相互竞争性的产业，产业结构趋同很容易导致贸易摩擦。而对于南北贸易来说，它们是一种垂直型分工关系。从理论上来说，发达国家在高附加值产业以及技术密集型的新兴产业方面具有比较优势，他们应该放弃低附加值和劳动密集型产品的生产，但发达国家出于国内产业经济利益和保持经济决策自主权的考虑，一般又不愿意退出低附加值产品市场。同时，一个国家内部产业结构和两国之间的产业结构都是动态变化的，因此要同时维持国内和国际产业结构协调就非常困难，一旦两者变化方向和速度相背离，不能够很好地互补，不协调就会引起贸易失衡和摩擦。

相关研究（黄晓凤，2007）还发现，世界各国产业结构具有趋同现象，尤其是表现在关乎国际民生、具有重要战略意义的农业以及能带来高额利润的高科技产业领域，具体的出口相似性指数和产品相似性指数都显示了这种同构日趋严重。各国在一些特定领域产业结构的同构必然会导致贸易摩擦发生和恶化。

六、经济和社会制度的差异

制度差异引起贸易摩擦是指贸易双方在国内制度领域存在着不同的规定和规则习惯，因而在贸易中一旦这些不相同的规则发生矛盾，摩擦就会发生，并且难以协调。按照蔡洁（2007）的研究，制度差异引起贸易摩擦可以进一步界定为：进行双边贸易的两国在同一领域存在不同的规则或对其中一国的某项则认同不一致，这种规则包括一国国内法律和市场结构、竞争结构等方面，体现于不同的国家经济政策、交易习惯、不同产业的规则和反规则的冲突。在国际贸易摩擦中，由于制度差异引起贸易摩擦是很常见的，例如技术性贸易壁垒实际上很多是由于贸易双方所采用的技术标准差异引起的；美欧转基因产品摩擦是由于双方在管理制度方面存在区别；日美胶卷贸易摩擦起因于两国在流通政策、促销措施方面的差异。

从制度经济学理论看，我们可以通过交易成本来宏观地解释制度差异对贸易摩擦的诱导机制。一方面，制度差异可以通过影响交易成本使一国的竞争优势结构发生变化，从而影响国与国之间的贸易关系，贸易关系恶化时就会引起贸易摩擦。另一方面，制度差异也会通过影响交易成本使贸易进行的阻力增大，贸易摩擦也就会产生。我们可以将一国自有的制度视为内部制度，将贸易伙伴国的国家制度以及国际社会制度看作外部制度。在国际贸易中，内部制度和外部制度需要在运行过程中进行磨合。若一国的内部制度和外部制度差异较小，其磨合成本或制度运行成本就较低，反之则反是。因此，当不同国家的政治、经济、法律制度不相容时，就会导致制度歧视，制度运行成本的高昂会阻碍贸易的开展；另外当不同国家市场制度存在差异时，会放大信息的不完全性和不对称性，增加信息搜寻成本，从而交易费用增加，交易双方的利益不一致性增强，贸易摩擦也就产生了。

从实际情况看，制度的差异往往成为贸易摩擦的重要导火索。该制度的差异有时候由于一国单方面的问题就能够引起摩擦。我们以美国的贸易政策制定制度为例，美国实行的是国会管理贸易的制度。美国宪法第一条第八款规定，国会有权管理同外国的商务活动，并制定和征收关税。该立法授权国会管理贸易和关税事务，此外国会还有权设定必要的关税水平。相对而言，总统虽然享有包括贸易条约在内的缔约权，但须经参议员 2/3 的多数批准。因此美国贸易政策的制定权在立法部门的国会，而不在行政部门。这种权力的划分使贸易政策的制定难以以社会福利最大化为标准，容易滋生贸易保护主义。国会议员由选举产生，每个议员代表选区和特定阶层的利益，这就决定了议员不会从全社会的角度出发权衡利害关系，而只是从本集团和地区的利益出发做出抉择（李丽，2005）。这样制定的政策不可能是全局最优的，充其量只能是局部最优，并且这种局部最优在不同集团利益冲突下都不一定能够达到，可能最终的结果会偏离任何一个最优点。同时，美国的政治是有钱人的游戏，这些国会议员基本都是资产阶级的代言人，他们通常维护资产阶级的利益。在这种背景下，贸易保护主义就会更加突出，一旦我国对他们的出口影响到相关产业的利益，他们就会置社会最高福利于不顾，而选择制造障碍，贸易摩擦由此而生。

七、文化的差异与冲突

所谓文化冲突引起贸易摩擦是指贸易双方处于不同的文化氛围和环境，他们不习惯或者是有意排斥另一方的产品，从而导致贸易摩擦产生。按照罗能生、洪联英（2006）的观点，国际贸易摩擦的文化冲突主要体现在三个方面：一是价值观念的冲突。由于历史传承和文明演绎，各国在价值观念和价值取向上有很大的差别。在贸易活动中，人们总习惯于用自己的价值标准去要求对方的行动和行为，或者忽视对方的价值观念和核心信仰，结果自然会遭到贸易对方的抵制和反抗，形成贸易摩擦中价值观念的冲突。二是思维方式的冲突。是指人们生来就得屈从于某个特定的环境和特定的"群体思维"，并在成长过程中不断强化这种思维，由此产生了特定文化背景下人们的思维方式。在国际贸易活动中，这种惰性的思维定式和习惯会影响交流和交易关系，从而导致贸易摩擦中思维方式冲突。三是行为规范的冲突。国际贸易往来中，人们总是惯性地行使自己的行为方式，本能地认为自己的行为规则是最合理的，并有意无意地推销自己文化中的行为准则。由于习惯性的主观行为规范差异冒犯贸易对方，从而导致国际贸易中文化冲突发生。

实际上，文化作为一种潜规则，反映了人们权利关系的整套行为规则和价值观念，这些规则和观念必然在一国的贸易行为中体现和蕴含，当贸易双方的这些行为规则及价值观念发生冲突时，贸易摩擦也就发生了。现实世界中，由于文化冲突引起贸易摩擦的情形也较为常见。比如韩国在有意回避日货，法国、加拿大在强烈抵制美国文化商品进口，发展中国家为了培养自己的幼稚产业也在抵制发达国家强势产品，发达国家也在有形无形地排斥发展中国家物美价廉的商品。

第三节　发达国家贸易摩擦对中国的影响：以反倾销为例

国外对于反倾销产业损害的研究文献较为丰富，但多数集中在贸易效应领域，认为反倾销措施同时存在贸易抑制效应和贸易转移效应，这些文献主要包括 Staiger 和 Wolack（1994）、Prusa（2001）、Ganguli（2005）、Baylis 等（2009）、Park（2009）、Carter 和 Trant（2010）等。Staiger 和 Wolack（1994）分析了美国反倾销法的贸易效应。Prusa（2001）发现反倾销税平均能够减少进口 30%~50%。Ganguli（2005）实证研究了印度反倾销案例的贸易抑制效应。Baylis 等（2009）以美国和加拿大为例分析农业领域反倾销措施的作用，发现美国和加拿大反倾销的贸易效应差异显著，美国反倾销措施的贸易抑制效应明显而加拿大的反倾销行为却主要引起贸易转移；同时进口越集中的商品，反倾销的贸易抑制作用越强。Park（2009）研究了中国反倾销行为的贸易效应，发现既存在显著的贸易抑制，又存在显著的贸易转移。Carter 和 Trant（2010）探究了美国 1980~2005 年农业反倾销和反补贴措施贸易效应，发现农产品的贸易转移效应不明显。

其他的一些文献也研究了反倾销对行业和企业其他领域的影响效应，包括对市场势力、技术、生产率、利润、价格等的影响。Crowley（2006）研究发现国家层面的反倾销税能够促进国内进口竞争企业和国外的出口企业技术革新，提高技术水平。Koning 和 Vandenbussche（2005）使用欧洲企业数据检验了反倾销措施对于国内进口竞争企业市场势力（Market Power）的影响，发现反倾销保护能够显著提高国内企业的利润，除非存在强烈的贸易转移效应。Duc（2010）使用美国和越南鲶鱼贸易案例分析美国反倾销措施对于价格和贸易的影响，发现反倾销提高了美国国内的价格而降低了越南出口价格。

同时，也有一些少数文献全面解析了反倾销的影响效应。如 Brown（2005）从一些具体案例中分析韩国钢铁企业在美国反倾销税作用下的表现。Francois（2009）建立了一个全球模拟模型分析反倾销等措施对于一国国内价格、产出、收入、就业等影响。但这些研究不仅多数是具体案例或实证模拟，而且也不是针对中国的分析。

国内文献对于反倾销的研究主要涉及反倾销的原因、经济效应以及应对策略等，代表性文献有：杨仕辉、熊艳（2002）解析了国际反倾销的趋势、特点和我国的对策；朱钟棣、鲍晓华（2004）以化工行业为例，利用中国投入产出表定量分析了反倾销税价格效应对国民经济各产业部门的关联影响；方勇、张二震（2004）研究了出口产品的反倾销预警；张菀洺（2006）解析了反倾销对于东道国 FDI 进入方式及流量的影响；彭立志、王领（2006）构建模型分析了在不完全信息情形下，反倾销威胁与最优的出口贸易政策；朱宪辰、李玉连（2007）从集体行动的角度构建模型分析反倾销的形成原因，并以温州烟具协会应对欧盟打火机的反倾销诉讼为例进行了分析；冯宗宪等（2008）以 2002~2006 年美国对华反倾销的现实分析了影响美国反倾销立案的因素。

一、国外反倾销对中国影响的理论分析

国外反倾销对于被诉国的影响主要是通过反倾销税等具体行动实现的，对一国的反倾销控诉和调查一旦成立，控诉国就会对被诉的倾销国向其出口的相关产品征收一定税率的惩罚性关税，此时反倾销对于被诉国造成的影响实际等同于进口关税。其机理是反倾销税提高了被诉国出口产品在控诉国的销售价格，价格的上升会减少控诉国对该产品的需求，从而被诉国出口会下降；与此同时，被诉国产品价格的上升也会降低该产品的竞争力，此时控诉国国内同类企业的产品竞争力上升抑或其他国家同类企业的产品竞争力上升，这些竞争性企业的产品会在一定程度上替代反倾销被诉国的产品，从而会进一步导致被诉国涉案产品的出口下滑。出口下降和外部市场需求的损失将会对被诉国国内相应产品的生产企业和整个产品行业造成一系列的连锁损害。

其一，从涉案产品所在行业的出口来看。出口受到的影响最为直接，也是一切其他损害的源头。出口损害主要来自于两个方面：一方面是被诉国涉案产

品的价格上涨引起了需求下降，进而出口下滑；另一方面是被诉国产品出口价格上涨导致其产品竞争力下降，其他国家和控诉国的国内竞争性产品会乘虚而入，占领市场，从而替代了被诉国的产品，出口会进一步受到损害。

其二，从涉案产品所在行业的产出看。对被诉国出口的下降会逼迫出口行业寻找其他的出路，选择之一是可以开拓别国市场，增加对其他国家和地区的出口；选择之二是进一步拓展国内市场，增加在国内的销售。但一般而言，开拓市场需要一定的时间，且在其他市场业已均衡和出清的情况下，市场的开拓一般是需要牺牲价格和利润，或者必须进一步提高生产效率和降低成本。所以短期内，行业的产出必然会有所下降而受到损害。

其三，从涉案产品所在行业的利润看。无论被诉国的行业做出何种反应，短期内的利润受损通常都难以避免。首先，当反倾销导致被诉国涉案产品行业的出口下降时，销售的下滑会引起总利润下降；其次，当被诉国的行业企图维持市场份额时，他们可能会降价，价格下降同样会导致总利润下滑；最后，如果行业通过降低成本来增强竞争力，则提高生产效率同样需要付出额外成本，进而会消耗一部分利润，同样总利润会下降。

其四，从涉案产品所在行业的就业看。行业的从业人数主要与其产出和规模有关。由产出的分析可知，受到反倾销损害的行业在短期内的产出一般都会下降，如果没有就业黏性，行业中的从业人数必然会下降；而一般来说，国有企业的就业黏性较强而私营企业和外资企业较弱，所以国有企业的就业可能会较少受到反倾销的损害。另外，当被诉国的行业受到反倾销危害时，为了提高效率，他们会有增加劳动强度和提高劳动生产率的激励，所以这也会促进裁员和减少行业的就业，从而对行业就业形成损害。

其五，从涉案产品所在行业中的企业数目看。这主要是考察反倾销危害对于企业进入和退出市场的影响。从短期看，这一损害是显而易见的。涉案产品所在的行业由于国外需求的萎缩以及利润的下滑，行业中部分成本较高的企业直接面临退出市场的结果，而打算进入行业的企业也会由于经营环境预期的恶化而选择推迟或者不进入市场，两方面的结果就是行业中的企业数目下降，退出的企业多于新进入的企业。

其六，从涉案产品所在行业的劳动生产率看。劳动生产率所受到的影响存在两个方面的效应。一方面，国外反倾销引起被诉国的行业利润下滑，企业没有经济实力进行研发和创新，从而生产率会受到负面影响；同时，如果行业就业存在黏性，则产出下降而从业人数不变的结果必然是劳动生产率下降；另外，行业产出的下降也会降低规模经济的效率。但另一方面，反倾销的冲击增加了国内外的竞争，这会激励企业改善效率和降低成本，从而提高整个行业的劳动生产率；另外，国外反倾销会逼迫被诉国行业中的部分低效率企业退出市场，优胜劣汰的结果有利于整个行业劳动生产率的提高。

为了更加清楚和直观地描述反倾销对于被诉国涉案产品所在行业造成的损害，以下构建一个简单的数理模型刻画和推导损害的结果。设定两个国家，中国和美国，分别用 cn 和 us 表示，某产品所在的行业中，中国处于出口国地位，我们以一个代表性企业 cn 来表示该行业整体（行业总是由若干的企业所组成，用一个代表性企业来代替行业是合乎逻辑的）。为了简化分析，假定一个理想状态，即美国该行业市场中并没有与中国竞争的企业，故整个市场完全被中国的代表性企业所占领[①]。但中美贸易中，中国出口的产品基本是标准化的劳动密集型产品，设定一个完全垄断的竞争格局是不合适的；所以我们再假设市场形态是完全竞争的，中国企业 cn 虽然完全占领了美国市场，但来自外部别国的竞争非常激烈，企业 cn 的定价等于边际成本加上一个行业平均利润率；换句话说，中国企业是一个价格接受者，其不能够通过控制供给来影响价格进而增加利润。假设美国市场上的该产品需求函数是价格需求弹性等于 1 的如下形式：

$$Q_{us} = A_{us} - P_{cn} \tag{3-1}$$

其中，Q_{us} 是美国市场对该产品的需求，A_{us} 是美国的市场规模，而 P_{cn} 是中国企业 cn 的产品在美国的销售价格。由于专注于分析反倾销的效应，我们无须考虑中国的代表性企业 cn 在国内市场的销售和盈利状况，我们设定国内市场是被国内企业 cn 完全占有的，故而其经营不会受到美国市场的影响。对于中国的代表性企业 cn，假定其单位生产成本是：

$$C_{cn} = \alpha - B(R_{cn}, Q) \tag{3-2}$$

其中，C_{cn} 是中国企业的单位生产成本，α 是没有技术创新情况下的单位生产成本，$B(R_{cn}, Q)$ 是企业的生产率，R_{cn} 是企业的研发以及提高效率的管理投入，Q 是企业的生产规模。研发的增加能够提高企业效率，故而有 $B'(R_{cn}) > 0$；而规模经济本身是有效率收益的，所以也有 $B'(Q) > 0$。同时，对于成本的设定还必须满足 $B(R_{cn}, Q) \leq \alpha$ 且 $B(0,0) = 0$。企业的生产方面，设定一个使用劳动和资本两个要素的替代弹性等于 1 的 C-D 型技术：

$$Q = BK^{1/2}L^{1/2} \tag{3-3}$$

其中，K 和 L 分别表示资本和劳动投入，在均衡的市场出清状态下，企业的生产 Q 应等于美国市场的需求 Q_{us}。假设美国对中国出口的该产品发起了反

---

① 这种理想的状态一般是不存在的，但作为从一般理论角度进行的分析，设定这样的理想情形是可行的；另外，由于中美贸易的互补性和产业结构的差异，中国出口美国的产品所在行业大多数确实是美国的夕阳产业，所以假定其国内没有竞争企业也在一定程度上符合现实。

倾销调查，并且征收税率为 t 的反倾销税（设为从价税）。由于市场是完全竞争的，中国代表性企业的价格已经等于边际成本，其不可能通过降价和控制生产来调整利润，所以反倾销税收的负担将全部转移给美国国内的消费者，则美国国内的该产品销售价格变为：

$$P = P_{cn} + t \tag{3-4}$$

所以美国市场的需求就会变成：

$$Q_{us} = A_{us} - P_{cn} - t \tag{3-5}$$

比较式（3-5）和式（3-1）的结果，显然反倾销降低了美国国内对该产品的需求，而美国需求等于中国行业的出口，所以美国反倾销带来的需求下降会直接损害中国行业的出口。另外，在市场出清的情况下，美国国内的需求又等于中国企业的产出 Q，故而以企业为代表的行业产出会下降，即有：

$$\frac{\partial Q}{\partial t} = \frac{\partial Q_{us}}{\partial t} = -1 < 0 \tag{3-6}$$

即美国对华反倾销的深化会对行业的产出以及出口都造成负面的影响，所以出口和产出的损害显然易见。由式（3-3）的生产技术，可以推导：

$$L = \left(\frac{Q}{BK^{1/2}}\right)^2 = \frac{Q^2}{B^2 K} = \frac{(A_{us} - P_{cn} - t)^2}{B^2 K} \tag{3-7}$$

由于资本投入 K 和企业生产率 B 都为正，所以反倾销税的征收客观上起到了减少就业的效果，并且美国国内需求 Q_{us} 以及资本投入 K 都大于 0，所以式（3-8）的结果显然小于 0，则美国对华反倾销负面损害了相关行业的就业，使得行业中从业人数减少。

$$\frac{\partial L}{\partial t} = -\frac{2(A_{us} - P_{cn} - t)}{B^2 K} = -\frac{2Q_{us}}{B^2 K} < 0 \tag{3-8}$$

从代表性企业的利润看，应该等于总销售收入扣除成本以及研发投入，所以有：

$$\prod_{cn} = P_{cn}Q - C_{cn}Q - R_{cn} = (P_{cn} - C_{cn})(A_{us} - P_{cn} - t) - R_{cn} \tag{3-9}$$

两方面效应都会损害代表性企业所在行业的利润：一方面企业生产规模的损失会导致式（3-9）中 $(P_{cn} - C_{cn})$ 的值变小；另一方面反倾销税率也使得 $(A_{us} - P_{cn})$ 的值变小，为 $(A_{us} - P_{cn} - t)$。即使不考虑规模效率的损失，仍然有：

$$\frac{\partial \prod_{cn}}{\partial t} = -(P_{cn} - C_{cn}) < 0 \tag{3-10}$$

则美国对华反倾销会损害中国涉案产品所在行业的利润。再来看美国反倾销对于行业生产率的影响，由式（3-2）中生产率的表达式可以看出，从规模效率来看，行业产出 Q 的下降必然会对生产率形成负向冲击。但同时，生产率还受到研发投入和提高生产率的管理投入 R_{cn} 的影响，而由式（3-9），有：

$$R_{cn} = \prod\nolimits_{cn} - (P_{cn} - C_{cn})(A_{us} - P_{cn} - t) \qquad (3-11)$$

显然，$\frac{\partial R_{cn}}{\partial t} = (P_{cn} - C_{cn}) > 0$，所以美国反倾销客观上刺激了企业将仅有的经营利润转移为提高生产率的研发和管理等投入，所以对于生产率具有正向激励作用。但由于反倾销同时存在规模效率的损失，所以我们无法判断最终的生产率变动方向。

最后，关于行业中的企业数目，由于模型设定行业中仅有一个代表性的企业，故而无法直接对企业进出的数量进行分析。但可以肯定的是，中国行业产出的下降必然导致部分竞争力弱小的企业退出市场。

出于分析的需要，我们可以假设美国对华反倾销的税收支出不是全部转移给消费者，而是一部分由消费者承担，一部分由企业负担，从而形成一个共同承担的均衡情形①。在这一假设下，面临美国反倾销时，中国企业的成本由原先的 C_{cn} 变成了（$C_{cn}+bt$），这里 b 是反倾销税负担中由企业承担的份额，且有 $b \in [0, 1]$。所以，在未受到反倾销危害时，成本区间在 $C_{cn} \in [0, P_{cn}]$ 的企业可以在行业中存活；但当中国涉案产品所在的行业受到美国反倾销的危害后，仅有成本区间在 $C_{cn} \in [0, P_{cn}-bt]$ 的企业才能够在行业中存活。而原先生产成本在区间 $C_{cn} \in [P_{cn}-bt, P_{cn}]$ 的企业将会在美国反倾销压力下被迫退出市场。从而，反倾销损害了行业中的企业数目。

当然，必须指出，以上的理论分析都是建立在理想假设状态情形下，现实的情况错综复杂，实际结果会和理论存在差异。例如，被诉行业对于出口贸易的依赖程度差异，被诉国家企业竞争力的不同以及被诉国国内市场的差别等都会影响到反倾销损害的实际结果。正因为如此，才需要在实证层面进行更加准确的测度和比较。

二、美国反倾销对中国影响的实证分析

1. 计量模型和数据

以下在行业层面实证探求美国涉华反倾销对中国的损害，需要说明的是，

---

① 实际上，现实的情形中，反倾销税一般由企业和消费者共同负担。本书之前的分析是从理论上假设了一个理想状况，而设定由消费者完全负担反倾销税收，并不影响分析的合理性。所以，这里的假设并不是对先前分析的否定。

这里的行业只划分到2位数，而美国发起的反倾销涉及的产品通常针对的是更加细分的行业（一般是6~8位数的行业），由此本书的分析可能会被认为不具有直接的针对性。实际上，大类行业是由细分的行业所组成，在细分行业上的变化同样会反映到大类行业，反倾销最直接影响细分行业，随之会波及整个大类行业，只要实证的结果稳健和显著，结论就是可靠的。另外，本书的研究目的在于分析美国反倾销措施对我国大类行业所造成的损害，我们并不关注其直接对所涉及产品造成的影响，故而无须进行细分行业分析，同时我们认为正确评估反倾销在大类行业上的效应更加具有政策指导价值。

（1）模型。整个实证研究的步骤和过程如下：选取所有企业加总的行业数据、国有企业加总的行业数据、外资企业加总的行业数据三个样本，这样可以对比美国反倾销对不同企业总体的损害；再将反倾销措施细分为反倾销调查和反倾销措施，用动态面板系统GMM方法研究这些反倾销行为对于不同企业整体在行业上的影响。我们设定回归方程如下：

$$\ln(Y_{i,t}) = \alpha + \beta_1 \ln(Y_{i,t-1}) + \beta_2 AD_{i,t-1} + \beta_3 AD_{i,t} + \beta_4 AD1_{i,t-1} + \beta_5 AD1_{i,t} + \beta_6 X_{i,t} + \varepsilon_i + \upsilon_{i,t} \tag{3-12}$$

其中，i表示行业，t表示时间。Y是被解释变量，在具体实证中包括行业出口值、行业总产值、行业中企业数目、行业利润、行业中从业人数以及行业劳动生产率（等于工业增加值×价格平减指数/就业人数）。这里包含了6个方面，能够全面地分析美国反倾销对我国行业各个方面所造成的损害。

解释变量中，$Y_{i,t-1}$是被解释变量的1阶滞后项，$AD_{i,t-1}$和$AD1_{i,t-1}$分别是$AD_{i,t}$和$AD1_{i,t}$的1阶滞后项，表示1年前的反倾销调查和措施。这里，反倾销变量都是取值为0和1的哑变量，如果某年度内的某行业遭受了反倾销调查或措施，符合变量描述，则取值为1，反之为0。另外，反倾销调查和措施的区别是，某些反倾销案件在调查后可能会被撤销，从而并没有采取实际措施，所以反倾销措施的案件数量比反倾销调查通常要少，同时反倾销措施一般要在调查后1年才会确定，两者的时间也不一样，所以将它们区分开来是有价值的。与此同时，我们取了1年前的反倾销调查和措施，目的是探求反倾销对于行业影响的滞后效应。

$X_{i,t}$是控制变量的集合，用于控制其他因素造成的影响。考虑到特定行业变量的特点和影响因素，我们主要选取了以下几个变量：第一，行业虚拟变量，用以控制不同行业的差异带来的影响，原因是行业之间是存在差异的；第二，年份虚拟变量，用以控制变量在时间上的差异，原因是不同年份的行业发展是存在差异的，例如中国入世等冲击会对行业出口和利润等带来影响；第三，时间趋势项，用以控制行业变量随时间的自然变动趋势，具体取值是1997年取1，1998

年取值2，依次类推；第四，行业规模，用工业总产值表示；第五，行业盈利状况，用利润总额除以资产总计的结果表示。对于最后两个控制变量，我们根据所考察因变量的差异进行灵活选择，原因是我们的因变量中包含多个变量，而这两个控制变量不是对因变量中的每一个变量都会有影响。具体各个变量的内涵和数据来源见表3-3。

表3-3 回归变量说明及数据来源

变量类型	变量	缩写	描述	数据来源
因变量	出口值	EX	行业出口总值	《中国海关统计年鉴》（1997~2008）
	工业总产值	Output	企业加总的行业总产出	《中国统计年鉴》（1997~2008）
	企业数目	Firm_no	加总的企业总数	《中国统计年鉴》（1997~2008）
	利润	Profit	企业加总的行业总利润	《中国统计年鉴》（1997~2008）
	从业人数	Employee	企业加总的就业总人数	《中国统计年鉴》（1997~2008）
	劳动生产率	LP	等于价格平减后的工业增加值除以就业人数	《中国统计年鉴》（1997~2008）
自变量	反倾销调查	AD	反倾销调查的虚拟变量	全球反倾销数据库（2010）
	反倾销措施	AD1	反倾销措施的虚拟变量	全球反倾销数据库（2010）
	1年前的反倾销调查	AD（-1）	1年前反倾销调查的虚拟变量	全球反倾销数据库（2010）
	1年前的反倾销措施	AD1（-1）	1年前反倾销措施的虚拟变量	全球反倾销数据库（2010）
控制变量	行业虚拟变量	INDU	控制行业固定效应的影响	根据行业编号设定虚拟变量
	年份虚拟变量	YEAR	控制年份固定效应的影响	按年份分别设定虚拟变量
	时间趋势项	TIME	控制生产率随时间变化的自然趋势	取值 Time = Year - 1996，即1997年取值1，依次类推
	行业规模	Scale	用工业总产值表示	《中国统计年鉴》各年数据
	行业盈利	Prof	用行业利润总额除以资产总计的结果表示	用《中国统计年鉴》各年数据计算

我们在回归方程中对被解释变量和控制变量中的行业规模和行业盈利指标都取了对数,主要是为了消除异方差的影响。在计量方程式(3-12)中,存在解释变量和被解释变量的滞后项,用通常的固定或随机效应面板数据估计方法会存在偏误,因此我们采用 Arellano 和 Bover(1995)以及 Blundell 和 Bond(1998)提出的一般矩估计方法(Generalized Method of Moments,GMM)。动态面板 GMM 估计方法的好处是它通过差分或者使用工具变量能控制未观察到的时间和个体效应,同时还使用前期的解释变量和滞后的被解释变量作为工具变量克服内生性问题。考虑本章计量方程特征,本章选用系统 GMM 估计方法。

关于滞后阶数的选择,在动态时间序列模型中是根据 AIC、BIC 等信息准则来确定的,但动态面板数据模型尚没有类似准则。本章采用 Hendry 和 Clements(2004)提出的从"一般到特殊"的动态建模方法,先选择各变量的一个较大的滞后阶数进行回归,如果系数显著并且能通过各项整体有效性检验,则保留该滞后项,否则剔除。另外,我们对回归残差进行平稳性检验和二阶序列自相关检验,以辅助说明滞后阶数选择的稳健性和参数估计的一致性。我们检验的结果是滞后1期具有更好的稳健性,故而计量模型中被解释变量和解释变量的滞后期阶数都选择为1。

(2)数据。数据包括三个样本,分别是所有企业加总的行业样本、国有企业加总的行业样本、外资企业加总的行业样本[①];所有企业样本包含了39个工业行业[②]1997~2007年的面板数据,但外资和国有企业样本由于统计数据的缺失,只包含了2003~2007年的数据;同时只有所有企业的行业包含出口值数据。被解释变量中出口值数据来自各年《中国海关统计年鉴》,其他所有变量数据来自于各年《中国统计年鉴》;解释变量数据全部来自于全球反倾销数据库2010[③](Bown,2010)。其详情如表3-3所示。

这里,海关统计的出口值以及反倾销数据都是按照 HS 编码商品分类进行行业划分的,但国家统计年鉴的行业是按照《国民经济行业分类》进行的行

[①] 按照企业类型分类,应该还有私营企业加总的行业样本,但由于统计数据缺失,现有私营企业的数据最多只能找到3年的样本,在我们的模型中无法通过各项检验,所以必须剔除;实际上,关于私营企业的变动情况,在得到全体企业以及国有和外资企业的变动后,也可以间接地推出。

[②] 按照《国民经济行业分类方法》收集了39个主要工业行业的数据,其统计对象是规模以上工业法人企业,包括全部国有和年主营业务收入500万元及以上的非国有工业法人企业,是基于国家统计局进行的"规模以上工业统计报表统计"得到的分行业加总数据,数据来源于《中国统计年鉴》工业部分。

[③] 该数据库由 Chad P. Bown 于2010年开发完成,链接地址为:http://people.brandeis.edu/~cbown/global_ad/,收集了世界各主要国家各年份反倾销的所有案例信息,包含反倾销指控时间、采取措施时间、裁定结果以及所指控的行业、企业和产品等。

业划分，两者存在差异，目前还没有可以直接合并的方法，本章根据 HS 编码得到的商品名称，对照《国民经济行业分类》详细 4 位数商品名称表进行逐一归并。另外，实证分析中出口值、工业总产值、利润以及劳动生产率计算中用到的工业增加值，我们用来自于《中国统计年鉴》的 1985 年为基期的工业品出厂价格指数进行价格平减。被解释变量的总体描述性统计见表 3-4。篇幅所限，这里省略了各变量组间和组内描述性统计情况。

表 3-4　因变量和自变量的总体描述性统计

变量		观测值	均值	标准误	最小值	最大值
所有企业组合	出口值	429	1230.732	1.91E+07	3	12408.12
	工业总产值	429	4236.672	5721.392	5.2	39223.77
	企业数目	429	6245.854	6385.441	13	58662
	就业人数	429	144.2085	129.1841	0.08	626.26
	利润	429	262.3549	447.7662	-312.24	3652.12
	劳动生产率	429	5.789501	2.505106	-7.246593	10.547
外资企业组合	工业总产值	195	1383.648	3040.615	0.01	32966.71
	企业数目	195	1133.571	1229.529	1	6047
	就业人数	195	47.01518	64.40632	0.01	442.72
	利润	195	84.90695	142.9135	-1.94263	1114.47
	劳动生产率	195	2.80862	4.015663	-13.45645	9.967608
国有企业组合	工业总产值	195	1591.523	2816.035	0.14	24025.61
	企业数目	195	1083.466	1196.929	1	8057
	就业人数	195	49.39974	65.77937	0.01	335.3
	利润	195	126.9543	382.1319	-417.89	3642.23
	劳动生产率	195	3.0949	3.866259	-13.83138	9.528528
自变量	反倾销调查	429	0.1098	0.3130	0	1
	反倾销措施	429	0.0931	0.2909	0	1

资料来源：根据各统计年鉴、数据库统计得到。

(3) 模型内生性和稳健性。本章实证模型中包含被解释变量的滞后项，内生性是一个重要问题，我们采用动态面板的系统 GMM 估计方法，用前期的解释变量和滞后 1 期的被解释变量作为工具变量，能够较好地克服内生性问题。在参数估计的有效性检验中，我们依据两种方法来识别模型设定是否有效：①采用 Sargan 过度识别检验来分析工具变量的有效性，如果不能拒绝零假设就意味着工具变量的设定是恰当的;②检验残差项非自相关,即检验残差项是否存在二阶序列自相关,所用方法是 AR(2)检验,如果不能拒绝零假设则不存在残差项的二阶序列自相关。

除了以上的总体有效性检验外,动态面板模型的稳健性检验通常的方法还包括:第一,增加或者减少一些解释变量,看回归结果是否有较大变化,如果基本一致,则说明模型结果稳健;第二,使用不同的估计方法,对比模型结果是否有较大差异,如果变化方向和差别不大,则结果是稳健的;第三,计量经济学理论研究证实,在动态一阶自回归模型中,被解释变量的一阶滞后项的一致估计量会介于采用混合 OLS 估计和固定效应估计而得到的估计量之间(Nickell,1981;Hisao,1986;Bond,2002),根据这一规则可以一定程度上检验估计结果的稳健。本章中,我们在实证研究基础上,进一步加入欧盟反倾销措施以及发展中国家的反倾销措施,对比分析的结果不仅扩展了研究,同时也是一个很好的稳健性检验过程。我们对比了三种情况下美国反倾销的估计结果,没有发现实质差异,结果方向总体一致,说明模型估计结果稳健可信。

2. 实证结果

表 3-5 至表 3-7 列示了美国对华反倾销行业损害的模型估计结果,Sargan 过度识别检验和 AR(2)残差二阶自相关检验都表明工具变量选择和模型设定良好,无残差自相关。总体看,美国反倾销对中国行业造成了显著影响和损害,以下逐一分析。对于控制变量的结果,由于不是本书关注的问题,我们不再进行详细的分析。

(1)美国反倾销对于行业中企业数目的影响。首先,反倾销调查和措施的损害效应具有滞后性,调查当年(AD)和措施当年(AD1)的系数均不显著,而其滞后项结果显著。其次,损害效应主要作用于所有企业样本,对国有企业有一些损害,但对外资企业组合的行业中企业数目没有影响。从系数结果看,所有企业样本的反倾销调查滞后项(AD(-1))和反倾销措施滞后项(AD1(-1))的系数显著为负。再次,比较反倾销调查和反倾销措施的效应,发现措施的损害强于调查。如对于所有企业样本,调查滞后项(AD(-1))的系数为-0.0039,而措施滞后项(AD1(-1))的系数为-0.0040。最后,从国有企业样本结果看,仅有措施的滞后项存在显著的效应,调查的系数不显著。

(2)美国反倾销对于行业总产出的影响。总体上损害效应与企业数目基本一致,即效应存在滞后性,损害主要作用于所有企业样本,外资企业基本不受影响,且反倾销措施的损害效应小于反倾销调查。在我们的统计样本中,所有企业样本主要包括国有企业、外资企业以及私营企业三大类,由国有和外资企业影响甚小而所有企业所受损害较大的结果进行推理，私营企业应该受到了最为强烈的损害，如表3-5所示。

表3-5 企业数目和产出估计结果

因变量：ln（Y）	企业数目			总产出		
	所有企业	外资企业	国有企业	所有企业	外资企业	国有企业
ln（Y）（-1）	0.0295***	0.0835*	-0.3298*	-0.0466*	-0.1886	0.6954
AD	0.0022	0.0096	-0.0149	0.0009	0.0075	0.0032
AD1	-0.0178	0.0257	-0.0119	0.0425*	0.0593**	0.0427
AD（-1）	-0.0039**	0.0103	0.0074	-0.0294*	0.0612*	-0.0048
AD1（-1）	-0.0040**	0.0022	-0.0076*	-0.0131**	0.0206	-0.0186**
Time	-0.0775***	0.0510**	-0.2650***	0.1374***	0.1640*	-0.0114
行业哑变量	YES	YES	YES	YES	YES	YES
年份哑变量	YES	YES	YES	YES	YES	YES
行业规模	1.0450***	0.2103***	0.8728***			
行业盈利	-0.0432***	-0.0037	-0.0247	0.0612	0.1589*	0.0466
Cons.	5.8236***	5.3312***	9.7503***	1.9106***	0.8039	0.5156
Obs.	390	156	156	390	156	156
AR（2）-P value	0.9785	0.3518	0.4505	0.3879	0.4779	0.9333
Sargan test-P value	0.1854	0.2122	0.2319	0.3488	0.2022	0.2299

注：*、**和***分别表示在10%、5%和1%的统计显著性水平下通过检验；YES表示控制了行业或年份的固定效应。

资料来源：根据Stata软件分析整理。

（3）美国反倾销对于行业利润的影响。利润受到的损害与产出和企业数基本相同，主要结果是反倾销调查和措施的效应具有滞后性，滞后期的反倾销措施对所有企业和国有企业带来了损害，且国有企业的损害效应大于所有企业，这里反倾销措施具有损害效应而反倾销调查效应不显著。

（4）美国反倾销对于行业中从业人数的影响。总体上，反倾销调查和措施的效应具有滞后性，反倾销措施的效应显著而反倾销调查基本无显著影响，说明只有实际的措施才具有损害。比较三类企业受到的影响，所有企业的就业损害最突出，国有企业影响很小而外资企业不受影响；从系数结果看，所有企业中反倾销措施的滞后项（AD1（-1））系数为-0.0084，而国有企业的系数是-0.0016，由此推理，私营企业的就业受反倾销的损害最强，如表3-6所示。

表3-6 利润和就业人数估计结果

因变量：ln（Y）	利润			从业人数		
	所有企业	外资企业	国有企业	所有企业	外资企业	国有企业
ln（Y）（-1）	-0.0151	0.1299***	0.0896	0.0387***	0.2028**	0.3746***
AD	-0.0603	-0.0797*	-0.0162	0.0039	-0.0676	0.0009
AD1	-0.0659	-0.1882**	0.1203	-0.0014	-0.0373	0.0194
AD（-1）	0.0314	-0.1123*	0.0555	0.0157	0.0811	0.0064
AD1（-1）	-0.0192***	-0.0230	-0.0407**	-0.0084***	-0.0255	-0.0016**
Time	0.1378***	0.0757*	0.0877	-0.1104***	-0.0987***	-0.0658***
行业哑变量	YES	YES	YES	YES	YES	YES
年份哑变量	YES	YES	YES	YES	YES	YES
行业规模	0.5152***	1.6493***	0.4669***	1.1809***	1.0357***	0.2852***
行业盈利				-0.0410**	-0.1636*	0.0079
Cons.	-2.5083***	-3.8513***	-2.9759***	1.9618***	1.5845***	2.2757***
Obs.	390	156	156	390	156	156
AR（2）-P value	0.7169	0.4036	0.2236	0.4295	0.2102	0.3086
Sargan test-P value	0.1867	0.6289	0.1223	0.1804	0.2020	0.2057

注：*、**和***分别表示在10%、5%和1%的统计显著性水平下通过检验；YES表示控制了行业或年份的固定效应。

资料来源：根据Stata软件分析整理。

（5）美国反倾销对于行业劳动生产率的影响。理论上，反倾销对于生产率的影响具有双重效应，一方面反倾销措施能逼迫企业加快技术改进和革新，提高生产率；另一方面，过度的反倾销可能会造成企业经营困难，从而没有实力进行技术改造，给生产率造成负面影响。从实证结果看，美国反倾销对我国行业的劳动生产率起到了积极的促进作用，所有企业样本中反倾销调查和措施的系数显著为正，且国有企业的生产率也受到了正向激励（但系数较小，仅为0.0045），但外资企业基本没有受到影响。

（6）美国反倾销对于行业出口的影响。我们只有所有企业样本的行业出口值数据,所以只能对所有企业进行分析。结果显示,反倾销调查和措施的滞后项都对行业出口形成了损害效应,且措施的损害强于调查,如表3-7所示。

表3-7 劳动生产率和出口估计结果

因变量:ln(Y)	劳动生产率			出口值
	所有企业	外资企业	国有企业	所有企业
ln(Y)(-1)	0.0254***	0.2539***	-0.1157	-0.5135
AD	0.0016	-0.0354	-0.0632	0.0368*
AD1	-0.0189	-0.0475	0.0491	-0.0005
AD(-1)	0.0108*	0.0758	0.0020	-0.0151*
AD1(-1)	0.0231**	-0.0324	0.0045*	-0.0317*
Time	-0.1608***	-0.0052	-0.1919	-0.0815
行业哑变量	YES	YES	YES	YES
年份哑变量	YES	YES	YES	YES
行业规模	2.3452***	1.9038***	1.4893***	2.0007***
行业盈利	-0.0371*	-0.0679	0.0334	0.0439
Cons.	0.8643***	-0.7689	3.6960	10.6975**
Obs.	390	156	156	390
AR(2)-P value	0.1632	0.8856	0.6015	0.4896
Sargan test-P value	0.1527	0.2002	0.2102	0.3216

注:*、**和***分别表示在10%、5%和1%的统计显著性水平下通过检验;YES表示控制了行业或年份的固定效应。

资料来源:根据Stata软件分析整理。

总体来看,美国反倾销措施对于中国的行业损害显著并且冲击较大,产业中企业数目、工业总产出、利润、从业人数以及出口值都显著受到了负面影响,但劳动生产率在一定程度上获得提高。比较而言,发现出口受到的损害最强,其次是利润和产出,再次是就业,最后是部分企业退出市场。劳动生产率受到推动的原因可能是企业受到了激励和竞争的压力,从而为了摆脱反倾销的影响,千方百计提高效率,进而在客观上刺激了行业整体的生产率提高,从而出现了正生产率效应的结果。

结论对于我国应对美国反倾销的政策选择具有一定的政策启示,主要包括:第一,美国对华反倾销确实给中国产业造成了显著损害,这种影响是全方位的,包含行业出口、产出、利润、就业、企业市场进入等多方面,故而政策上必须充分重视,建立多方位化解贸易摩擦和反倾销预警与救济体系,尽可能减少反倾销对于我国产业造成的影响。欧盟和发展中国家的反倾销同样对中国产业构成威胁,同样不可小觑。第二,美国和欧盟等国外反倾销措施在一定程度上存在着效率激励,有利于提高行业劳动生产率,在反倾销无法回避的情形下,要鼓励企业技术升级和创新,建立一定的技术革新扶持政策,借机提高整个行业的生产率。第三,美国反倾销的损害力度远远大于欧盟和发展中国家,所以在政策上对不同国家的反倾销需要区别对待。第四,美国反倾销对我国行业的出口、利润和产出影响较大,但对于出口依赖较为严重的中国现实来说,政策上应该鼓励逐步提高出口贸易质量和效益,摆脱低层次出口扩张的发展路径,重视产业升级和结构优化。

三、欧盟反倾销对中国影响的实证分析

1. 计量模型和数据

(1) 模型。整个实证研究的步骤和过程为,使用行业面板数据,并将反倾销措施细分为反倾销调查和反倾销措施等不同变量,用动态面板系统GMM方法实证分析这些反倾销行为对于中国行业的影响。我们设定回归方程如下:

$$\ln(Y_{i,t}) = \alpha + \beta_1 \ln(Y_{i,t-1}) + \beta_2 AD1_{i,t} + \beta_3 AD2_{i,t} + \beta_4 AD1_{i,t-1} + \beta_5 AD2_{i,t-1} + \beta_6 X_{i,t} + \varepsilon_i + \upsilon_{i,t} \quad (3-13)$$

其中,Y是被解释变量,在具体实证中包括行业出口值、行业总产值、行业中企业数目、行业利润、行业中从业人数以及行业劳动生产率(等于工业增加值×价格平减指数/就业人数),这里之所以包含了6个方面,是希望能够全面地分析欧盟反倾销措施对于我国相关产业各个方面的损害。同时,我们在回归方程中对被解释变量都取了对数,主要是为了消除异方差的影响。

解释变量中,$Y_{i,t-1}$是被解释变量的1阶滞后项,$AD1_{i,t}$表示反倾销调查当年,$AD2_{i,t}$表示反倾销措施当年;$AD1_{i,t-1}$是$AD1_{i,t}$的1阶滞后项,表示1年前的反倾销调查;$AD2_{i,t-1}$是$AD2_{i,t}$的1阶滞后项,表示1年前的反倾销措施。计量方程中的反倾销变量都是取值为0和1的哑变量,如果某年度内的某行业遭受了反倾销调查或措施,符合变量描述,则取值为1,反之为0。这里,反倾销调查和措施的区别是,某些反倾销案件在调查后可能会被撤销,并没有采取措施,所以反倾销措施的案件数量比反倾销调查少,同时反倾销措施一般要在调查后1年才会确定,两者的时间也不一样,所以将它们区分开来是有价值的。另外,我们分别取了1年前的反倾销调查、反倾销措施,是因为反倾销对于行业和企业的生产率影响存在滞后效应,前期的反倾销在后期才能体现和分

离这一滞后的影响。

在（3-13）式中，$X_{i,t}$是控制变量的集合，用于控制其他因素造成的影响。考虑到特定行业变量的特点和影响因素，我们主要选取了以下几个变量：第一，行业虚拟变量，用以控制不同行业的差异带来的影响，原因是行业之间是存在差异的；第二，年份虚拟变量，用以控制变量在时间上的差异，原因是不同年份的行业发展是存在差异的，例如中国入世等冲击会对行业出口和利润等带来影响；第三，时间趋势项，用以控制行业变量随时间的自然变动趋势，具体取值是1998年取1，1999年取值2，依次类推。具体各个变量的内涵和数据来源见表3-8。

表3-8 回归变量说明及数据来源

变量类型	变量	缩写	描述	数据来源
因变量	出口值	EX	行业出口总值	《中国海关统计年鉴》（1998~2009）
	工业总产值	Output	企业加总的行业总产出	《中国统计年鉴》（1998~2009）
	企业数目	Firm_no	加总的企业总数	《中国统计年鉴》（1998~2009）
	利润	Profit	企业加总的行业总利润	《中国统计年鉴》（1998~2009）
	就业人数	Employee	企业加总的就业总人数	《中国统计年鉴》（1998~2009）
	劳动生产率	LP	等于价格平减后的工业增加值除以就业人数	《中国统计年鉴》（1998~2009）
自变量	反倾销调查	AD1	当年遭受反倾销调查为1，否则为0	全球反倾销数据库（2010）
	反倾销措施	AD2	当年遭受反倾销措施为1，否则为0	全球反倾销数据库（2010）
	1年前反倾销调查	AD1（-1）	1年前遭受反倾销调查为1，否则为0	全球反倾销数据库（2010）
	1年前反倾销措施	AD2（-1）	1年前遭受反倾销措施为1，否则为0	全球反倾销数据库（2010）
控制变量	行业虚拟变量	Indudum	控制行业固定效应的影响	根据行业编号设定虚拟变量
	年份虚拟变量	Yeardum	控制年份固定效应的影响	按年份分别设定虚拟变量
	时间趋势项	Time	控制生产率随时间变化的自然趋势	取值Time=Year-1997，即1998年取值1，依次类推

资料来源：笔者自制。

在式（3-13）中，存在解释变量和被解释变量的滞后项，用通常的固定或随机效应面板数据估计方法会存在偏误，因此我们采用 Arellano 和 Bover（1995）以及 Blundell 和 Bond（1998）提出的一般矩估计方法（Generalized Method of Moments，GMM）。动态面板 GMM 估计方法的好处是它通过差分或者使用工具变量能控制未观察到的时间和个体效应，同时还使用前期的解释变量和滞后的被解释变量作为工具变量克服内生性问题。考虑计量方程特征，选用系统 GMM 估计方法。

关于滞后阶数的选择，在动态时间序列模型中是根据 AIC、BIC 等信息准则来确定的，但动态面板数据模型尚没有类似准则。本章采用 Hendry 和 Clements（2004）提出的从"一般到特殊"的动态建模方法，先选择各变量的一个较大的滞后阶数进行回归，如果系数显著并且能通过各项整体有效性检验，则保留该滞后项，否则剔除。另外，我们对回归残差进行平稳性检验和二阶序列自相关检验，以辅助说明滞后阶数选择的稳健性和参数估计的一致性。我们检验的结果是滞后 1 期具有更好的稳健性，故而计量模型中被解释变量和解释变量的滞后阶数都选择为 1。

在参数估计的有效性检验中，我们依据两种方法来识别模型设定是否有效：①采用 Sargan 过度识别检验来分析工具变量的有效性，如果不能拒绝零假设就意味着工具变量的设定是恰当的；②检验残差项非自相关，即检验残差项是否存在二阶序列自相关，所用方法是 AR（2）检验，如果不能拒绝零假设则不存在残差项的二阶序列自相关。

（2）数据。我们的行业数据样本包含了 39 个工业行业[①] 1998~2008 年的面板数据。之所以没有选取 1998 年之前的数据样本，是因为 1998 年之后，中国工业行业的统计口径发生了重大变化，1998 年之前的工业统计口径是全部独立核算工业企业，而 1998 年及之后的口径为全部国有及规模以上非国有工业企业。被解释变量中出口值数据来自于各年《中国海关统计年鉴》；其他所有变量数据来自于各年《中国统计年鉴》；解释变量数据全部来自于全球反倾销数据库 2010[②]（Bown，2010）。详细内容如表 3-8 所示。

这里，海关统计的出口值以及反倾销数据都是按照 HS 编码商品分类进行

[①] 按照《国民经济行业分类方法》收集了 39 个主要工业行业的数据，其统计对象是规模以上工业法人企业，包括全部国有和年主营业务收入 500 万元及以上的非国有工业法人企业，是基于国家统计局进行的"规模以上工业统计报表统计"得到的分行业加总数据，数据来源于《中国统计年鉴》工业部分。

[②] 该数据库由 Chad P. Bown 于 2010 年开发完成，链接地址为：http://people.brandeis.edu/~cbown/global_ad/，收集了世界各主要国家各年份反倾销的所有案例信息，包含反倾销指控时间、采取措施时间、裁定结果以及所指控的行业、企业和产品等。

行业划分的,但国家统计年鉴的行业是按照《国民经济行业分类》进行的行业划分,两者存在差异,目前还没有可以直接合并的方法,本章根据 HS 编码得到的商品名称,对照《国民经济行业分类》详细 4 位数商品名称表进行逐一归并。另外,实证分析中出口值、工业总产值、利润以及劳动生产率计算中用到的工业增加值,我们用来自于《中国统计年鉴》的 1985 年为基期的工业品出厂价格指数进行价格平减。被解释变量的总体描述性统计见表 3-9。

表 3-9 因变量的总体描述性统计

变量	观测值	均值	标准误	最小值	最大值
出口值	419	1.23E+07	1.91E+07	301895	1.24E+08
工业总产值	380	4236.672	5721.392	5.2	39223.77
企业数目	419	6245.854	6385.441	13	58662
就业人数	419	144.2085	129.1841	0.08	626.26
利润	380	262.3549	447.7662	-312.24	3652.12
劳动生产率	419	5.789501	2.505106	-7.246593	10.547

资料来源:根据各统计年鉴、数据库统计得到。

表 3-10 自变量的描述性统计

变量		均值	标准误	最小值	最大值	观测值
反倾销调查当年	总体	0.1002	0.3007	0	1	N=419
	组间		0.1566	0	0.7273	n=39
	组内		0.2571	-0.6270	1.0093	T-bar=10.74
反倾销措施当年	总体	0.0644	0.2458	0	1	N=419
	组间		0.1322	0	0.6364	n=39
	组内		0.2075	-0.5719	0.9735	T-bar=10.74

资料来源:根据各统计年鉴、数据库统计得到。

2. 实证结果

表 3-11 至表 3-12 是欧盟对华反倾销产业损害的估计结果,Sargan 过度识别检验和 AR(2)残差二阶自相关检验都表明工具变量选择和模型设定良好,

无残差自相关。同时，为了检验估计结果的稳健性，我们采取逐步增加控制变量的方法以观察主要反倾销变量系数的方向和显著性，结果发现反倾销调查和措施的估计系数正负方向和显著性一致，说明实证结果是稳健可靠的。以下逐一分析这些结果。

第一，欧盟反倾销对于市场中企业数目的损害。从企业数目的估计结果看，1年前反倾销调查（AD1(-1)）和1年前反倾销措施（AD2(-1)）对于行业中企业数目具有显著的负效应，说明欧盟反倾销迫使部分企业退出了市场；而反倾销调查当年（AD1）的哑变量有显著正向效应，一方面说明企业在面对反倾销威胁时，加快进入市场以规避采取措施后造成进入的困难；另一方面说明在欧盟反倾销措施前，正处于市场扩张和企业进入的高峰期，可能是出口需求强劲造成的。整体上我们发现，欧盟反倾销对我国行业中的企业数目影响效应存在滞后性，政策影响在当期并不体现。

第二，欧盟反倾销对于工业总产出的损害。从所有企业估计结果看，1年前反倾销调查（AD1(-1)）和1年前反倾销措施（AD2(-1)）都对产出造成显著损害，故而欧盟反倾销确实抑制了中国企业的总产出，并且政策的效应同样具有滞后性。

第三，欧盟反倾销对于行业就业的损害。变量1年前反倾销措施（AD2(-1)）具有显著的就业损害效应，说明欧盟反倾销使得行业中就业人数减少，企业被迫裁员，但从估计结果的系数看，损害效应较小。同时，反倾销调查当期（AD1）和1年前的调查（AD1(-1)）都对行业就业没有明显的损害，说明只有实际的措施存在损害效果；另外，反倾销措施的损害效应同样具有滞后性。其具体估计结果如表3-11所示。

第四，欧盟反倾销对于行业利润的损害。变量1年前反倾销措施（AD2(-1)）存在显著负影响，表明欧盟反倾销切实影响了行业总利润。但反倾销调查及其滞后项都不显著，说明只有实际的措施才对行业利润构成损害；同时反倾销措施当年变量系数不显著，说明反倾销对于行业利润的影响存在滞后性。

第五，欧盟反倾销对行业劳动生产率的影响。反倾销对于出口国劳动生产率存在正负两方面影响，正面影响是反倾销措施增加了企业的外部压力，迫使企业技术升级和降低成本，从而提高生产率；负面影响是反倾销措施导致企业无力进行创新和改革，劳动生产率会受到伤害。从行业劳动生产率估计结果看，1年前反倾销措施（AD2(-1)）具有显著劳动生产率提升效应，说明欧盟反倾销虽然损害了行业的利润、产出、就业，但与此同时在客观上也激励企业和行业提高生产率。

第六，欧盟反倾销对行业出口的损害。估计结果表明，1年前反倾销措施

(AD2(-1))具有显著负面影响,且系数绝对值较大,说明欧盟反倾销对行业出口造成了损害,并且损害程度较大,这主要是因为反倾销最直接影响的就是行业和企业的出口。

总体来看,比较各方面的损害,出口贸易遭受的损害最大,其次是行业利润和产出,而从业人数和行业中企业数目受到的损害最小。说明欧盟反倾销首先损害了行业的出口,而随着出口的下降,企业利润和产出又受到了直接影响,但由于行业就业存在调整黏性,同时企业会千方百计地设法留在市场中,故而就业和企业数目受到的影响较小。同时,欧盟反倾销虽然对我国行业造成了较大的损害,但其在客观上却激励了行业劳动生产率的提高。具体估计结果如表3-12所示。

结论对于我国制定应对欧盟和国外反倾销的措施具有一定的指导价值以及政策启示,尤其在金融危机后,贸易保护主义有所抬头且反倾销措施较多滥用的情形下,尽快完善我国的反倾销应对体制十分重要,具体策略应根据现实状况制定富有针对性的政策措施。政策启示和建议有以下四个方面:

(1)欧盟对华反倾销给中国行业造成了显著损害,这种影响是全方位的,包含行业出口、产出、利润、就业、企业市场进入等多方面,故而政策上必须充分重视,建立全方位化解贸易摩擦的反倾销预警与救济体系,尽可能减少反倾销对我国产业的影响。

(2)欧盟反倾销对我国产业的出口、利润和产出影响都很大,但就业和企业数目等影响较小,说明中国企业在通过降价和削减利润来维持生存,由此企业的生存压力和出口贸易条件可能将会恶化,这对我国是不利的,政策上应该加强扶持和帮助,鼓励企业逐步提高出口贸易质量和效益,摆脱低层次出口扩张的发展路径,重视产业升级和结构优化。

(3)国外对华反倾销措施在本质上具有一定程度的贸易保护主义倾向,发展中国家的反倾销措施表现得尤为明显,所以应该加强谈判、交流、合作和协商,利用WTO体系推动贸易自由化,抑制贸易保护主义行为。

(4)欧盟和发展中国家反倾销措施对于我国行业的损害程度差异较大,政策上一方面要逐步重视发展中国家的反倾销,因为中国与发展中国家的贸易正在日益扩大;另一方面对于不同国家的反倾销措施必须区别对待,根据损害情况建立重点国家的防范和预警体系,并逐步完善反倾销的应对措施系统,最大限度地避免和消除主要国家反倾销对于我国贸易和产业造成的影响。

第三章　中国国际贸易摩擦的发展趋势与影响

表3-11　企业数目、工业总产出和从业人数估计结果

因变量：ln(Y)	企业数目			工业总产出			从业人数		
	所有企业	外资企业	国有企业	所有企业	外资企业	国有企业	所有企业	外资企业	国有企业
ln(Y)(-1)	0.6554***	0.1889***	0.0789***	0.8393***	0.1019	-0.0425*	0.9121***	0.4161***	0.0561***
AD1	0.1754***	0.0753**	0.0301**	0.0947**	0.0320	-0.0191	0.1144***	0.1290***	0.0060
AD2	0.1847	0.0855	0.0195	0.0227	-0.0295	-0.0300	0.0441*	0.0722*	0.0076
AD1(-1)	-0.1813***	-0.0814***	-0.0142***	-0.1076**	-0.0037**	-0.0119**	0.0386	0.0588*	0.0075
AD2(-1)	-0.0801***	-0.0395**	-0.002**	-0.0514***	-0.0735***	-0.0126***	-0.0669***	-0.0259***	-0.0026**
Time	0.0664***	0.0635***	0.0768***	0.0499***	0.1197***	0.1783***	0.0289***	0.0383***	0.0431***
Industrydum		YES	YES		YES	YES		YES	YES
Yeardum		YES	YES		YES	YES		YES	YES
Cons.	2.277***	6.119***	7.064***	1.048***	6.190***	7.085***	0.212***	1.900*	4.204***
Obs.	378	378	378	300	300	300	378	378	378
AR(2)-P value	0.212	0.4148	0.4493	0.3573	0.4726	0.8234	0.4955	0.1595	0.3108
Sargan test-P value	0.1604	0.2223	0.2177	0.1877	0.1933	0.2501	0.1699	0.2096	0.2031

注：*、**和***分别表示在10%，5%和1%的统计显著性水平下通过检验；YES表示控制了行业或者年份的虚拟变量。

— 55 —

表 3-12 利润、劳动生产率及出口贸易的估计结果

因变量：ln (Y)	利润 所有企业	利润 外资企业	利润 国有企业	劳动生产率 所有企业	劳动生产率 外资企业	劳动生产率 国有企业	出口贸易 所有企业	出口贸易 外资企业	出口贸易 国有企业
ln (Y) (−1)	0.9221***	0.0093	−0.0354	0.7209***	0.0943***	0.0686***	1.0268***	0.6525***	0.8122***
AD1	0.1187***	0.0024	−0.0002	0.1239*	0.2131*	−0.0376	0.0250	−0.0059	−0.0142
AD2	0.2319***	0.0748	0.0471	0.0542	0.1281	−0.0294	−0.0623***	−0.0463*	−0.0431*
AD1 (−1)	0.0436	0.0167	0.0304	−0.1164**	0.0106	0.0247	0.0176	0.0089	0.0096
AD2 (−1)	−0.1015**	−0.0070**	−0.0102***	0.1656***	0.2624***	0.0155**	−0.1464***	−0.0819***	−0.0239**
Time	0.0092**	0.2849***	0.3045***	0.1013***	0.2205***	0.2093***	0.0115***	0.0801***	0.0494*
Industrydum		YES	YES		YES	YES		YES	YES
Yeardum		YES	YES		YES	YES		YES	YES
Cons.	0.5728***	3.1357***	3.1195***	1.0994***	3.5234***	6.5583	−0.1316	3.6150***	1.7985
Obs.	323	323	323	378	378	378	291	291	291
AR (2) −P value	0.8289	0.4444	0.2413	0.2455	0.2129	0.2327	0.8068	0.8289	0.4444
Sargan test-P value	0.1645	0.1849	0.1813	0.2488	0.2003	0.1702	0.2727	0.1645	0.1849

注：*、**和***分别表示在10%、5%和1%的统计显著性水平下通过检验；YES表示控制了行业或年份的虚拟变量。

四、发展中国家反倾销对中国影响的实证分析

1. 计量模型

整个实证研究的步骤和过程如下：选取所有企业加总的行业数据、国有企业加总的行业数据以及外资企业加总的行业数据三个样本，目的是对比发展中国家的反倾销措施对于不同企业整体的损害效应；再将反倾销措施细分为反倾销调查、反倾销措施、裁定有效措施、调查后未采取措施等不同变量，用动态面板 GMM 方法研究这些反倾销行为对于不同企业类型加总的行业影响。根据实证分析的具体目标，我们设定回归方程如下：

$$\ln(Y_{i,t}) = \alpha + \beta_1 \ln(Y_{i,t-1}) + \beta_2 AD_{i,t-1} + \beta_3 AD_{i,t} + \beta_4 AD1_{i,t-1} + \beta_5 AD1_{i,t} + \beta_6 AD2_{i,t} + \beta_7 AD3_{i,t} + \beta_8 AD4_{i,t} + \beta_9 AD1_{i,t} \times AD2_{i,t} + \beta_{10} AD1_{i,t} \times AD3_{i,t} + \beta_{11} AD1_{i,t} \times AD4_{i,t} + \beta_{12} Time + \varepsilon_i + \upsilon_{i,t} \quad (3-14)$$

其中，Y 是被解释变量，在具体实证中包括总产值、出口、利润、行业中企业数目、行业中从业人数以及劳动生产率（等于工业增加值×价格指数/就业人数），这里之所以包含了 6 个方面，是希望能够全面地分析发展中国家涉华反倾销措施对于我国相关产业各个方面的损害。解释变量中，$Y_{i,t-1}$ 是被解释变量的 1 阶滞后项，$AD_{i,t-1}$ 和 $AD1_{i,t-1}$ 分别是 $AD_{i,t}$ 和 $AD1_{i,t}$ 的 1 阶滞后项。由于被解释变量可能会存在时间趋势，所以我们在解释变量中增加时间趋势项 Time 来消除趋势的影响。具体各个变量的内涵如表 3-13 所示。

我们在回归方程中对被解释变量都取了对数，一是为了消除异方差的影响；二是使结果更加工整而不至于回归系数差异过大；同时这样的结果直接表示反倾销对于产业变量增长的影响程度，也符合我们的研究需求。另外，需要说明的是，这里的解释变量都是取值为 0 或 1 的哑变量，如果某行业当年采取了反倾销调查或措施，则取值为 1，否则为 0。

表 3-13 回归变量说明及数据来源

变量类型	变量	缩写	描述
因变量（Y）	出口值	EX	行业出口总值
	工业总产值	Output	企业加总的行业总产出
	企业数目	Firm_no	加总的企业总数
	利润	Profit	企业加总的行业总利润
	就业人数	Employee	企业加总的就业总人数
	劳动生产率	LP	价格平减后的工业增加值除以就业人数

续表

变量类型	变量	缩写	描述
自变量	反倾销调查当年	AD	反倾销调查的当年虚拟变量
	反倾销措施后1年	AD1	反倾销措施后1年的虚拟变量
	1年后采取了有效措施	AD2	1年后采取了有效措施的虚拟变量
	1年后没有采取措施	AD3	1年后没有采取措施的虚拟变量
	1年后超过1项措施	AD4	1年后超过1项措施的虚拟变量
	时间趋势项	Time	采用年份为时间趋势项

在式（3-14）中，存在解释变量和被解释变量的滞后项，用通常的固定或随机效应面板数据估计方法会存在偏误，因此我们采用 Blundell 和 Bond（1998）以及 Arellano 和 Bover（1995）提出的一般矩估计方法（Generalized Method of Moments，GMM）。动态面板 GMM 估计方法的好处在于：它通过差分或者使用工具变量能控制未观察到的时间和个体效应，同时使用滞后的被解释变量和前期的解释变量作为工具变量来克服和化解内生性。依据本章计量方程的特征，我们选用系统 GMM 估计方法。

关于滞后阶数的选择，本章采用 Hendry 和 Clements（2004）提出的从"一般到特殊"的动态建模方法，首先选择每个变量的一个较大的滞后阶数进行回归，如果系数显著并且能通过各项整体的有效性检验，则保留该滞后项，否则剔除。与此同时，我们对回归残差进行平稳性检验和二阶自相关的检验，以检验滞后阶数选择的稳健性和参数估计的一致性。实际检验的结果发现滞后1期具有更好的稳健性，故而在我们的计量模型中解释变量和被解释变量的滞后期阶数选择为1。

2. 数据来源及描述

数据包括所有企业加总的行业、国有企业加总的行业和外资企业加总的行业三个样本，其中每一个样本包含了39个行业1997~2007年的面板数据。被解释变量中的出口贸易数据来源于各年的《中国海关统计年鉴》，其他变量的数据均来自于《中国统计年鉴》。解释变量反倾销的数据全部来自于全球反倾销数据库（2010）（Bown，2010），这个数据库收录了主要国家发起的反倾销的信息，所以我们取阿根廷、印度、巴西和土耳其的总和代表发展中国家（这四个国家共占据了1995~2008年中国遭受反倾销措施总数的约40%）。

这里，出口值以及反倾销数据的行业划分都是按照 HS 编码商品分类，但国家统计年鉴收录的行业数据是按照《国民经济行业分类》进行行业划分的，两者存在着一定的差异，目前还没有可以直接合并的好方法，本章根据 HS 编码得到的商品名称，对照《国民经济行业分类》详细 4 位数商品名称表进行逐一归并。另外，实证分析中工业总产值、利润、出口值以及劳动生产率计算中用到的工业增加值等，我们用《中国统计年鉴》的 1985 年为基期的工业品出厂价格指数进行价格平减。被解释变量的总体描述性统计见表 3-14。

表 3-14 因变量的描述性统计

变量	观测值	均值	标准误	最小值	最大值
所有企业加总样本					
出口值	207	123.000	191.000	301895	124.000
工业总产值	380	4236.672	5721.392	5.2000	39223.770
企业数目	419	6245.854	6385.441	13000	58662
就业人数	419	144.2085	129.1841	0.080	626.260
利润	380	262.3549	447.7662	-312.240	3652.120
劳动生产率	419	5.790	2.505	-7.247	10.547
外资企业加总样本					
工业总产值	337	1383.648	3040.615	0.01	32966.710
企业数目	375	1133.571	1229.529	1000	6047000
就业人数	193	47.015	64.406	0.010	442.720
利润	336	84.907	142.914	-1.943	1114.47
劳动生产率	193	2.809	4.016	-13.456	9.968
国有企业加总样本					
工业总产值	343	1591.523	2816.035	0.14	24025.610
企业数目	382	1083.466	1196.929	1000	8057000
就业人数	195	49.400	65.779	0.010	335.300
利润	342	126.954	382.132	-417.890	3642.230
劳动生产率	195	3.095	3.866	-13.831	9.5289

资料来源：根据各统计年鉴、数据库统计得到。

反倾销变量在我们的实证研究中都是哑变量，如果当年某行业遭受了变量所描述的反倾销，则其值为 1，否则为 0。变量中，反倾销调查当年取反倾销调查的年份；反倾销措施后 1 年取反倾销采取措施后 1 年的年份；1 年后采取了措施是指反倾销调查发现倾销行为成立，采取了反倾销税或者禁止进口等措施；1 年后没有采取措施是指反倾销调查发现倾销行为不成立，从而没有采取任何措施。这里取反倾销1年后作为变量，是因为反倾销调查和措施具有滞后效应，1年后的情况更加显著和符合现实。表3-15列示了自变量的描述性统计。

表3-15 自变量的描述性统计

变量	均值	标准误	最小值	最大值	观测值
反倾销调查当年	0.2147971	0.4111725	0	1	N=419
1年后采取了有效措施	0.1145585	0.3188691	0	1	N=419
1年后没有采取措施	0.0692124	0.2541184	0	1	N=419
1年后超过1项措施	0.0548926	0.2280428	0	1	N=419
反倾销措施后1年	0.202864	0.4026128	0	1	N=419

资料来源：根据各统计年鉴、数据库统计得到。

3. 实证结果

以上实证模型中包含被解释变量的滞后项，内生性是一个重要问题，我们采用动态面板的系统GMM估计方法，用前期的解释变量和滞后1期的被解释变量作为工具变量，能够较好地克服内生性问题。在参数估计的有效性检验中，依据两种方法来识别模型设定是否有效：①采用Sargan过度识别检验来分析工具变量的有效性，如果不能拒绝零假设就意味着工具变量的设定是恰当的；②检验残差项非自相关，即检验残差项是否存在二阶序列自相关，所用方法是AR（2）检验，如果不能拒绝零假设则不存在残差项的二阶序列自相关。

表3-16和表3-17列示了实证估计的结果，Sargan过度识别检验和AR（2）残差二阶自相关检验都表明工具变量选择和模型设定良好，无残差自相关。总体来看，发展中国家对华的反倾销措施对我国行业和企业产生了显著的损害。以下逐一分析。

（1）行业整体中企业数目的影响。从所有企业的估计结果看，行业中企业数目受到了发展中国家反倾销措施的显著损害，一些企业被迫退出了市场。有效措施当年（AD2）和反倾销措施后1年（AD1）的交叉项（AD1×AD2）的系数显著为负，说明反倾销措施的效应存在滞后性且有效的措施具有明显的负效应。而反倾销调查后无措施（AD3）及其交叉项（AD1×AD3）的估计系数显著为正，说明了反倾销调查后没有采取措施会激励企业的进入。另外，反倾销调查前1年（AD(-1)）、反倾销调查当年（AD）和反倾销措施当年（AD1(-1)）的系数都显著为正，说明反倾销措施前的行业中企业正处于扩张和加快进入市场的阶段，这在一定程度上表明了发展中国家对我国发起的反倾销措施具有一定程度的保护主义性质。从外资和国有企业的估计结果看，发展中国家对华反倾销措施基本对其没有影响。

（2）行业总产出的影响。从行业（所有企业）的估计结果看，仅有变量反倾销措施后1年（AD1）的系数显著为负，且系数值较小，仅为-0.047。由此可见，发展中国家的反倾销措施对行业的总产出有一定损害，但损害效应较小，说明了行业中的企业通过降低价格和减少利润等方式保持生产的稳定。变量反倾销调查前1年（AD(-1)）和反倾销调查当年（AD）的系数显著为正，同样说明了反倾销措施之前的产出扩张以及发展中国家对华反倾销措施的保护主义性质。从外资和国有企业的估计结果看，其产出基本没有受到显著影响。

（3）行业就业的影响。从行业（所有企业）中就业人数受到的损害结果看，反倾销措施后1年（AD1）具有显著的负效应，说明反倾销措施对就业产生了损害，且损害具有滞后性。变量反倾销调查前1年（AD(-1)）和反倾销调查当年（AD）的系数显著为正，再次证明了发展中国家反倾销措施的保护性质。外资和国有企业整体的估计结果说明措施没有对该两类企业的就业产生负面影响。所有企业样本中主要包含了私营企业、国有企业和外资企业三种类型，可见发展中国家反倾销措施的损害效应主要作用于私营企业，其统计结果见表3-16。

（4）行业整体利润的影响。从行业（所有企业）整体的估计结果看，1年后采取有效措施（AD2）和1年后超过一项措施（AD4）以及他们的交叉项（AD1×AD2和AD1×AD4）系数都显著为负，说明了有效措施和超过一项措施对行业的利润产生了较大损害，尤其是变量超过一项措施（AD4）。从外资企业和国有企业整体的利润反映看，基本没有受到显著损害，原因一方面可能是外资和国有企业受到的影响确实较小，它们向发展中国家的出口较少；另一方面可能在于外资和国有企业的市场占有率和垄断性较强，它们可以通过价格变动而减少利润的损失。

（5）行业整体劳动生产率的影响。国外反倾销措施对国内行业生产率的影响效应存在正负两个方面，积极效应是反倾销增加了竞争和倒逼效应，有利于激励企业提高生产率；消极效应是反倾销损害企业利润和生产，同样也会损害其生产率。从行业（所有企业）的实际估计结果看，反倾销措施后1年（AD1）具有显著的正效应，说明发展中国家的反倾销措施确实激励了行业效率，从而提高了劳动生产率。从国有和外资企业整体的反映看，同样没有受到显著影响。

表3-16 企业数目、总产出和从业人数估计结果

因变量：ln (Y)	企业数			总产出			从业人数	
	所有企业	外资企业	国有企业	所有企业	外资企业	国有企业	所有企业	外资企业	国有企业
ln (Y) (−1)	0.642***	0.9725***	1.0206***	0.766***	0.9762***	1.0336***	0.9046***	0.8689***	1.0001***
AD (−1)	0.234***	0.0538	−0.0163	0.0630**	−0.0506	0.0304	0.1048**	0.1219	−0.0930
AD	0.220***	0.0118	−0.0235	0.0962**	−0.0039	0.0487**	0.1386***	−0.0161	−0.0371
AD1 (−1)	0.148**	−0.0170*	−0.0351	0.0512	−0.0435	−0.0305	0.0202	−0.0558	−0.0235
AD2	−0.226***	−0.0546	0.0126	0.0162	0.0070	−0.1382	0.0049	−0.1291	−0.0685
AD3	0.095**	−0.0174	0.0339	0.0369	0.0042	−0.0540	0.0298	0.1320	
AD4	0.078	−0.0709	0.0015	−0.0227	−0.2594	−0.1262	0.1080	0.0865	0.0543
AD1	0.170*	−0.0051	0.0141	−0.047***	0.0211	−0.1436	−0.0518*	−0.1163	0.0339
AD1×AD2	−0.166*	0.0799	−0.0916	−0.0061	−0.0525	0.2300	0.1334	−0.1416	−0.0278
AD1×AD3	0.172**	0.0655	−0.0728	−0.0382	0.0435	0.0666	0.0231	0.0896	−0.1208
AD1×AD4	−0.023	0.1395	0.0004	−0.0094	0.3476	0.1331	−0.0701	0.0135*	0.0050
Time	0.059***	0.0175***	−0.0008	0.0531***	0.0348***	0.0245*	0.0257***	−26.58*	0.0096
Cons.	−114.7***	−34.87***	1.4638	−105.7***	−69.41***	−49.0381***	−51.18***		−19.3296
Obs.	378	296	304	300	220	226	378	154	156
AR (2) −P value	0.9981	0.5618	0.4587	0.8832	0.4251	0.968	0.2713	0.2385	0.3035
Sargan test−P value	0.1621	0.1721	0.1849	0.1880	0.3218	0.3575	0.2747	0.1647	0.1910

注：*、**和***分别表示在10%、5%和1%的统计显著性水平下通过检验。

(6) 行业出口的影响。反倾销措施直接作用于出口贸易，但从行业（所有企业）的出口影响估计结果看，仅有变量反倾销措施当年（AD1(-1)）以及1年后采取了有效措施（AD2）的系数显著为负，且系数值不大。这一方面说明发展中国家反倾销措施的贸易效应较为直接，没有明显的滞后性；另一方面说明反倾销对于出口的直接影响较小，但这并不说明发展中国家对华发起的反倾销损害较小且没有保护主义性质，原因是行业的利润和就业受到了较强的损害，说明行业中的企业在通过减少利润、就业和提高生产率来维持生产和出口贸易，损害的是行业的"内伤"，而外在的出口"外伤"却并不显著。与此同时，贸易较少受到影响，说明发展中国家反倾销存在一定程度的贸易转移效应。国有和外资企业加总的行业出口数据缺乏，所以无法探究其出口贸易受到的损害情况。其详细估计结果如表3-17所示。

表3-17 利润、劳动生产率及出口的估计结果

因变量：ln(Y)	利润			劳动生产率			出口
	所有企业	外资企业	国有企业	所有企业	外资企业	国有企业	所有企业
ln(Y)(-1)	0.831***	0.6314***	0.6128***	0.7136***	0.8354***	0.7026***	0.868***
AD(-1)	0.061*	0.0360	0.1423	0.1794*	-0.5631	-0.8480*	0.084
AD	0.072*	0.2022***	0.0249	0.3607**	0.1858	-0.1268	-0.004
AD1(-1)	0.134**	0.0930***	0.1277	0.3931***	0.7182	0.1420	-0.047**
AD2	-0.084**	-0.0452	0.0692	-0.0776	-0.2431	-0.0109	-0.005**
AD3	-0.053	-0.0024	-0.0508	-0.1942	-1.0736		-0.320
AD4	-0.745**	-0.2720	-0.0533	0.6476	0.3332	0.2887	-0.039
AD1	0.062	-0.5770	0.6727	0.6660**	1.4788	0.4736	-0.112
AD1×AD2	-0.041*	-0.7522	-0.5440	-0.0160	-0.1556	-0.2520	0.150
AD1×AD3	0.102	0.6040	-0.2392	0.0444		-0.5792	0.436
AD1×AD4	-0.155*	0.2856	-0.2525	-1.0810	-1.2210	-1.1346	
Time	0.022***	0.104***	0.0755	0.0796***	-0.157***	-0.255***	0.015*
Cons.	-44.561***	-208.8***	-151.7782	-157.88***	316.3***	512.58***	-30.253*
Obs.	323	291	255	378	154	156	184
AR(2)-P value	0.7771	0.4859	0.1755	0.2125	0.1829	0.9429	0.5205
Sargan test-P value	0.6879	0.7297	0.2702	0.1251	0.1628	0.1703	0.9864

注：*、**和***分别表示在10%、5%和1%的统计显著性水平下通过检验。

总体来看，发展中国家反倾销措施对于行业利润和企业数目的损害较大，而对于总产出、从业人数和出口的影响较小，而对行业劳动生产率具有正的激励效应。同时，从所有企业加总的行业受到损害较大，而外资和国有企业受到

影响较小的事实，我们可以间接推断认为发展中国家反倾销损害可能主要作用于私营企业，国有和外资企业受到的影响较小；这里，虽然国有和外资企业的出口数据匮乏而没有对其出口进行分析，但从损害的其他几个方面看，已经有较为充分的证据表明国有和外资企业确实遭受的影响很小。

第四节 国际贸易摩擦与中国行业生产率：以反倾销为例

反倾销对于行业和企业的影响主要通过出口贸易途径传导，对无出口的内销型企业基本没有直接的影响；而对出口企业，一旦遭受国外反倾销措施，反倾销税会提高产品的国外销售价格，进而减少出口、降低国外需求，与此同时行业和企业的利润会随之下降。从反倾销税对生产率的影响看，基本存在以下三个方面的效应：第一，国外反倾销导致企业利润减少，而企业为了提高利润会想方设法降低成本，采取的手段之一是提高管理效率，进而生产率会提高；手段之二是增加研发投入以降低生产的边际成本，这也会提高生产率。第二，企业或行业的利润下降时，如果企业的实力不够强且利润率较低，则企业为了生存可能会削减研发投入，此时企业的生产率反而可能会下降。第三，当反倾销税导致国外销售价格上升时，企业可能会失去竞争优势而退出国外市场，或者至少会减少出口，则企业的生产规模会下降，而规模经济是存在效率优势的，所以企业会因规模经济的效率损失而引起生产率下降。

一、DEA 方法的全要素生产率计算及分解

全要素生产率的计算是本章实证的重要基础，其方法的准确直接关系到结果的可信性，所以首先需准确计算我国行业和企业的生产率。理论上的生产率计算方法包括参数和非参数两种。参数方法是指通过设定生产函数的具体形式再估计生产率，常用的有"索洛余值法"等，其优点是能够识别随机因素的影响，缺点是要求样本容量较大，且对模型的设定可能因不准确而导致估计结果的偏差；非参数方法的估计不需要设定具体的生产函数形式，是一种确定性方法，常用的有数据包络分析（Data Envelopment Analysis，DEA），其优点是对于样本容量要求低，可以避免模型设定的错误，但缺点是无法识别随机因素的影响。

这里，我们综合考虑样本数据的特点，采用数据包络分析方法计算行业全要素生产率，该技术是一种应用非常广泛的非参数方法，通过数学规划计算生产技术前沿、评价生产者的技术效率。DEA 技术的观念最初由 Farrell（1957）提出，其基本思路是用"最小的"或"匹配最紧密"的凸面球壳包络投入产

出数据集，所得到数据集合的边界就代表"最佳实践"的技术前沿。DEA 是一种数据驱使方法，依靠投入产出的数据挖掘出两大信息：技术前沿和相对于参照技术的效率评价。

1. DEA 的 Malmquist 指数法基本原理

我们的计算将用 DEA 的 Malmquist 指数法，其由瑞典经济学家和统计学家 Malmquist 在 1953 年提出；1989 年，Fare、Grosskopf 和 Ross 将 Malmquist 的思想用到了生产率分析上；1994 年，相关学者又建立了用来考察全要素生产率变化（Total Productivity Change，TFPCH）的 Malmquist 指数。根据 Fare 等（1994）的分析，一个参考技术或者最佳实践前沿面可以由三种等价的方式表述：投入要求集（Input Requirement Set）、产出可能性集（Output Possibility Set）和曲线图。在每一个特定时期 t = 1，…，T，决策单元（Decision-making Unit）k = 1，…，K，使用 n = 1，…，N 种投入 $x_{k,n}^t$，得到第 m = 1，…，M 种产出 $y_{k,m}^t$。在规模报酬不变，投入要素强可处置的条件下，生产前沿投入集为：

$$L^t(y^t \mid C, S) = \left\{ (x_1^t, \cdots, x_N^t) : y_{k,m}^t \leq \sum_{k=1}^K z_k^t y_{k,m}^t, \sum_{k=1}^K z_k^t y_{k,n}^t \leq x_{k,n}^t, z_k^t \geq 0 \right\} \quad (3-15)$$

其中，Z 表示每一个决策单元观察值的权重，在（C，S）条件下投入导向的 Farrel 技术效率函数可以定义为：

$$F^t(y^t, x^t \mid C, S) = \min \lambda^k$$

$$s.t. \ y_{k,m}^t \leq \sum_{k=1}^K z_k^t y_{k,m}^t \quad m = 1, \cdots, M \quad (3-16)$$

Malmquist 生产率变动指数实际是用来定义谢泼德距离函数（Shephard Distance Function），而根据 Fare 等（1994）的分析，距离函数是 Farrell 技术效率的倒数，即：

$$D_i^t(y^t, x^t \mid C, S) = 1 / F_i^t(y^t, x^t \mid C, S) \quad (3-17)$$

投入导向的 TFP 指数可以用 Malmquist 生产率指数来表示：

$$M_i^t = D_i^t(x^t, y^t \mid C, S) / D_i^t(x^{t+1}, y^{t+1} \mid C, S) \quad (3-18)$$

这个指数测度了在时期 t 的技术条件下，从时期 t 到 t+1 的技术效率的变化。同样，我们可以定义在时期 t+1 的技术条件下，测度从时期 t 到 t+1 的技术效率变化的 Malmquist 生产率指数：

$$M_i^{t+1} = D_i^{t+1}(x^t, y^t \mid C, S) / D_i^{t+1}(x^{t+1}, y^{t+1} \mid C, S) \quad (3-19)$$

根据 Fare 等（1994）的分析，Malmquist 生产率变化（TFPCH）又可分解为技术进步变化（TECHCH）与技术效率变化（TECH）的乘积。在实证研究中，有两种分解 Malmquist 指数的思路（Ray 和 Desli，1997；Fare et al.，1997）。为了得到以时期 t 为基期 t+1 期的全要素生产率，可以利用 Fare et al.（1997）的思路，用上述两个 Malmquist 生产率指数的几何平均数来计算生产率的变化。

$$M_i(x^{t+1}, y^{t+1}; x^t, y^t) = \left[\frac{D_i^t(x^t, y^t | C,S)}{D_i^t(x^{t+1}, y^{t+1} C,S)} \times \frac{D_i^{t+1}(x^t, y^t | C,S)}{D_i^{t+1}(x^{t+1}, y^{t+1} C,S)} \right]^{\frac{1}{2}}$$

$$= \frac{D_i^t(x^t, y^t | C,S)}{D_i^{t+1}(x^{t+1}, y^{t+1} | C,S)} \left[\frac{D_i^{t+1}(x^{t+1}, y^{t+1} | C,S)}{D_i^t(x^{t+1}, y^{t+1} C,S)} \times \frac{D_i^{t+1}(x^t, y^t | C,S)}{D_i^t(x^t, y^t C,S)} \right]^{\frac{1}{2}}$$

（3-20）

TFPCH=TECH×TECHCH，全要素生产率变化等于技术效率变化乘以技术进步变化，技术效率主要体现使用和管理中的效能，而技术进步主要体现技术创新和革新。

2. 全要素生产率计算的数据和处理

本章数据共三个样本，分别是所有企业加总的行业、国有企业加总的行业和外资企业加总的行业[①]，所有数据来源于《中国统计年鉴》（1997~2009），共分 39 个工业行业[②]，所取年份为 1997~2008 年。但由于统计的原因，国有和外资企业只有 2003~2008 年的数据，故对于该两类企业的 TFP 计算只能在这 6 个年份内进行。

生产率计算中用到的主要指标是产出、资本和劳动投入。我们用固定资产净值年平均余额[③]表示当年资本投入，用从业人员年均人数表示当年劳动投入

[①] 按照企业类型分类，应该还有私营企业加总的行业样本，但由于统计数据缺失，现有私营企业的数据最多只能找到 4 年的样本，实证估计结果无法通过各项检验，所以必须剔除；实际上，关于私营企业的变动情况，在得到全体企业以及国有和外资企业的变动后，可以间接地推出；以下本章得到的关于私营企业变动的结论都是用整个行业的变动扣除国有和外资企业的变动后间接得到的推理结果。

[②] 按照《国民经济行业分类方法》收集了 39 个主要工业行业的数据，其统计对象是规模以上工业法人企业，包括全部国有和年主营业务收入 500 万元及以上的非国有工业法人企业，是基于国家统计局进行的 "规模以上工业统计报表统计" 得到的分行业加总数据，数据来源于《中国统计年鉴》工业部分。

[③] 对于 TFP 计算中的资产，通常用永续盘存法来处理，基本公式为：$K_t = \sigma K_{t-1} + \Delta K$，即当期存量等于去除折旧后的上期存量和当期新增量之和，这里 σ 为折旧率。由于我们无法得到最初时期的资本存量值，加上折旧率的选取会存在不合理，所以直接采用固定资产净值年平均余额表示当年资本投入。虽然这样的处理可能会存在一些问题并被诟病，但我们认为与其采用存在误差的 "科学处理"，不如直接用原始数据。

量，用年度工业增加值表示行业的总产值。与此同时，我们用 1991 年为基期的工业品出厂价格指数对工业增加值进行价格平减，用 1991 年为基期的固定资产投资价格指数对固定资产净值年平均余额进行价格平减。以下为了表示方便，将这些行业用 1~39 的代码代替，如表 3-18 所示。

表 3-18 行业名称及其代码情况

代码	行业名称	代码	行业名称	代码	行业名称
1	煤炭开采和洗选业	14	木材加工及草制品业	27	有色金属冶炼及压延加工业
2	石油和天然气开采业	15	家具制造业	28	金属制品业
3	黑色金属矿采选业	16	造纸及纸制品业	29	通用设备制造业
4	有色金属矿采选业	17	印刷业和记录媒介的复制业	30	专用设备制造业
5	非金属矿采选业	18	文教体育用品制造业	31	交通运输设备制造业
6	其他采矿业	19	石油和炼焦及核燃料加工业	32	电气机械及器材制造业
7	农副食品加工业	20	化学原料及化学制品制造业	33	通信设备、计算机及其他
8	食品制造业	21	医药制造业	34	电子设备制造业等
9	饮料制造业	22	化学纤维制造业	35	工艺品及其他制造业
10	烟草制品业	23	橡胶制品业	36	废资源和废材料回收加工业
11	纺织业	24	塑料制品业	37	电力、热力的生产和供应业
12	纺织服装、鞋、帽制造业	25	非金属矿物制品业	38	燃气生产和供应业
13	皮革、毛皮和羽毛及其制品业	26	黑色金属冶炼及压延加工业	39	水的生产和供应业

3. TFP 及其分解结果

Malmquist 指数方法可以直接得到行业的年度全要素生产率变化率（TFPCH），以及分解出来的纯技术效率（PECH）、规模效率（SECH）、技术效率（EFFCH）和技术进步（TECHCH）。其中，技术效率等于纯技术效率和规模效率的乘积，即 EFFCH=PECH×SECH；TFP 变化率等于技术效率与技术进步的乘积，即 TFPCH=EFFCH×TECHCH。由于 Malmquist 指数计算的是 TFP 增长率，所以会去除一个基期年份，故所有企业样本的 TFP 截至年份为 1998~2008 年，国有和外资企业的 TFP 截止年份为 2004~2008 年，所得结果见表 3-19 和图 3-5。

表 3-19 中国企业加总的分行业 TFP 及其分解（1998~2008 年均值）

代码	所有企业 effch	techch	tfpch	pech	sech	国有企业 effch	techch	tfpch	pech	sech	外资企业 effch	techch	tfpch	pech	sech
1	1.050	0.977	1.026	0.970	1.083	0.962	1.311	1.261	0.962	1.000	1.244	1.095	1.361	1.193	1.043
2	1.004	1.094	1.099	0.929	1.081	0.858	1.312	1.126	0.826	1.039	1.000	1.005	1.005	1.000	1.000
3	1.115	0.997	1.112	1.115	1.000	0.970	1.312	1.273	0.970	1.000	1.209	1.093	1.322	0.889	1.360
4	1.061	0.989	1.049	1.061	1.000	1.013	1.312	1.329	1.013	1.000	1.066	1.093	1.166	0.966	1.104
5	1.055	0.991	1.046	1.060	0.996	1.073	1.305	1.401	1.073	1.000	1.184	1.109	1.312	1.162	1.019
6	1.089	1.002	1.092	1.000	1.089	1.348	1.306	1.761	1.635	0.824	0.920	1.109	1.021	1.049	0.878
7	1.269	1.006	1.276	1.234	1.028	1.101	1.309	1.441	1.101	1.000	1.309	1.109	1.453	1.070	1.224
8	1.075	1.006	1.082	0.997	1.079	1.076	1.309	1.410	1.076	1.000	1.243	1.107	1.376	1.011	1.230
9	1.080	1.020	1.102	1.029	1.049	0.975	1.308	1.275	0.975	1.000	1.108	1.095	1.213	1.088	1.018
10	1.113	1.077	1.198	1.045	1.066	0.909	1.335	1.214	0.909	1.000	1.038	1.109	1.151	0.827	1.255
11	0.955	0.992	0.948	0.972	0.983	1.045	1.309	1.367	1.045	1.000	1.109	1.109	1.230	0.902	1.229
12	1.092	0.996	1.087	0.986	1.107	0.988	1.310	1.294	0.988	1.000	1.170	1.109	1.298	0.964	1.213
13	1.091	0.996	1.087	1.056	1.033	1.073	1.310	1.406	1.072	1.001	1.331	1.107	1.477	1.179	1.129
14	1.077	0.991	1.067	1.079	0.998	1.079	1.310	1.413	1.079	1.000	1.191	1.109	1.321	1.046	1.138
15	1.096	0.993	1.088	1.106	0.991	1.206	1.310	1.580	1.204	1.002	1.343	1.107	1.487	1.082	1.241
16	1.058	1.013	1.072	1.057	1.001	1.019	1.308	1.332	1.019	1.000	1.166	1.095	1.277	1.006	1.159
17	1.063	1.007	1.069	1.022	1.040	0.971	1.309	1.271	0.971	1.000	1.100	1.109	1.220	0.936	1.175
18	1.091	0.996	1.087	1.107	0.986	1.017	1.309	1.331	1.016	1.001	1.233	1.099	1.355	1.020	1.209
19	1.122	1.084	1.216	1.122	1.000	1.115	1.339	1.493	1.115	1.000	1.315	1.080	1.421	1.055	1.246
20	1.058	1.025	1.085	1.030	1.028	1.065	1.308	1.393	1.065	1.000	1.204	1.090	1.312	1.073	1.121
21	1.075	1.022	1.099	0.944	1.138	0.983	1.308	1.286	0.983	1.000	1.272	1.094	1.392	1.110	1.146

续表

代码	所有企业 effch	techch	tfpch	pech	sech	国有企业 effch	techch	tfpch	pech	sech	外资企业 effch	techch	tfpch	pech	sech
22	1.072	1.054	1.130	1.027	1.044	1.113	1.307	1.454	1.113	1.000	1.245	1.090	1.357	1.046	1.191
23	1.120	1.008	1.129	1.087	1.031	1.057	1.308	1.382	1.057	1.000	1.220	1.109	1.353	0.976	1.249
24	1.082	1.009	1.093	1.085	0.997	1.120	1.308	1.465	1.120	1.000	1.289	1.109	1.430	1.030	1.252
25	1.092	1.000	1.092	1.052	1.038	1.029	1.309	1.347	1.029	0.890	1.183	1.099	1.300	0.971	1.218
26	1.111	1.033	1.147	1.015	1.094	1.021	1.318	1.345	1.147	1.000	1.369	1.086	1.487	1.195	1.146
27	1.145	1.022	1.169	1.005	1.139	1.085	1.309	1.421	1.085	1.000	1.282	1.092	1.400	1.043	1.229
28	1.132	0.999	1.131	1.076	1.052	1.128	1.308	1.476	1.128	1.000	1.242	1.109	1.378	0.993	1.251
29	1.087	1.007	1.094	1.035	1.051	1.052	1.309	1.378	1.052	1.000	1.214	1.103	1.338	1.016	1.194
30	1.078	1.006	1.085	0.983	1.097	1.077	1.310	1.411	1.077	1.000	1.117	1.103	1.232	0.881	1.268
31	1.077	1.022	1.101	1.037	1.038	1.015	1.310	1.329	0.993	1.021	1.223	1.094	1.338	1.046	1.169
32	1.111	1.012	1.124	1.005	1.105	1.101	1.308	1.441	1.101	1.000	1.228	1.109	1.363	0.947	1.297
33	1.113	1.045	1.164	1.035	1.076	0.993	1.307	1.298	0.993	1.000	1.229	1.109	1.363	1.033	1.190
34	1.070	1.003	1.074	0.978	1.095	1.062	1.308	1.389	1.062	1.000	1.221	1.109	1.354	1.051	1.161
35	1.123	1.022	1.148	1.135	0.990	0.974	1.311	1.277	0.974	1.001	1.402	1.103	1.547	0.943	1.487
36	1.110	1.028	1.140	1.110	1.000	0.914	1.344	1.228	0.850	1.075	1.353	1.080	1.460	0.972	1.392
37	1.037	1.092	1.132	0.976	1.063	1.058	1.333	1.410	1.000	1.058	1.177	1.075	1.265	1.397	0.843
38	1.284	1.074	1.379	1.282	1.002	1.140	1.311	1.494	1.139	1.000	1.502	1.075	1.615	1.509	0.995
39	1.000	1.044	1.044	0.981	1.020	0.883	1.308	1.155	0.883	1.000	1.187	1.073	1.274	1.191	0.996

注：effch 为技术效率，techch 为技术进步，tfpch 为全要素生产率，pech 和 sech 为纯技术和规模效率。

资料来源：根据 DEAP2.1 软件计算结果整理。

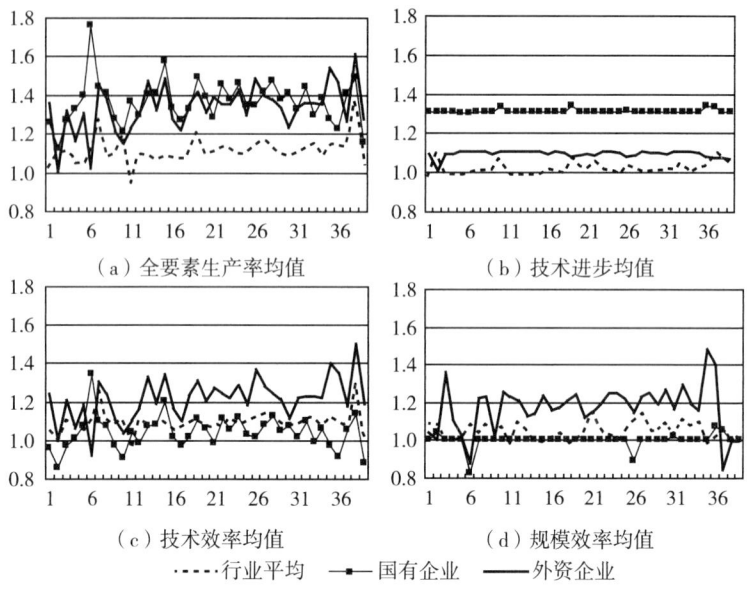

图3-5 行业平均（所有企业）、国有企业和外资企业
全要素生产率及分解结果的比较

资料来源：根据作者的计算结果整理。

结果可以得到以下几点有价值的结论：①1998~2008年中国行业平均全要素生产率、技术效率和技术进步都呈现增长趋势，其中全要素生产率和技术进步增长率稍快于技术效率，说明技术进步对于全要素生产率增长的贡献大于技术效率。②比较三种类型企业的生产率分解结果，发现所有企业（行业）和外资企业中，技术效率的增长率快于技术进步，即技术效率对全要素生产率增长的贡献大于技术进步；国有企业的结果正好相反，技术进步速度显著大于技术效率，即国有企业全要素生产率的增长主要依赖于技术进步的提高。③从三种类型企业的比较看，国有企业全要素生产率最高，其次是外资企业和行业平均（所有企业）；而外资企业的技术效率最高，其次是所有企业和国有企业；国有企业的技术进步最高，其次是外资企业和所有企业。

二、实证模型和数据

1. 模型

整个实证研究的步骤和过程是：选取所有企业加总（行业）、国有企业加总和外资企业加总的行业全要素生产率数据三个样本，分析国外反倾销措施对于不同类型企业的生产率的损害情况；再将反倾销措施细分为反倾销调查、反倾销措施、裁定有效措施、裁定没有措施等不同变量,用动态面板 GMM 方法研究这些反倾销行为对于不同企业类型加总的行业影响。回归方程设定如式(3-21)所示。

$$TFP_{i,t} = \alpha + \beta_1 TFP_{i,t-1} + \beta_2 AD_{i,t-1} + \beta_3 AD_{i,t} + \beta_4 AD1_{i,t-1} + \beta_5 AD1_{i,t} + \beta_6 AD2_{i,t} + \beta_7 AD3_{i,t} + \beta_8 AD4_{i,t} + \varepsilon_i + \upsilon_{i,t} \quad (3-21)$$

其中,$TFP_{i,t-1}$ 是被解释变量的 1 阶滞后项,$AD_{i,t-1}$ 和 $AD1_{i,t-1}$ 分别是 $AD_{i,t}$ 和 $AD1_{i,t}$ 的 1 阶滞后项。具体各个变量的内涵和数据来源见表 3-20。另外,需要说明的是,这里的解释变量都是取值为 0 或 1 的哑变量,如果某行业当年采取了反倾销调查或措施,则取值为 1,否则为 0。回归方程中我们没有加入其他的控制变量,主要是我们采用系统 GMM 估计方法,能够控制其他因素的影响,同时我们还会进行稳健性检验,以确保估计结果的可靠和可信;另外,不同企业类型的数据获取也较为困难(见表 3-20)。

表 3-20 回归变量说明及数据来源

变量类型	变量	缩写	描述	数据来源
因变量	生产率	TFP	企业加总行业的全要素生产率	根据《中国统计年鉴》各年数据计算
自变量	反倾销调查当年	AD	反倾销调查的当年虚拟变量	全球反倾销数据库 2010
	反倾销措施后 1 年	AD1	反倾销措施后 1 年的虚拟变量	全球反倾销数据库 2010
	1 年后采取了有效措施	AD2	1 年后采取了有效措施的虚拟变量	全球反倾销数据库 2010
	1 年后没有采取措施	AD3	1 年后没有采取措施的虚拟变量	全球反倾销数据库 2010
	1 年后超过 1 项措施	AD4	1 年后超过 1 项措施的虚拟变量	全球反倾销数据库 2010

在式(3-21)中,存在解释变量和被解释变量的滞后项,用通常的固定或随机效应面板数据估计方法会存在偏误,因此我们采用 Arellano 和 Bover (1995)以及 Blundell 和 Bond(1998)提出的一般矩估计方法(Generalized Method of Moments,GMM)。其最早形式是一阶差分 GMM,即先对回归式两边进行差分以消除个体效应后再进行估计,但如此容易产生有限样本偏误 (Blundell 和 Bond,1998)。之后 Blundell 和 Bond(1998)提出了系统 GMM 估计,除了差分方程外,还利用滞后的差分变量作为模型的工具变量构建水平方

程，能得到非常有效的结果。GMM 估计根据选择的加权矩阵又分为一步和两步估计，两步 GMM 估计结果对异方差和截面相关性具有较强的稳健性，并且 Windmeijer（2005）模拟发现两步估计比一步估计具有更低的有偏性。以下本章呈现的都是两步系统 GMM 的估计结果。

关于滞后阶数的选择，在动态时间序列模型中是根据 AIC、BIC 等信息准则来确定的，但动态面板数据模型尚没有类似准则。本章采用 Hendry 和 Clements（2004）提出的从"一般到特殊"的动态建模方法，先选择各变量的一个较大的滞后阶数进行回归，如果系数显著并且能通过各项整体有效性检验，则保留该滞后项，否则剔除。另外，我们对回归残差进行平稳性检验和二阶序列自相关检验，以辅助说明滞后阶数选择的稳健性和参数估计的一致性。我们实际检验的结果是滞后 1 期具有更好的稳健性，故而以下计量模型中被解释变量和解释变量的滞后期阶数都选择为 1。

2. 数据

三类企业加总的生产率数据来源于以上的计算；解释变量数据全部来源于全球反倾销数据库（2010）[①]（Bown，2010），同时，我们认为来自发达国家和发展中国家的反倾销对我国行业生产率的影响可能会存在差异，因此解释变量将进一步区分发达国家和发展中国家；另外对于美国和欧盟反倾销的生产率效应我们将单独对比分析。由于《全球反倾销数据库》仅收录了主要国家的反倾销数据，而难以收集所有发达国家和发展中国家的数据，所以我们取美国和欧盟代表发达经济体（这两个经济体占据了 1995~2008 年中国遭受反倾销措施总数的约 25%[②]），阿根廷、印度、巴西和土耳其代表发展中国家（这四个国家占据了 1995~2008 年中国遭受反倾销措施总数的约 40%[③]）。需要说明的是，反倾销数据统计是按照 HS 编码商品分类进行行业划分，但国家统计年鉴的行业是按照《国民经济行业分类》进行的行业划分，两者存在差异，目前还没有可以直接合并的方法，本章根据 HS 编码得到的商品名称，对照《国民经济行业分类》详细 4 位数商品名称表进行逐一归并。

被解释变量全要素生产率的描述性统计结果见表 3-21。解释变量中，反倾销调查当年取反倾销调查的年度时间；反倾销措施后 1 年取反倾销采取措施后 1 年的年度时间；1 年后采取了措施是指反倾销调查发现倾销行为成立，采

---

① 该数据库由 Chad P. Bown 于 2010 年开发完成，链接地址为：http://people.brandeis.edu/~cbown/global_ad/，收集了世界各主要国家各年份反倾销的所有案例信息，包含反倾销指控时间、采取措施时间、裁定结果以及所指控的行业、企业和产品等。

②③ 根据 WTO 反倾销数据库数据计算所得。

取了反倾销税或者禁止进口等措施；1年后没有采取措施是指反倾销调查发现倾销行为不成立，从而没有采取任何措施。这里取反倾销1年后作为变量，是因为反倾销调查和措施具有滞后效应，1年后的结果更加显著。表3-22列示了解释变量的情况，篇幅所限，我们只给出了总体描述性统计。

表3-21 因变量的描述性统计

变量		均值	标准误	最小值	最大值	观察值
所有企业 TFP	总体	1.555	1.315	0.053	7.730	N=429
	组间		0.183	1.171	1.987	n=39
	组内		1.302	-0.379	7.425	T=11
外资企业 TFP	总体	1.961	1.623	0.173	6.860	N=195
	组间		0.310	1.018	2.514	n=39
	组内		1.594	-0.321	6.386	T=5
国有企业 TFP	总体	1.948	1.559	0.070	7.022	N=195
	组间		0.385	1.158	3.085	n=39
	组内		1.511	-0.980	6.108	T=5

资料来源：根据作者的计算结果整理。

表3-22 自变量的总体描述性统计

变量	观测值	均值	标准误	最小值	最大值
发达国家反倾销					
反倾销调查当年	429	0.1838	0.3878	0	1
1年后采取了有效措施	429	0.1098	0.3130	0	1
1年后没有采取措施	429	0.0621	0.2415	0	1
1年后超过1项措施	429	0.0501	0.2185	0	1
反倾销措施后1年	429	0.1742	0.3798	0	1
发展中国家反倾销					
反倾销调查当年	429	0.2148	0.4112	0	1
1年后采取了有效措施	429	0.1146	0.3189	0	1
1年后没有采取措施	429	0.0692	0.2541	0	1
1年后超过1项措施	429	0.0549	0.2280	0	1
反倾销措施后1年	429	0.1814	0.3858	0	1

续表

变量	观测值	均值	标准误	最小值	最大值
美国反倾销					
反倾销调查当年	429	0.1098	0.3130	0	1
1年后采取了有效措施	429	0.0931	0.2909	0	1
1年后没有采取措施	429	0.0167	0.1283	0	1
1年后超过1项措施	429	0.0191	0.1370	0	1
反倾销措施后1年	429	0.1026	0.3038	0	1
欧盟反倾销					
反倾销调查当年	429	0.1026	0.3038	0	1
1年后采取了有效措施	429	0.0644	0.2458	0	1
1年后没有采取措施	429	0.0215	0.1452	0	1
1年后超过1项措施	429	0.0191	0.1370	0	1
反倾销措施后1年	429	0.0859	0.2806	0	1

资料来源：根据作者的计算结果整理。

三、实证结果

在实证过程中，首先，我们将发达国家和发展中国家的反倾销放在一起进行对比分析，同时取全要素生产率、技术效率和技术进步进行分别回归，一方面可以对比反倾销对于不同效率的影响，另一方面能够起到检验回归结果稳健性的目的。其次，由于美国和欧盟是中国的主要贸易伙伴和出口市场，也是对中国发起反倾销调查和采取措施的主要国家，所以我们将对这两个国家进行单独分析，对比他们的反倾销措施对于中国行业和企业生产率的影响效应。在参数估计的有效性检验中，依据两种方法来识别模型设定是否有效：①采用Sargan过度识别检验来分析工具变量的有效性，如果不能拒绝零假设就意味着工具变量的设定是恰当的；②检验残差项非自相关，即检验残差项是否存在二阶序列自相关，所用方法是AR（2）检验，如果不能拒绝零假设则不存在残差项的二阶序列自相关。表3-23和表3-24分别列示了发达国家和发展中国家，以及美国和欧盟的反倾销生产率损害估计结果，Sargan过度识别检验和AR（2）残差二阶自相关检验都表明工具变量选择和模型设定良好，无残差自相关。

表 3-23 发达国家和发展中国家估计结果（系统 GMM）

变量	全要素生产率（tfpch）			技术效率（effch）			技术进步（techch）		
	所有企业	外资企业	国有企业	所有企业	外资企业	国有企业	所有企业	外资企业	国有企业
L.(-1)	-0.436***	-0.203**	-0.226***	-0.153***	-0.356***	0.0324**	-0.505***	-0.483***	-0.245***
发达国家									
AD(-1)	0.345	0.287	-0.257**	-0.0821	0.349	-0.136	0.515*	-0.364	-0.0605
AD	0.266	0.518**	-0.0335	-0.137	1.149*	-0.0414	0.326	0.0802*	0.114*
AD1(-1)	0.166	0.614**	0.150	-0.143	0.884*	0.0847	-0.124	0.168*	0.0358
AD2	3.343**	-1.890**	0.0452	3.175**	-3.094**	-0.137	0.465**	-0.259*	0.226
AD3	-0.460	2.387	-0.0111	-0.579	4.173	0.171	-0.240	-0.482	-0.0452
AD4	-2.459**	-0.105	-0.111	-3.416**	-0.196	0.0469	-0.202**	-0.159	0.120
AD1	3.648*	2.150***	-0.0770	3.365**	3.460*	0.0697	0.888*	0.171*	
Cons.									
Obs.	343	117	117	343	117	117	343	117	117
AR(2)-P value	0.3635	0.1856	0.3089	0.2297	0.2108	0.1876	0.9989	0.2109	0.1521
Sargan test-P	0.2186	0.1621	0.2097	0.6020	0.5126	0.1652	0.2214	0.2021	0.1658
发展中国家									
AD(-1)	0.0831	0.195*	-0.0596	0.0413	0.122	0.107	-0.263	0.0477	-0.0640
AD	-0.471**	-0.0900	-0.112	0.0993	-0.373*	-0.0367	-1.208	-0.227*	-0.0941
AD1(-1)	-0.199	-0.148	0.0342	-0.00079	-0.0254	0.0826	-0.936	0.0777	0.0570
AD2	1.229***	0.0897	-0.0962	1.391**	-0.300	0.0433	0.942**	-0.567	-0.186
AD3	-1.319	6.469	-0.0527	0.0241	-0.388	0.147	-0.926	-0.232	-0.148
AD4	-2.433*	0.176*	-0.743	-2.710*	9.585	-0.899	-0.303*	-0.224*	0.182
AD1	0.863*	0.757***	0.142	1.438*	0.600	0.192	0.137**	0.129*	0.152**
Cons.	2.158**		1.277***	1.314**	0.806*	0.954***	3.042***	-0.0103**	1.248***
Obs.	343	117	117	343	117	117	343	117	117
AR(2)-P value									
Sargan test-P									

注：*、**和***分别表示在10%、5%和1%的统计显著性水平下通过检验。

1. 发达国家和发展中国家反倾销的生产率效应

由表 3-23 的结果，我们可以得到以下的几点结论：第一，总体上发达国家和发展中国家的反倾销冲击对于中国行业和企业存在积极的效应，对所有企业的行业样本尤为明显，1 年后采取有效措施（AD2）和反倾销措施后 1 年（AD1）显著地提高了行业生产率；但如果反倾销冲击过于激烈，则我国的行业生产率会受到负面影响，1 年后超过 1 项措施（AD4）对于所有企业（行业）样本的系数显著为负。同时，反倾销措施的效应存在滞后性，估计结果显示，反倾销调查前 1 年（AD(-1)）、反倾销调查当年（AD）以及反倾销措施当年（AD1(-1)）的效应均不显著。另外，无具体措施的反倾销调查同样无影响效应，1 年后无措施（AD3）的系数不显著。这里的结果符合一般逻辑，说明了总体上反倾销冲击虽然可能会影响我国出口贸易以及产业的扩张和短期利润，但其产生的竞争和不利环境确实激励了企业的革新，从而提高了企业和整个行业的全要素生产率。

第二，比较反倾销对于三种类型企业的不同影响，发现所有企业的变动最为显著，其次是外资企业，而国有企业基本不受影响。比较三类企业的回归结果，发现所有企业的系数值最大且显著，外资企业回归系数值的大小和显著性均较弱，而国有企业的回归系数基本不显著。由此可以推导出，反倾销冲击对于我国行业的冲击主要作用于私营企业，这可能主要是因为，国外反倾销调查和措施的对象与目标基本是私营企业。

第三，比较发达国家和发展中国家的反倾销效应，发现发达国家反倾销措施的影响更加显著且影响程度更大。对比发达国家和发展中国家回归结果的显著性和系数，可以看出，总体上发达国家回归系数值大于发展中国家，且其显著性也较强。出现这一结果的原因是，发达国家是我国出口贸易的主要市场和目的地，尤其是美国和欧盟，更是"中国制造"的主要需求国；而我国与发展中国家间的贸易虽然在近年增长很快，但规模和数量仍然较小，故而他们的反倾销措施带来的压力和效应较小。

第四，比较全要素生产率、技术效率和技术进步的不同反应，发现技术效率变动最显著，其次是全要素生产率，最后是技术进步。对比这三组回归结果的系数，可以看出技术效率的系数最大，其次是全要素生产率，而技术进步系数最小。说明了反倾销冲击对于我国行业和企业的生产率激励效应主要表现在技术效率的提高，而技术进步提高较少，综合的结果是全要素生产率的结果介于两者之间。这也符合一般逻辑，在反倾销冲击下，企业努力提高自身效率，但技术进步是一个长期的过程，短期内技术效率的提高更加容易，所以出现了不同的反应。另外,三类企业的全要素生产率、技术效率和技术进步的回归系数显著程度以及正负方向都一致,这也给估计结果的稳健性提供了一个证据。

2. 美国和欧盟反倾销的生产率效应

表3-24列示了美国和欧盟反倾销生产率效应的结果,将发达国家的回归结果与美国和欧盟的结果进行比较,发现显著性和影响方向基本一致,再比较全要素生产率、技术效率和技术进步的回归结果,显著性和效应方向同样基本一致,这同样在一定程度上给估计结果的稳健可靠提供了佐证。由美国和欧盟的估计结果,我们能够得到以下几点结论。

首先,和发达国家的结果一样,美国和欧盟反倾销对于中国行业(所有企业)和外资企业的影响效应为正;但如果反倾销过度激烈(多次反复的反倾销冲击),则会损害行业生产率的增长。具体结果中,1年后采取有效措施(AD2)和反倾销措施后1年(AD1)的系数显著为正,但1年后超过一项措施(AD4)的系数显著为负。三种类型的企业比较而言,所有企业(行业)样本的生产率反应最为显著,外资企业较为微弱,而国有企业基本不受影响;说明了美欧反倾销主要影响私营企业的生产率水平。

其次,比较美国和欧盟反倾销对于行业和企业生产率的影响,发现总体上美国效应大于欧盟。以所有企业样本为例,美国1年后有效措施(AD2)对于全要素生产率、技术效率和技术进步的影响系数分别为0.711、2.534和0.126,但欧盟同一变量的影响系数分别为0.259、1.449和0.0454,明显小于美国。说明美国反倾销对于中国行业的生产率具有更大的正向激励效应,也揭示了美国反倾销给企业带来的压力和冲击更大,这可能是因为中国的出口贸易比较而言更多地依赖于美国市场。

最后,比较中国行业和企业对于全要素生产率、技术效率和技术进步的不同反应,发现技术效率变动最为显著,其次是全要素生产率,最后是技术进步,这与发达国家和发展中国家的结果相同。以行业(所有企业)样本中美国反倾销措施后1年(AD1)变量的影响为例,全要素生产率、技术效率和技术进步的估计结果系数分别为0.143、1.666和0.0432,显而易见三者的排序分别是技术效率、全要素生产率和技术进步。原因同我们以上的分析,技术效率的提高在短期内较为现实,技术进步较为困难,两者综合的结果是全要素生产率的表现及反应居中。

综合以上结果,国外反倾销措施对于我国整体行业的全要素生产率存在积极的正效应,但过度激烈和反复的反倾销冲击则存在负的损害效应;比较而言,

表 3-24 美国和欧盟估计结果（系统 GMM）

变量	全要素生产率（tfpch）			技术效率（effch）			技术进步（techch）		
	所有企业	外资企业	国有企业	所有企业	外资企业	国有企业	所有企业	外资企业	国有企业
L.(-1)	-0.178***	-0.299***	-0.336***	-0.493***	-0.274***	-0.239***	-0.420***	-0.209***	-0.222***
美国反倾销									
AD(-1)	-0.144	0.106	-0.0387	-0.352	0.102	0.0353	-0.303	0.128	-0.237
AD	0.0895	-0.132	0.117	-0.223	0.0357	0.0286	-0.0468	-0.0423	-0.0614
AD1(-1)	-0.00935	0.171	-0.258	-0.491	0.190	0.125	-0.0269	-0.0274	0.00809
AD2	0.711***	1.671	0.227	2.534*		0.0932	0.126*	0.401	0.398
AD3	-0.637	1.275	-0.0945	-2.335	-0.351	0.165	-1.099	-0.0502	-0.0819
AD4	-0.468*	-0.210	0.00238	-0.758*	-0.513***	-0.149*	-0.115*	0.0276	-0.00645
AD1	0.143**	-0.099**		1.666**	0.244*	-0.0533	0.0432*		
欧盟反倾销									
AD(-1)	-0.153	-0.661	-0.0298	0.62	-0.0219	-0.138**	0.321	-0.241	-0.00790
AD	-0.369	-0.523	-0.0883	0.937	-0.136	-0.0831	0.233	-0.242	-0.146
AD1(-1)	-0.451	-0.259	0.0490	-0.143	-0.110	-0.0321	-0.210	-0.190	0.120
AD2	0.259***	-0.553	0.296	1.449**	-0.349	-0.127	0.0454*	-0.260	0.266
AD3	0.0262	-0.189	0.589	2.225	0.312	0.0693	2.436	-0.0546	0.754
AD4	-0.187*	0.173	-0.289	-0.544**	-0.0689*	0.180	-0.0178**	-0.0134	-0.130
AD1	0.821***	0.394*	-0.263	1.900**	0.0960*		0.444***	0.109	-0.306
Cons.	1.503***	1.511***	1.057***	2.401***	0.0876**	1.249***	2.117***	1.274***	1.249***
Obs.	343	117	117	343	117	117	343	117	117
AR(2)-P value	0.2122	0.2187	0.1775	0.1743	0.1562	0.1672	0.2198	0.1765	0.1817
Sargan test-P	0.2147	0.2031	0.2081	0.2152	0.1899	0.3329	0.7807	0.1643	0.1923

注：*、**和***分别表示在10%、5%和1%的统计显著性水平下通过检验。

效应对于私营企业的影响最为突出和显著，外资企业较为微弱，而对国有企业基本无显著冲击；同时，发达国家的效应大于发展中国家，发达国家内部，美国效应大于欧盟；就不同类型的生产率看，技术效率的激励效应最强，其次是全要素生产率，最后是技术进步。

四、稳健性检验及进一步分析

1. 稳健性检验

以上实证中，美国和欧盟的结果与发达国家结果的比较，以及全要素生产率、技术效率和技术进步之间估计结果的比较已经部分检验了稳健性问题。这里我们将进一步进行检验，方法是将发达国家和发展中国家以及美国和欧盟的反倾销单独进行回归，并对重要变量分步区分回归；另外由于生产率提高可能具有自然增长趋势，我们加入时间趋势项去除趋势后进行估计，再比较这些结果，如果主要反倾销变量的系数正负方向和显著性无差别，则说明我们的估计结果稳健可靠。但限于篇幅，这里我们只列示发达国家和发展中国家对于所有企业（行业）全要素生产率效应的检验，如表3-25所示。

以上结果中Sargan过度识别检验和AR（2）残差二阶自相关检验都表明工具变量选择和模型设定良好，无残差自相关。比较这些结果，并将其与表3-25中全要素生产率估计结果进行比较，发现主要影响变量1年后采取有效措施（AD2）、反倾销措施后1年（AD1）以及1年后超过1项措施（AD4）的系数显著性以及正负方向一致，其他变量的显著性也基本没有较大变化，这充分证明了以上估计结果是稳健的，也说明了分析结论是可信的。

2. 进一步分析

总体的回归结果说明反倾销对于我国行业和企业的全要素生产率具有激励作用，但我们进一步要问的是，具体到每个行业的情况如何，每个行业对于反倾销冲击的反应必然存在差异，而且纵使总体上反倾销存在积极作用，但对某些行业反倾销也许存在消极的作用。鉴于此，这里进一步选取所有企业（行业）的样本，将1~39的每一个行业区分开来，对单个行业内反倾销的重要影响变量"反倾销措施后1年（AD1）"与生产率之间的关系进行分析，采用最小二乘法（OLS）回归方法，这里的反倾销措施来源于发达国家。估计结果见表3-26，按照系数的大小对行业进行排序。

由结果可见，反倾销冲击对于多数行业的效应为正；其中农副食品加工业，黑色金属冶炼及压延加工业，通用设备制造业，化学纤维制造业，橡胶制品业，家具制造业依次位列生产率激励强度的前6，且其激励强度的系数

表 3-25 稳健性检验结果（系统 GMM）

变量	（1）tfpch	（2）tfpch	（3）tfpch	（4）tfpch	（5）tfpch	（6）tfpch	（7）tfpch	（8）tfpch	（9）tfpch
L.tfp（-1）	-0.408***	-0.429***	-0.404***	-0.434***	-0.409***	-0.430***	-0.422***	-0.445***	-0.435***
Time	0.0842***	0.0842***		0.0967***		0.0805***		0.0903***	0.0908***
发达国家									
AD（-1）					0.341	0.270*		0.176	0.762
AD					0.293	0.288		-0.408	0.326
AD1（-1）					0.0945	0.0822		0.0320	-0.0143
AD2	2.151**	2.359***			2.909***	2.811*		1.736***	2.503**
AD3					0.796*	0.803		-0.824	1.319
AD4	-1.396**	-1.497**	-0.181**	-0.167**	-1.431***	-1.533***		-0.175**	-2.0875*
AD1	2.560***	2.425**	0.400**	0.596***	2.165***	2.071***		1.214***	1.121***
发展中国家									
AD（-1）							0.107		0.796
AD							-0.531		-0.0682
AD1（-1）							-0.231		-0.315
AD2			0.737***	1.003***			1.566***		1.890***
AD3							-0.916		-1.125
AD4							-0.597**		-0.534**
AD1			2.034***				1.015***		1.310**
Cons.	2.089***	170.8***	2.034***	195.7***	1.916***	163.3***	2.257***	183.1***	2.143***
Obs.	343	343	343	343	343	343	343	343	343
AR（2）-P value	0.2133	0.2019	0.2301	0.2131	0.2036	0.2040	0.2006	0.2012	0.2023
Sargan test-P	0.1650	0.1647	0.1656	0.1559	0.1587	0.1557	0.1656	0.1649	0.1661

注：*、**和***分别表示在10%、5%和1%的统计显著性水平下通过检验。

资料来源：根据 Stata 回归结果整理。

表 3-26 发达国家反倾销对各行业生产率的激励强度系数（OLS）

行业	系数	行业	系数	行业	系数
农副食品加工业	1.624	电子设备制造业等	0.627	造纸及纸制品业	-0.319
黑色金属冶炼及压延加工业	1.323	医药制造业	0.492	专用设备制造业	—
通用设备制造业	1.197	化学原料及化学制品制造业	0.361	煤炭开采和洗选业	—
化学纤维制造业	1.175	文教体育用品制造业	0.350	石油和天然气开采业	—
橡胶制品业	1.121	金属制品业	0.151	黑色金属矿采选业	—
家具制造业	1.067	食品制造业	-0.158	有色金属矿采选业	—
交通运输设备制造业	0.784	有色金属冶炼及压延加工业	-0.187	其他采矿业	—
纺织业	0.762	通信设备、计算机及其他	-0.247	烟草制品业	—
石油和炼焦及核燃料加工	0.726	饮料制造业	-0.253	木材加工及草制品业	—
塑料制品业	0.687	非金属矿采选业	-0.266	废资源材料回收加工业	—
纺织服装、鞋、帽制造业	0.676	皮革、毛皮、羽毛及其制品业	-0.282	电力、热力的生产和供应业	—
印刷业和记录媒介的复制业	0.644	工艺品及其他制造业	-0.301	燃气生产和供应业	—
非金属矿物制品业	0.637	电气机械及器材制造业	-0.313	水的生产和供应业	—

注：这里的系数是OLS回归结果的系数；"—"表示该行业没有估计结果，原因包括该行业未遭受反倾销措施，以及估计结果无法通过检验。

都大于1。而发达国家反倾销对生产率造成损害的行业包括食品制造业，有色金属冶炼及压延加工业，通信设备、计算机及其他，饮料制造业，非金属矿采选业，皮革、毛皮、羽毛及其制品业，工艺品及其他制造业，电气机械及器材制造业以及造纸和纸制品业。但观察这些受到损害的行业，系数的绝对值均较小，说明损害的程度并不大；同时，这些行业多数是一些劳动力密集型的标准化成熟行业，可能技术革新和改进的空间较小，短期内他们难以调整和提高自身效率，故而在面临反倾销冲击时，他们难以进行及时应对，加上劳动调整的黏性，从而导致了全要素生产率受损。

第五节 可能的积极效应

国际贸易摩擦在对中国相关产业和企业形成冲击的同时，也可能会存在一定程度的积极效应。例如以上实证分析发现的反倾销激励了中国企业生产率的提升就是一个证据。看到这些可能的积极效应，对于全面认识国际贸易摩擦的影响也非常重要。

一、可能有利于推动和促进产业结构升级

我们从古典国际贸易理论看起，按照李嘉图的比较利益论，一国应该发展自己的比较优势产业，也就是相对机会成本较小的产品，然后和他国贸易，贸易双方都会获益，按照李嘉图的理论，我国应该是发展劳动密集型产业；新古典的赫克歇尔—俄林要素禀赋理论认为，一国应该生产相对要素密集的产品，同样按照这一理论我国也应该大力发展劳动力要素密集的产业。而实际的情况也是如此，我国出口的商品大都是劳动密集的低附加值产品，一般加工工业的过度发展在我国表现得非常明显，这是市场作用的结果，我国在国际分工中的地位决定了我国出口产品的结构。

普雷维什—辛格的贸易条件恶化论又指出，由于发展中国家的劳动密集型初级产品需求弹性较小，而发达国家高新技术产品需求弹性较大，随着人们生活水平的提高，对于初级产品的需求缩减，初级产品价格下降加快，也就是发展中国家的贸易条件会不断恶化。在这种情况下，如果我国按照比较优势理论继续发展劳动密集型产业，必然会使我国经济陷入"比较优势陷阱①"，贸易条件不断恶化，最终导致"贫困恶性循环"，是不利于我国经济长期发展的。而我们如果任由市场调节，我国的劳动密集型加工工业会进一步地发展，久而久之我国可能就会落入陷阱之中。

那么贸易摩擦对于我国产业结构升级又有着什么样的作用？总的来看，我国受贸易摩擦影响的出口商品主要是出口量大的劳动密集型商品，贸易摩擦使得这些产品的出口减少，国内相关的产业规模就会缩减，因此而退出的资源和

---

① "比较优势陷阱"又可以称为"产业结构陷阱"，是指发展中国家按照比较优势发展自己的劳动密集型比较优势产业，由于这些初级产品贸易条件的不断恶化，而且长期处于国际分工的低端，会使一国产业结构无法提升，经济发展乏力，陷入贫困循环的陷阱之中。这是近年国内学者在讨论比较优势和竞争优势时提出的一个重要概念或观点。

资金就会流入更高层次的产业，从而推动我国产业结构升级。而一些特殊的贸易摩擦，如技术性贸易壁垒等技术性措施，直接要求的就是技术水平的提高，对于提升产业结构的作用明显。

二、可能有利于培育我国的竞争优势产业

我们可以从以下几个方面来分析贸易摩擦对于我国竞争优势产业培养的作用。首先，贸易摩擦有利于优胜劣汰，淘汰一些身单力薄、竞争力微弱的小企业，这也有利于资源的优化配置，这些企业的退出对整个社会来说是一个帕累托改进。其次，贸易摩擦有利于垄断的形成。小企业破产的同时，也为一些实力雄厚的大企业腾出了市场和空间，在规模经济和学习曲线①效应的作用下，大企业规模越来越大、竞争力越来越强，于是垄断就发生了。虽然在某种意义上垄断并不利于市场机制的完善和经济增长，但一定程度的垄断和大企业竞争力的增强却可以有力地与国外企业竞争与抗衡，争夺更多的国外市场，有利于本国经济的短期增长和长期发展。最后，贸易摩擦会加剧国内相关企业之间的竞争，而企业理论告诉我们，竞争的引入会降低企业生产的X非效率②，也就是提高企业生产的效率，这会更加促进企业的发展和壮大，加快垄断大企业的诞生。

关于竞争优势产业的培养，我们也要认识到比较优势向竞争优势的转化过程及它们之间的关系。所谓比较优势是李嘉图提出的概念，也就是前面所提到的比较优势理论揭示的思想，它是从资源禀赋及相对生产率角度出发的优势；而竞争优势根源于波特的"国际竞争优势"理论，它指出竞争优势有微观层面、中观层面及宏观层面三个方面的优势划分，宏观层面的技术水平、需求状况、政府作用、相关及支持产业四大要素构成了"钻石理论"的四个角，也就是国家竞争力优势的决定要素。从该理论出发，可以看出，竞争优势更多关注的是技术水平的高低，也就是说通过提高技术水平，以技术优势取得市场上的竞争力，形成竞争优势。那么贸易摩擦又是如何诱使比较优势产业顺利转变成竞争优势产业在上面的分析中已经指出，贸易摩擦可以淘汰小企业而发展大企业，规模巨大的垄断企业有更雄厚的资金实力，他们可以根据国际市场以及

---

① 学习效应是指随着企业生产的增加和扩大，企业生产单位产品的边际成本下降。学习曲线的基本关系式是 $L=A+BN^\beta$，式中，N 表示可生产的产出的累计单位，L 表示产出的劳动投入单位，学习效应是指随着产出累计单位的增加，单位产出的劳动投入量减少。详见罗伯特·S. 平狄克、丹尼尔·L. 鲁宾费尔德：《微观经济学》，高远等译，中国人民大学出版社1997年版，第184、185页。

② 企业理论认为，每个员工都是有惰性的，存在一定的惰性区域，而要移出该惰性区域是要付出成本的，也就是说企业都存在着X非效率，而竞争的引入可以在一定程度上降低该非效率。

竞争的需要提高技术水平,并取得国际范围内的绝对竞争力,从而逐渐垄断整个国际市场,也就形成了我国的竞争优势产业。

三、可能有利于推动我国对外直接投资的发展

贸易摩擦阻止了有关企业的商品出口,使其市场缩小,商品价值无法实现,这时企业为了走出困境,只有想方设法解除摩擦,或者绕过国外商品出口的限制,也就是通过对外直接投资来实现,于是在贸易摩擦的压力下,我国企业对外直接投资增加,获利空间扩大,也有助于解决我国的贸易摩擦问题。在我国,这样的事例也有不少,如海尔为了应对技术性贸易壁垒而选择的国际化发展道路;TCL为了抵制国外对华彩电反倾销而进行海外直接投资等。贸易摩擦成为加速我国企业国际化的重要动因。

四、可能有利于实现我国贸易地理方向的多元化

贸易摩擦的频繁发生在一定程度上促使我国对外贸易地理方向实现多元化。首先,贸易摩擦使我们看到了对个别贸易伙伴的过分依赖存在很大的风险,这就促使企业和国家认识到该问题的严重性,从而更多地致力于开拓其他国家的市场;其次,贸易摩擦阻碍了某产品的出口,这时出口商也会想方设法地寻找其他国家的市场,以减少自己的损失,而一旦市场开拓成功,我国的贸易地理方向就会不断地实现多元化,有利于我国出口贸易的健康发展。

五、有利于提升我国对外贸易质量,纠正我国贸易失衡状况

改革开放以来,我国对外贸易得到了迅猛的发展,尤其是20世纪90年代以及21世纪初的这几年,发展势不可当,我国成为了全球第二的贸易大国。但同时也要看到,我们只是一个贸易大国,离贸易强国还有很远的距离,我们的出口贸易基本还停留在数量扩张型阶段,只是在近几年,提高质量的呼声才越来越响,也引起了我国的高度重视。同时我们也必须看到,我国对外贸易长期以来存在失衡的局面,贸易顺差巨大,而这些顺差中,加工贸易的顺差几乎都超过了总的顺差额,也就是说我国的加工贸易顺差是总贸易顺差的重要组成部分。

从近年的贸易摩擦领域来看,主要集中在出口量大的劳动密集型行业,如纺织品,机电产品等。这些领域的贸易摩擦直接减少了该产品的贸易量,可以在一定程度上纠正贸易失衡,同时抑制了我国加工贸易的过度发展,可以留出更多的资金发展其他产业,提升产业结构,培养竞争优势,从而逐步达到和实现提高我国对外贸易质量的目的。

六、诱导和激励技术创新，促进经济增长

积极效应更多地表现在技术性贸易壁垒等技术性措施上，如国外通过设立较高的技术法规、标准或技术检验措施来达到限制进口的目的。我国出口商品在国际市场如果遇到这些措施的阻碍，对出口商直接的激励就是加大技术创新，提高技术水平，以突破这些技术措施对我国出口的限制。

因此，国际贸易摩擦可以诱导和激励企业进行技术创新，提高技术水平。而经济增长理论又告诉我们，技术创新是经济持续长期增长的重要因素，也就是说通过个别企业的不断技术创新，我国整体的技术存量会增加，普遍的技术水平也会提高，这会提高我国的全要素生产率（TFP），也会成为我国经济持续健康快速增长的重要保障。

第六节 小结

本章主要研究了全球金融危机之后中国国际贸易摩擦的发展趋势和特点，遭遇国际贸易摩擦的原因，以及对中国经济产生的影响。研究结果为分析国际贸易摩擦的治理路径提供了现实背景。

在国际贸易摩擦的发展趋势上，国家援助措施替代了传统的贸易限制措施成为国际贸易摩擦的新手段，新兴产业和稀缺资源成为国际贸易摩擦的新目标，全球治理成为国际贸易的新保护伞，国家安全成为贸易摩擦的重要借口，发展中国家发起的贸易摩擦和贸易救济数量不断增加。

中国遭遇国际贸易摩擦的主要原因包括：国际贸易摩擦的发起国希望获取贸易利益，贸易摩擦的发起国企图保护国内产业和就业，政治因素与压力，国际贸易失衡以及相互依赖性的不对称，国际产业结构的不协调，经济和社会制度的差异，文化的差异与冲突等。

国外对中国贸易摩擦的影响效应方面。发达国家发起的国际贸易摩擦对中国产业的损害显著并且冲击较大，产业中企业数目、工业总产出、利润、从业人数以及出口都受到了显著的负面影响，但劳动生产率在一定程度上获得提高。比较发现，出口受到的损害最强，其次是利润和产出，再次是就业。生产率提高的原因可能是企业在竞争压力下，激励了生产效率的提升。发展中国家对中国发起的国际贸易摩擦对产业利润和企业数目的损害较大，对产出、就业和出口的影响较小，对劳动生产率同样具有正向激励作用。比较而言，发达国家的贸易摩擦对中国的影响大于发展中国家的贸易摩擦。

进一步分析国外贸易摩擦对于中国行业生产率的分解影响。结果发现，国

外贸易摩擦对中国行业的整体生产率具有积极效应，但过度激烈和反复的贸易摩擦冲击会形成损害；比较而言，效应对于私营企业的影响最为突出和显著，对外资企业的影响较弱，而对国有企业基本无显著影响；同时，发达国家的影响大于发展中国家；从不同类型的生产率看，技术效率的激励效应最强，其次是全要素生产率，最后是技术进步。

同时，国际贸易摩擦对中国也存在积极效应，有利于推动和促进产业结构升级，有利于培育中国的竞争优势产业，有利于推动中国对外直接投资的发展，有利于对外贸易地理方向的多元化，有利于提升对外贸易质量、纠正贸易失衡，有利于诱导和激励技术创新、促进经济增长。

第四章　中美贸易摩擦的进展和治理

中国和美国分别是全球第二大和第一大经济体，同时是互为重要的贸易伙伴。据中国海关统计，2017年中美货物贸易达到3.95万亿元，同比增长15.2%，占美国贸易额的14.1%，占中国贸易额的14.2%。其中，中国出口美国2.91万亿元，增长14.5%；从美国进口1.04万亿元，增长17.3%；中国贸易顺差1.87万亿元，扩大13%[①]。目前，中国是美国第一大货物贸易伙伴国、第三大出口市场和第一大进口来源地，而美国是中国的第二大贸易伙伴、第一大出口市场和第六大进口来源地[②]。虽然中美贸易的相互依赖性不断增加，但由于存在较大的贸易不平衡，两国相互之间的贸易摩擦和争端此起彼伏。世界贸易组织（WTO）反倾销和反补贴的统计数据显示，多年来中国是遭受美国反倾销和反补贴措施的主要对象国，中美在一些具体领域的贸易摩擦不断。

第一节　新一轮中美贸易摩擦的发展

从中国与美国贸易出现顺差开始，中美贸易摩擦和争端就一直存在。从最初的美国国会每年都要审核一遍给予中国的最惠国待遇，到对中国汇率操纵的不实指控，再到对中国贸易顺差和倾销补贴的指控等，中美贸易摩擦是一直存在的事实。但过去的中美贸易摩擦基本上都是平常的贸易博弈，总体局限在常规的舆论和心理层面，很少发展到不可调和、相互对立、有来有往的相互贸易制裁程度。

到了特朗普政府时期，形势发生了很大的变化，当前的中美贸易摩擦已经上升到了贸易冲突，甚至发展到了贸易战的阶段。虽然特朗普在竞选的时候就提出了对中美贸易不平衡的不满，但在其执政后，中美并没有马上出现贸易摩擦或者贸易战。2017年4月，习近平总书记和特朗普总统举行会晤，之后实施了中美之间调顺差的"百日计划"。到2017年7月计划结束后，中国按照预

---

① 参见海关统计网站：http://www.customs.gov.cn/tabid/49666/Default.aspx。
② 根据联合国Comtrade贸易统计数据计算整理所得。

先的规定和承诺完成了进一步开放的很多要求，包括迅速开放金融业和农业市场，但由于中国的顺差没有明显减少，美国对此并不满意，认为中国可以做的工作更多。到 2017 年底，美国正式拒绝承认中国的市场经济地位，并在美国新版的《国际安全战略》报告中，将中国列为潜在的竞争者。此时，中美全面经济战略对话也陷入停滞，中美关系在经济领域陷入了僵持的状态。

2018 年伊始，中美新一轮贸易争端拉开序幕。第一回合的贸易战博弈围绕着美国对钢铝产品的"232 调查"。2017 年 4 月，美国启动"232 调查"，声称钢和铝产品的进口威胁了美国国家安全，并且决定从 2018 年 3 月开始对钢产品进口征收 25% 的关税，对铝产品进口征收 10% 的关税。作为反制措施，4 月 2 日中国国务院关税税则委员会决定对从美国 7 类商品的进口增加进口关税，对水果及其制品等 120 项产品的进口加征 15% 的关税，对猪肉等产品加征 25% 的关税，并且明确指出措施是针对美国的"232 调查"。

第二回合的贸易摩擦博弈始于美国对中国出口的"301 调查"。2018 年 4 月 3 日，美国决定对中国出口美国的 500 亿美元商品征收 25% 的关税，产品清单主要涉及信息和通信技术、航空航天、机器人、医药和机械等高技术产品和领域，主要针对的是高技术产品。作为反制措施，4 月 4 日中国国务院关税税则委员会决定对原产于美国的大豆、汽车和化工产品等 14 类 106 项商品加征 25% 的关税，涉及中国从美国进口的 500 亿美元商品。目前，第二回合的中美相互关税贸易措施都已经正式实施。

第三回合的贸易摩擦博弈缘起于美国在"301 调查"基础上的进一步加码措施。面对中国的反制措施，特朗普政府于 2018 年 7 月 10 日宣布对 2000 亿美元的中国商品进口加征 10% 的关税，并公布了一份长达近 200 页的商品清单，包括水果和蔬菜、手提包、冰箱、雨衣和棒球手套等 6000 余种商品。中美贸易战引起了人民币的贬值，特朗普政府认为这是中国在操纵汇率，并在 8 月 2 日由美国贸易代表办公室发布声明，考虑将 2000 亿美元商品的征税税率从 10% 提高到 25%。关税措施将在公众意见征询期之后生效，由于可能将额外税率提高到 25%，书面意见的征询截止日期延长到 9 月 5 日。面对美国的进一步关税保护主义措施，中国政府于 8 月 3 日启动了第二轮关税反制措施，宣布对原产于美国的 5207 个税目的进口商品加征关税。其中，2493 个税目加征 25% 的关税，1078 个税目加征 20% 的关税，974 个税目加征 10% 的关税，662 个税目加征 5% 的关税。一旦 9 月美国的关税措施生效，中国的反制措施也必然会生效。

第二节 中美贸易摩擦的原因和影响

一、美国对中国发起贸易摩擦的原因

中国学术界对于中美贸易战的发展原因有很多分析，总结起来主要包括以下几个方面：一是认为中美发展模式和发展理念的差异引发贸易战。美国指责中国没有遵守世界贸易组织（WTO）的市场经济规则，认为中国政府对经济的干预过多；而中国特色的市场经济发展明确倡导和鼓励发展公有制经济，推动国有资本的发展，国有经济在未来一段时间里仍将是中国经济发展的重要力量。这导致了中美之间难以达成共识。二是认为美国挑起贸易战是要在战略上抑制中国的崛起。美国将中国列为首要竞争对手，抑制中国成为了国家战略，贸易战成为经济上的重要手段之一。三是认为特朗普团队中对中国贸易不满的人和强硬派占据主导地位，影响了决策，如美国主管外贸的商务部长罗斯和贸易代表莱特西泽都竞相主张对中国采取强硬措施。四是认为贸易战是特朗普中期选举的需要。2018年美国中期选举事关2020年总统大选，从历史上看，执政党中期表现多数不理想，并且指责中国往往是热门政治议题。

虽然美国对中国发起贸易保护主义措施是基于多方面的诉求，但此次中美贸易战的原因主要是以下两个层面：

第一个层面是对经济利益的诉求。首先是有关贸易逆差，2017年中美贸易逆差按照美国的统计有3000亿美元，按照中国的统计是2000多亿美元，贸易逆差是特朗普政府耿耿于怀的重要方面。其次是特朗普希望中国在高端制造、高科技领域和服务贸易领域加强知识产权保护、进一步大幅开放市场。对美国来说，高科技研发、服务贸易、高端制造业是未来发展的重点。再次是美国重返制造业和增加就业的考虑。金融危机之后奥巴马政府就提出了要重返制造业，更多的让制造业成为实体经济增长的一方面。美国希望通过贸易逆差的减少，让更多制造业返回美国来增加国内就业。

第二个层面是在战略上制约中国的诉求。首先是中国的崛起对美国形成了很大压力，按照目前两国经济的增长速度，2025~2030年，中国就将成为全球第一大经济体，直接挑战美国的地位。其次是全球金融危机之后，美国在全球经济中的地位和作用呈现下降趋势，而中国在国际舞台上的地位却不断提升，这毫无疑问地将增加美国的压力。

二、中美贸易摩擦的影响

中国学术界对中美贸易战的影响分析大致可以归结为三个方面：一是直接的不利影响，包括对贸易、增长和就业等的冲击；二是间接的不利影响，包括负面的示范效应和预期等；三是倒逼式的积极效应，包括推动中国的改革与开放，提高企业竞争力等。

中美贸易战的直接效应是影响相互的贸易，并影响与贸易相关的企业、产业、就业及宏观经济。美国是中国最主要的贸易伙伴，和欧盟加起来占了中国30%多的出口份额。美国作为中国的主要贸易伙伴对中国发起贸易保护主义措施，对中国的出口贸易会直接产生影响。出口的下降会引起相关产业、出口产业的萎缩，或者使产业的经营状况发生变化。

中美贸易战的间接效应是会起到不好的示范效应。作为全球前两大经济体，最大的发展中国家和最大的发达国家之间进行贸易战，其他国家可能会跟进采取保护主义措施，不良的示范效应可能会进一步加深，这对实体经济会产生影响，并且会弱化 WTO 的作用。所以，中美贸易战对于全球贸易自由化，以及世界经济的一体化都会产生负面的影响。另外，中美贸易战会滋生负面预期，中美相互的经济合作，包括金融领域的合作都可能会由于负面预期而产生不利影响，中国的股票市场和人民币汇率都已经受到了负面冲击。

中美贸易战也存在一定程度的积极作用。第一，从经济方面来看，可能促进中国产业转型与升级。贸易战使中国在低端产品出口上面临压力，会促进国内的产业转型，向产业链的更高层次、更高技术的产品层次发展。第二，有利于中国加快新一轮的改革与开放。自由贸易实验区，对外自贸区的建设，包括"一带一路"都是走出去进一步开放的手段。第三，可能促进中国对外贸易的多元化，我们会寻找更多的出口市场，寻找投资的市场，以投资替代贸易，促进出口贸易的多元化。

笔者近期的一篇论文量化评估了中美潜在的贸易战可能产生的影响。由于中美贸易战的具体走向不明朗，且涉及的产品较为细分，模拟分析以中美针对所有产品的全面贸易战为例。笔者构建了一个包含 29 个国家或地区的内生性贸易不平衡全球一般均衡模型系统，使用"内部货币"的结构来内生化贸易不平衡，同时引入贸易成本并分解为关税壁垒和非关税壁垒。"内部货币"的内生性贸易不平衡结构在模拟实践上的表现非常稳定；贸易成本的结构有利于同时评估关税贸易战和非关税贸易战的经济影响。在对贸易战的经济影响模拟上，同时考虑美国单方面和相互关税贸易战的效应。

第一种情形：美国单方面对从中国进口全面征收关税。数值模型的模拟结果发现,对中国而言,福利、GDP 和制造业产值、制造业就业、出口和进口都将有所受损;并且随着美国进口关税率的提高,负面冲击将递增。但实际上,中国作为全球第二大经济体和第一大货物贸易国,近年来贸易地理方向不断向多元发展,美国发起的贸易保护主义措施虽然会在一定程度上损伤中国,但负面的冲击是可以承受的,并不会给中国经济带来巨大的损害。

对美国而言,受益主要表现在福利提高、制造业产值以及 GDP 的增加;美国的制造业就业、出口和进口实际上都会受损。特朗普政府提出发起贸易战的初衷主要是增加就业,但模拟的结果发现,美国制造业份额的下降是美国经济的比较优势及结构决定的,并不是中国的出口造成了美国的失业。整体上,美国可以从单方面对中国发起的贸易战上获利,但收益非常有限,同时需要牺牲国内就业和贸易。

如表 4-1 所示,具体以美国单方面对中国所有货物进口征收 30% 关税为例:中国的福利将减少 0.312%,GDP 下降 1.260%,制造业产值下降 3.047%,制造业就业减少 1.810%,出口减少 5.909%,而进口下降 0.867%;在对美国的影响上,福利可以提高 0.184%,GDP 增加 0.241%,制造业产值增加 0.096%,但制造业就业将减少 0.144%,出口下降 0.397%,进口减少 6.027%。

表 4-1 美国对从中国进口单方面关税保护对两国的影响　　　　单位:%

情形	国家	福利	GDP	制造业产值	制造业就业	贸易	出口	进口
美国单方面征收 15% 进口关税	中国	-0.179	-0.724	-1.750	-1.034	-2.082	-3.394	-0.496
	美国	0.139	0.125	0.051	-0.074	-2.125	-0.217	-3.480
美国单方面征收 30% 进口关税	中国	-0.312	-1.260	-3.047	-1.810	-3.626	-5.909	-0.867
	美国	0.184	0.241	0.096	-0.144	-3.689	-0.397	-6.027
美国单方面征收 45% 进口关税	中国	-0.414	-1.667	-4.033	-2.407	-4.803	-7.824	-1.152
	美国	0.175	0.346	0.136	-0.210	-4.871	-0.546	-7.941

资料来源:作者模拟。

第二种情形:中国报复,中美相互进口关税贸易战。模拟的结果发现,美国对中国单方面征收进口关税的情况下,贸易报复能够有效减少中国的损失,并且增加美国的损失。在对中国的经济效应方面,中国的福利、GDP、制造业产值和就业,进出口贸易仍然会受损,但损害程度有所下降,并且这些损害相对于中国的经济规模来说是可以承受的。

这种情况下，在对美国的经济影响方面，福利和 GDP 仍然会有所受益，但在中国的贸易报复下其获益会减少。同时，美国的制造业产值和就业、进出口贸易都会受损，并且损失随着相互贸易战激烈程度的深化而增加。可以说，美国需要牺牲制造业的产出、就业及贸易来换取并不显著的社会福利提高和 GDP 增加。特朗普政府希望借助贸易战振兴制造业和拯救就业的企图只是一厢情愿。

如表 4-2 所示，具体以中美相互 30% 进口关税贸易战为例：中国的福利会下降 0.310%，GDP 减少 1.152%，制造业产值和就业分别下降 2.992% 和 1.861%，而进出口贸易分别减少 6.036% 和 2.673%；从美国方面来看，福利和 GDP 将分别增长 0.152% 和 0.037%，但制造业产值和就业将分别减少 0.920% 和 0.957%，出口和进口分别下降 2.750% 和 6.189%。

表 4-2　中美相互进口关税贸易战对两国的影响　　　　单位：%

情形	国家	福利	GDP	制造业产值	制造业就业	贸易	出口	进口
相互征收 15% 进口关税	中国	-0.163	-0.667	-1.721	-1.062	-2.601	-3.467	-1.554
	美国	0.120	0.007	-0.538	-0.545	-2.749	-1.583	-3.577
相互征收 30% 进口关税	中国	-0.310	-1.152	-2.992	-1.861	-4.514	-6.036	-2.673
	美国	0.152	0.037	-0.920	-0.957	-4.761	-2.750	-6.189
相互征收 45% 进口关税	中国	-0.441	-1.514	-3.955	-2.479	-5.960	-7.993	-3.502
	美国	0.132	0.079	-1.200	-1.278	-6.276	-3.638	-8.149

资料来源：作者模拟。

第三节　中美贸易摩擦治理路径的效果评估

一、一般均衡模型、数据和参数校准

一般均衡数值模型系统的构建有三个步骤：首先，建立一般均衡的数学模型结构，根据研究主题的需要将所需的影响机制建模到系统中，属于建立模型的过程；其次，根据模型结构收集现实经济数据，基准数据结构是世界经济年度的运行结构数据，从国家层面的宏观数据到行业层面的投入产出数据，甚至到企业层面的生产结构数据等都需要搜集；最后，使用现实经济数据估计和校准（Calibration）出一般均衡数学模型中的所有参数值，建立一个一般均衡的

数值模型系统,这个数值模型系统刻画和复制了现实经济的运行。在数值模型系统的基础上,就可以进行反事实(Counterfactual)的经济政策模拟。

1. 模型

由于涉及国家相互之间的贸易和贸易摩擦,需要建立一个全球一般均衡模型系统。模型需要能够分析国家之间的贸易摩擦,以及可能的中国应对措施的影响。贸易摩擦主要涉及关税和非关税壁垒措施的调整,同时考虑到贸易谈判和协定中涉及制度和规则层面的协调也主要是非关税壁垒的下降;所以,在模型中引入贸易成本及其影响机制,并且分解为关税和非关税措施,就可以分析中美贸易摩擦和中国应对措施的经济效应。另外,模型引入模拟分析结果非常稳定的"内部货币"的内生性贸易不平衡结构。

首先是模型的基本框架和结构。假定一个包含 M 个国家的经济系统,每个国家生产 N 种产品,生产中使用 T 种生产要素,其中 M= {1, 2, …, m},N= {1, 2, …, n},T= {1, 2, …, t}。在模型生产结构方面,设定一个标准的常替代弹性(CES)生产函数,使用 T 种生产要素生产 N 种产品,由预算约束的成本最小化最优规划可以确定单个要素的投入量及产品的产出量。在模型需求结构方面,设定一个两层嵌套(Nested)的 CES 消费需求函数:第一层消费是对 N 种产品的需求,这里每一种产品的需求都是一个组合产品;第二层消费是每一种组合产品的具体来源国,也就是对某个国家生产的该种产品的需求。预算约束下的效用最大化规划确定了对每一种组合产品的需求以及对单个国家生产的某个产品的需求。模型中的生产和消费函数的结构如图 4-1 所示,具体的公式模型结构如表 4-3 所示。

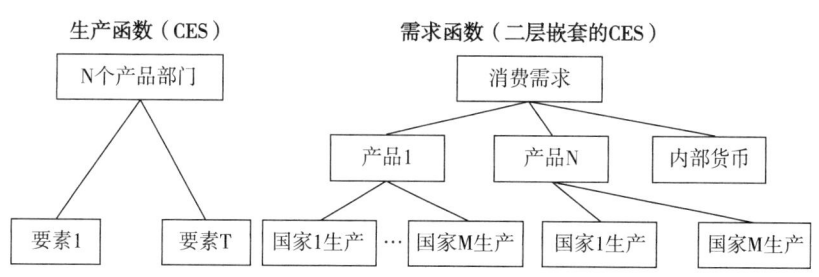

图 4-1 模型中单个国家的生产和消费函数结构

资料来源:作者整理绘制。

其次是根据贸易摩擦研究的需要加入的建模结构。贸易成本(Trade Cost)是引入的重要机制之一,分解为关税壁垒和非关税壁垒两个部分。关税壁垒就是单个国家的进口关税的税率,非关税壁垒包含了运输成本、技术标准成本、卫生检验检疫成本、语言沟通成本等除关税外的所有其他贸易成本。

表 4-3 模型框架结构的数学表达式

类别	细分	数学表达式
生产结构	生产函数	$Q_i^l = \phi_i^l \sum_s \left[\delta_{is}^l (F_{is}^l)^{\frac{\sigma_i^l-1}{\sigma_i^l}} \right]^{\frac{\sigma_i^l}{\sigma_i^l-1}}$，i 代表国家，l 代表行业，s 代表生产要素。$Q_i^l$ 是国家 i 的 l 行业产出，F_{is}^l 是国家 i 的 l 行业生产中对要素 s 的需求，ϕ_i^l 为国家 i 的 l 行业生产的规模参数，δ_{is}^l 是国家 i 的 l 行业生产中要素 s 的投入份额参数，σ_i^l 是国家 i 的 l 行业生产中投入要素的替代弹性
	要素需求	$F_{is}^l = \frac{Q_i^l}{\phi_i^l} \sum_s \left[\delta_{is}^l (w_{is})^{(1-\sigma_i^l)} \right]^{\frac{\sigma_i^l}{1-\sigma_i^l}}$，$w_{is}$ 代表国家 i 的 s 要素价格
需求结构	效用函数	$U_i(X_i^l) = \sum_l \left[\alpha_{il}^{\frac{1}{\sigma_i}} (X_i^l)^{\frac{\sigma_i-1}{\sigma_i}} \right]^{\frac{\sigma_i}{\sigma_i-1}}$，$X_i^l$ 表示国家 i 对产品 l 的消费需求，α_{il} 为国家 i 对产品 l 的消费份额参数，σ_i 是国家 i 对不同产品的消费替代弹性
	第一层组合产品消费需求	$X_i^l = \left[\sum_j \beta_{ij}^{\frac{1}{\sigma_i'}} x_{ij}^{l \frac{\sigma_i'-1}{\sigma_i'}} \right]^{\frac{\sigma_i'}{\sigma_i'-1}}$，$\beta_{ij}$ 是国家 i 消费的国家 j 的产品的份额参数，σ_i' 是国家 i 对不同国家产品的需求替代弹性，x_{ij}^l 表示国家 i 对国家 j 生产的 l 产品的消费需求
	第二层具体国家产品消费需求	$x_{ij}^l = \frac{\beta_{ij} (X_i^l P_i^l)}{(pc_{ij}^l)^{\sigma_i'} \left[\sum_j \beta_{ij} (pc_{ij}^l)^{(1-\sigma_i')} \right]}$，$P_i^l$ 是国家 i 消费 l 组合产品的价格，pc_{ij}^l 是国家 i 消费国家 j 生产的 l 产品的价格
市场出清条件	要素市场	$\sum_l F_{is}^l = \overline{F_{is}}$，$\overline{F_{is}}$ 是国家 i 的 s 要素禀赋
	产品市场	$Q_i^l = \sum_j x_{ji}^l$
	全球贸易	$\sum_i Y_i = 0$
	零利润条件	$p_i^l Q_i^l = \sum_s w_{is}^l F_{is}^l$

资料来源：作者整理。

关税和非关税壁垒通过影响消费价格来影响消费者消费决策和企业的生产决策。设定国家 i 的进口关税率为 t_i，国家 i 对进口国家 j 产品的非关税壁垒率

为 N_{ij}[①]。存在关税壁垒和非关税壁垒时,国家 i 从国家 j 进口产品而影响消费价格的作用机制为:

$$pc_{ij}^l = (1+t_i+N_{ij}) p_j^l \tag{4-1}$$

其中,pc_{ij}^l 是国家 i 消费 j 国生产的 l 产品的消费价格,p_j^l 是 j 国生产的 l 产品的生产价格。关税会形成税收的收入,并再分配给本国消费者,则国家 i 的进口关税收入 R_i 为:

$$R_i = \sum_l \sum_{j, i \neq j} p_j^l x_{ij}^l t_i \tag{4-2}$$

非关税壁垒不同于关税壁垒,不仅不会产生政府的税收收入,而且其成本还需要通过实体商品或者服务的消费来提供,如运输成本就需要由运输服务部门或者产品来消耗。简化起见,设定非关税壁垒的成本由进口国的服务等非贸易部门承担。用 NR_i 表示国家 i 的非关税壁垒成本,则:

$$NR_i = \sum_l \sum_{j, i \neq j} p_j^l x_{ij}^l N_{ij} \tag{4-3}$$

由此,贸易成本结构就加入了模型结构,并且可以用于分析关税贸易摩擦以及非关税贸易措施的潜在影响。

内生性的贸易不平衡结构是准确刻画世界贸易结构和评估贸易摩擦影响的另一个重要建模机制。传统的内生性贸易不平衡建模是引入外生给定的货币供给,则消费的货币需求与货币供给之间的差额就等于贸易不平衡水平,消费的货币需求是内生决定的,故而贸易不平衡也就内生决定了。在模拟实践中,传统的内生性贸易不平衡结构在"反事实"分析中的表现有时不够稳定,而"内部货币(Inside Money)"的内生性贸易不平衡结构模拟分析结果非常稳健,同时有利于体现单个国家对贸易顺差的偏好。所以,笔者在模型框架中加入"内部货币"的贸易不平衡结构,方法是引入内部货币,假定内部货币的值等于贸易不平衡水平,同时内部货币进入效用函数,由预算约束和效用最大化的决策内生决定。另外,结构中的贸易顺差越大意味着内部货币的数值越大,并且效用水平越高,这有利于体现单个国家对贸易顺差的偏好。

"内部货币"建模结构的思路受到内部货币公式启发,原理是将未来消费负债(发行货币)或未来消费(持有货币)视作从当期节约的未来消费的增量加入效用函数,单个国家可以用当期收入从其他国家购买用于未来消费的债权,债权为负代表贸易逆差国,债权为正代表贸易顺差国。

在具体建模方法上,假定一个"内部货币",取值等于贸易不平衡水平,顺差为正而逆差为负;顺差表示用当前货币购买未来的消费,逆差则表示用发

[①] 这里,非关税壁垒的度量方式和关税率相同,是一个进口价格的百分比加成比率。

行货币透支未来的消费。内部货币将进入效用函数，逆差时取得为负不方便处理，所以设定一个虚拟内部货币上限 Y^0，用虚拟货币上限和内部货币的和表示消费的货币水平，进入效用函数。假设贸易不平衡的内部货币为 Y_i，再定义 $y_i = Y^0 + Y_i$，y_i 为进入效用函数的货币需求；这里"内部货币"上限 Y^0 要足够大，使得对任意的国家都能满足 $Y^0 + Y_i > 0$。可见，y_i 将由消费的预算约束和产品的价格内生决定，也就内生性地决定了贸易不平衡的水平。

国家 i 的消费预算约束的收入来源包括要素禀赋的收益和关税的税收：

$$\sum_s w_{is} \overline{F_{is}} + R_i = I_i \tag{4-4}$$

其中，w_{is} 是国家 i 的 s 要素价格，$\overline{F_{is}}$ 是国家 i 的 s 要素禀赋，I_i 则是国家 i 的消费者总收入。

最后是市场出清条件，包括产品市场出清、要素市场出清、贸易出清和完全竞争市场环境下的零利润条件。产品市场出清即所有的产出都完全消费，要素市场出清即要素供给等于要素需求，贸易出清即全球贸易的不平衡之和为 0，零利润条件即产品的产值等于投入要素的成本之和。具体的市场出清数学表达式如表 4-3 所示。

由此，笔者构建了一个全球一般均衡的数学模型系统，该模型系统刻画了世界经济运行中的主要状况和关系，再用现实经济数据将模型的所有参数确定后，就可以得到一个模拟现实经济运行的数值经济系统。

2. 数据

构建了数学理论模型后，需要搜集现实经济数据，校准和估计参数并构建数值模型系统。在数据的选择上，根据研究主题的需要，并考虑模型系统构建的复杂性和可行性，本书建立了一个包含 29 个国家和地区的全球一般均衡模型系统，这些国家和地区包括澳大利亚、巴林、巴西、文莱、加拿大、智利、中国、欧盟、印度、印度尼西亚、日本、韩国、科威特、马来西亚、墨西哥、新西兰、阿曼、巴布亚新几内亚、秘鲁、菲律宾、卡塔尔、俄罗斯、沙特阿拉伯、新加坡、泰国、阿拉伯联合酋长国、美国、越南和其他国家（Rest of the World，ROW）[①]。在行业的选择上，设定可贸易的制造业行业和不可贸易的非制

[①] 这 29 个国家（地区）包含了世界上主要的发达和发展中经济体，经济规模略大的国家基本都包含在内；同时考虑了应对措施中的区域贸易协定等涉及的国家或地区的需要来确定这些经济体；世界其他所有国家用加总的 ROW 来代表。有些大型模型系统包含更多的经济体，都是根据研究需要，或者模型系统自带的国家设置，并不是越多国家则模型越有效。理论上只要模型系统包含世界经济规模的整体，国家或地区的多少并不会影响结果。之所以选择这 29 个经济体是既考虑了研究的需要，又兼顾了数据的可获取性。

造业行业两个；生产要素假设有劳动和资本两种。数据选择上，以2013①年的世界经济运行数据为基准，根据参数估计和校准的需要再配合其他年度的数据。

在数据处理上，其他国家（ROW）使用世界总额减去模型中所有其他28个国家和地区的数据获得，可贸易的制造业数据使用第二产业的工业数据，不可贸易的非制造业数据使用第一和第三产业数据的加总得到②。在生产的要素投入上，使用劳动总收入而非劳动者人数来表示劳动投入，资本投入使用真实的资本投入额表示。数据的单位统一为十万美元（Billion US＄）。根据参数校准和数值模型均衡的需要，笔者对数据的一些异常或者不符进行了调整。

在生产层面的数据上，除欧盟外所有其他国家和地区的数据都来源于世界银行的世界发展指数（WDI）数据库，欧盟数据来源于欧盟统计（EU Statistics）。制造业的产出数据使用制造业占GDP的份额与年度GDP数据计算获得，非制造业的产出数据使用农业和服务业占GDP的份额及年度GDP数据计算得到。在生产的要素投入数据上，使用资本占行业产出的份额及行业的产出数据计算资本要素投入，使用工资收入数据表示劳动要素投入，要素禀赋由资本和劳动的加总获得。

在消费需求层面的数据上，由生产和消费的产品市场出清条件，以及各国之间相互贸易额数据间接计算出来。贸易数据来源于联合国的Comtrade贸易数据库，各国与其他国家（ROW）的进出口贸易数据使用各国总进出口减去模型中所有国家的进出口后得到。

贸易成本的数据包含关税和非关税壁垒两个部分，进口关税数据来源于世界贸易组织统计数据库（WTO Statistics Database），其他国家（ROW）的进口关税率水平使用世界平均的进口关税率来确定。非关税贸易壁垒的计算是使用贸易成本减去进口关税率得到的，各国相互之间的贸易成本计算使用 Novy（2013）和 Wong（2012）的方法，所需数据来源于联合国 Comtrade 贸易数据库和世界银行数据库。

在生产和消费函数中，生产要素投入的替代弹性和消费产品需求的替代弹性数据不能从参数校准（Calibration）中计算得到。通常有两种方法来确定：一是使用历史统计数据估计，但29个国家（地区）相互之间逐一估计这些弹

---

① 2013年的数据虽然不够新，但目前广泛使用的全球贸易分析项目（GTAP）最新版的GTAP 9数据集所使用的是2011年的数据，且GTAP的数据系统基本3~4年才更新一次，本书数据比较而言已经是更近和更新的了。事实上，如果不是年份相差较多，几个年度的数据差异对模拟结果的影响很小。

② 模型只考虑货物贸易，没有考虑服务贸易，故而将服务业也纳入了不可贸易的部门内。考虑服务贸易虽然有利于考察服务贸易自由化以及与服务相关的制度和规则自由化的影响，但与特朗普政府宣称的贸易战关联不大，并且世界各国相互之间的服务贸易数据也不容易获取。

性的工作量太大，而且历史数据估计的结果代表的是过去，当年的替代弹性数据仍然无法确定；二是从其他相关文献中找到现成的估计结果，这种方法相对简单，但存在一定程度的随意性。笔者根据处理的方便性和有效性，采用其他不少文献的通常做法，如 Betina 等（2006）以及 Whalley 和 Wang（2010）的做法，设定这些替代弹性值为 2，并为了解决随意性的问题，对模拟结果进行弹性的敏感性分析（Sensitivity Analysis）。

使用以上处理好的基准数据系统，代入数学模型系统，可以校准出模型中的参数值，构建全球一般均衡的大型数值模型系统。

3. 参数的校准估计及数值模型的有效性检验

可计算一般均衡中的参数确定方法主要有两种：一种是外生性给定的，如采用计量统计的方法估计生产和消费函数中的替代弹性、估计贸易成本等，或者从其他文献获得数据，甚至随机给定数值等；另一种是由内生性的参数校准方法获得，这是大部分参数取值的确定方法。所谓校准（Calibration）方法就是在一般均衡模型框架中使用基准均衡的数据集并满足模型的均衡条件来确定模型参数的一种方法。校准方法的基本原理是，将模型系统中的变量当作参数并将参数看作变量，使用基准均衡数据带入模型系统，反向求出最优化均衡来确定参数的取值。

模型中的参数主要集中在生产函数和效用函数上，生产函数中规模参数、要素投入的份额参数，效用函数中的产品消费份额参数等。将基准数据框架代入一般均衡的数学系统，反向求出均衡，就可以校准出参数的取值。参数取值确定后，就得到了一个可以复制现实世界经济运行的仿真数值模型系统①。参数校准的过程如图 4-2 所示。

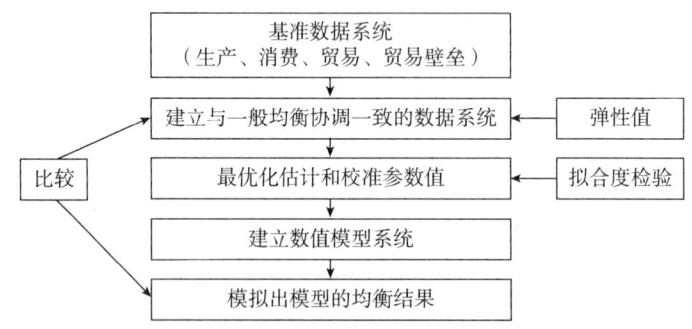

图 4-2 一般均衡模型系统的校准过程

资料来源：作者整理。

---

① 模型的校准和之后的模拟，都是使用 GAMS 软件完成。

仿真一般均衡数值模型系统建立之后，还需要检验其有效性，测试系统是否能够拟合现实的经济运行状况。笔者使用三种可行的方法对其进行检验：首先使用数值模型系统模拟现实经济运行，将模型模拟值和现实经济数据对照，检验模型的拟合效果和程度；其次在一般均衡模型系统中，名义价格的变动是不影响模型均衡结果的，只有相对价格才影响均衡，故而可以通过变动名义价格来检验模型的均衡是否发生改变，进而可以检验数值模型系统的可靠性；最后是变动个别变量，笔者将部分国家的进口关税率水平提高，观察模拟结果中进口值和进口价格的变化，分析是否符合逻辑判断的结果，进而检验模型的有效性。第一种检验方法对 GDP 和贸易的拟合度测试结果如图 4-3 所示，其他检验的结果不再逐一列出。

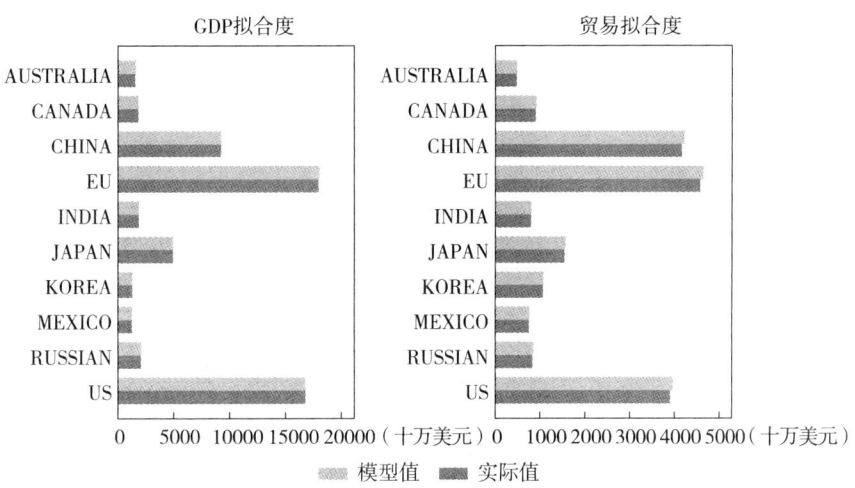

图 4-3　数值模型系统的拟合度检验

资料来源：作者计算整理。

三种方法的检验结果都发现，笔者建立的 29 个国家和地区的大型数值模型系统可以很好地模拟现实经济运行，能够较为吻合地重复现实经济数据。在此基础上，可以进一步运用该大型数值模型系统模拟中美贸易摩擦的潜在影响并评估中国应对政策选择的效果。

二、中美贸易摩擦的影响及中国应对策略的效果模拟

在数值模型系统的基础上，可以进行"反事实"的政策模拟，分析中美贸易摩擦的潜在经济影响及中国应对政策选择的效果。在贸易摩擦的影响上，主要考虑关税贸易摩擦带来的影响，即美国对中国发起惩罚性关税的贸易摩擦

带来的影响，这符合特朗普在竞选时提出的行动方案。中国应对政策选择的效果评估上，按照可能的应对策略选择，考虑六种措施：一是关税报复；二是人民币汇率变动应对贸易摩擦；三是以进一步对外开放和贸易便利化应对贸易摩擦；四是建设 RCEP 协定应对中美贸易摩擦；五是替代美国加入 CPTPP 协定应对贸易摩擦；六是中美谈判合作化解贸易摩擦。在此基础上，进一步比较和评估各种应对措施的效果，最后对模拟结果进行敏感性分析。

在对贸易摩擦的影响及应对措施的效果评估上，首先聚焦对中国和美国的影响，并与基准经济效应进行对比；其次关注对世界其他经济体和地区的经济影响。在具体的影响指标上，关注福利效应、产业的产出影响、制造业的就业影响以及出口和进口的影响。经济效应的度量是通过比较"反事实"政策状态和现实基准状态下的指标值变化来实现的，指标的单位都是百分比变化。

1. 中美贸易摩擦的影响

中美贸易摩擦的最直接形式是关税战，美国对从中国进口产品征收额外关税，其他隐蔽形式的非关税壁垒措施，最后的直接作用机制还是通过类似于关税的措施提高进口的成本来实现。同时，特朗普竞选时提出对从中国进口的惩罚措施就是征收额外 45% 的进口关税，故而笔者分析中美贸易摩擦主要是考量关税贸易摩擦。这里考虑关税贸易摩擦，主要是美国对从中国进口的商品的单方面措施，分别考虑美国额外征收 25%、35%、45% 和 55% 的进口关税带来的经济影响；因为特朗普虽然确凿地提出了 45% 的关税，但这是一个随机的水平，实际如果真的爆发全面贸易摩擦，什么情形都有可能，对多个税率水平进行分析也有利于分析两国的收益和承受能力。

美国单方面对华贸易摩擦带给中国和美国的经济影响模拟结果如表 4-4 所示。整体上来看，中国会受损、美国会受益，中国的受损程度略大于美国的受益程度。对中国而言，福利、产值、制造业就业、出口和进口都受到负面冲击；相较而言，出口受损最大，进口其次，产出、就业和福利的冲击相对较小；随着美国惩罚性进口关税水平的提高，对中国的冲击加大，但对中国整体经济的冲击是可以承受的，不会产生不可承受的巨大冲击。对美国而言，受益主要表现在福利提高、制造业和非制造业产值及 GDP 的增加，其中非制造业产出增加最明显，其次是制造业产出和福利的提高；美国的制造业就业、出口和进口实际上都会受损，制造业就业的进一步减少可能是美国非制造业的进一步扩张造成的。事实上，特朗普政府提出贸易摩擦的初衷主要是增加就业，但模拟的结果发现，美国制造业份额的下降是美国经济的比较优势及结构决定的，并不是中国的出口造成了美国的失业。整体上来看，美国可以从单方面对中国发起的贸易摩擦上获利，但收益非常有限，同时需要牺牲就业和贸易。

表4-4 美国针对中国出口单方面关税保护对两国的影响效应   单位:%

情形	国家	福利	制造业产值	非制造业产值	就业	出口	进口
美国单方面征收25%关税	中国	-0.099	-0.087	0.069	-0.087	-4.853	-0.303
	美国	0.093	1.310	2.809	-1.152	-1.625	-1.121
美国单方面征收35%关税	中国	-0.125	-0.111	0.088	-0.111	-6.315	-0.385
	美国	0.080	1.652	3.609	-1.493	-2.078	-1.492
美国单方面征收45%关税	中国	-0.147	-0.130	0.103	-0.130	-7.574	-0.450
	美国	0.051	1.923	4.278	-1.786	-2.456	-1.825
美国单方面征收55%关税	中国	-0.164	-0.145	0.115	-0.145	-8.662	-0.505
	美国	0.010	2.143	4.843	-2.038	-2.774	-2.123

注：就业变化是制造业部分的就业变动。

资料来源：根据GAMS软件模拟结果整理。

以美国单方面征收45%进口关税的情形为例来分析中美的具体影响。中国的福利会下降0.147%，制造业产值和制造业就业减少0.130%，出口和进口分别减少7.574%和0.450%；非制造业产值将增加0.103%，原因可能是制造业产出的减少导致生产要素资源向非制造业部门转移，进而增加了非制造业部门的产值。在对美国的影响上，福利、制造业产值和非制造业产值分别增加了0.051%、1.923%和4.278%；制造业就业减少2.038%，出口和进口分别下降2.774%和2.123%。

笔者进一步分析美国单方面发起的对中国关税贸易摩擦对其他国家和地区的经济影响，分别选取了45%和65%关税水平进行模拟分析（见表4-5）。结果发现，贸易摩擦对与美国和中国贸易份额较大国家的影响更加突出，对贸易大国和经济规模小国的影响更大。具体而言，对主要发达经济体如欧盟、日本和韩国的影响为正，而对澳大利亚和新西兰的影响为负；对主要发展中经济体印度、俄罗斯和墨西哥的影响也为正，而对巴西、泰国等国家的影响为负。整体上来看，多数经济体会从中美关税贸易摩擦上获益，原因可能是贸易的转移效应，中美的贸易转移到其他国家。

表 4-5　美国针对中国出口单方面关税保护对中国和美国之外国家的经济影响

单位：%

国家（地区）	征收45%进口关税							征收65%进口关税					
	福利	制造业产值	非制造业产值	就业	出口值	进口值	福利	制造业产值	非制造业产值	就业	出口值	进口值
欧盟	0.000	1.239	0.829	0.279	1.170	1.066	0.001	1.539	1.027	0.347	1.457	1.327
日本	0.059	1.474	0.377	0.802	1.430	1.026	0.074	1.826	0.465	0.994	1.784	1.277
韩国	0.113	1.513	-0.049	0.814	0.755	0.670	0.145	1.873	-0.065	1.008	0.942	0.838
加拿大	-0.796	3.474	0.617	1.985	5.007	-0.495	-0.975	4.158	0.753	2.359	6.301	-0.656
澳大利亚	0.103	-1.035	-0.079	-0.673	1.184	-0.195	0.106	-1.318	-0.092	-0.863	1.477	-0.349
新西兰	3.515	-26.840	3.917	-21.999	7.868	-1.569	4.474	-33.700	4.971	-28.124	9.993	-1.968
新加坡	-0.201	-0.008	0.039	-0.028	1.182	-0.305	-0.242	-0.048	0.049	-0.058	1.484	-0.380
印度	-0.028	0.040	0.022	0.013	1.846	-0.051	-0.032	0.000	0.022	-0.016	2.312	-0.075
俄罗斯	-0.194	0.304	0.104	0.119	1.604	-0.494	-0.239	0.354	0.126	0.135	2.004	-0.622
巴西	-0.129	-0.840	-0.014	-0.616	2.047	-1.220	-0.154	-1.102	-0.025	-0.803	2.568	-1.525
墨西哥	-0.931	2.896	0.343	1.544	5.243	-0.724	-1.142	3.433	0.423	1.816	6.602	-0.942
马来西亚	-0.119	0.029	0.027	0.000	1.328	-0.135	-0.146	-0.017	0.043	-0.010	1.689	-0.173
泰国	-0.161	-0.455	0.157	-0.232	1.688	-0.294	-0.199	-0.632	0.210	-0.320	2.134	-0.378
菲律宾	1.746	-11.452	1.804	-7.773	5.797	-1.590	2.209	-14.412	2.281	-9.894	7.341	-2.028
印度尼西亚	0.193	-1.536	0.014	-0.613	2.272	-0.820	0.249	-1.953	0.017	-0.781	2.856	-1.034
越南	0.030	-0.227	0.336	-0.067	2.369	-0.053	0.040	-0.405	0.449	-0.102	3.046	-0.077
文莱	17.440	-54.862	33.193	-27.255	60.148	-1.432	21.445	-62.850	40.731	-34.880	73.871	-1.683
智利	0.694	-9.228	1.338	-6.557	4.775	-2.030	0.907	-11.665	1.705	-8.362	6.036	-2.522
秘鲁	2.414	-12.010	2.414	-6.984	8.263	-2.618	3.100	-15.115	3.084	-8.943	10.492	-3.255
其他国家	0.093	1.438	0.669	0.489	0.664	0.972	0.117	1.791	0.830	0.610	0.822	1.212

注：就业变化是制造业部分的就业变动。
资料来源：根据GAMS软件模拟结果整理。

2. 应对政策之一：中国同等力度的关税反制措施

面对美国单方面发起的对华关税贸易摩擦，中国最直接的应对措施就是关税报复。报复措施一方面可以缓解中国受到的损害，另一方面会给美国经济带来冲击进而迫使其放弃贸易摩擦。美国单方面发起贸易保护措施，中国同等报复的情况又称为双边相互贸易摩擦。为了分析的方便，假设中国的报复措施是同等进口关税水平的报复，同样逐一分析25%、35%、45%和55%的相互关税贸易摩擦情形。

首先，聚焦对中国和美国经济的影响（见表4-6）。中国和美国经济在相互关税贸易摩擦的作用下都会受到损害，而中国经济受到的损害要大于美国，这可能正是美国频频发起贸易摩擦威胁的原因。在影响的指标上，出口贸易和进口贸易受到的负面冲击最明显，制造业就业受到的影响次之。产值和福利受到的冲击相对较小。美国制造业和非制造业的产值增加是由国内消费价格和要素价格的上涨引起的，并非产出的增长；中国非制造业产值的增加是制造业产出减少引起的生产要素资源配置的变化。随着贸易摩擦的关税水平提高，双方受到的负面冲击增加，而中国损失的增加幅度大于美国。整体上来看，中美相互之间的关税贸易摩擦对于两国的经济影响都是可以承受的，并不会引起经济巨大的损失。

以中美相互45%的关税贸易摩擦为例，具体分析，中国的福利、制造业产值和制造业就业将分别下降0.368%、0.701%和0.701%，出口和进口分别减少11.767%和2.673%，非制造业产值的增加是由制造业生产下降带来的生产要素配置变化引起的。美国的福利和制造业就业分别下降0.273%和3.326%，出口和进口分别减少6.736%和5.122%，制造业产值和非制造业产值的增加主要是关税带来的美国国内制造业产品价格上涨引起的（见表4-6）。

表4-6 中美两国相互关税贸易摩擦对两国的影响效应　　　单位:%

情形	国家	福利	制造业产值	非制造业产值	就业	出口	进口
相互征收25%的关税贸易摩擦	中国	-0.235	-0.483	0.384	-0.483	-8.371	-1.837
	美国	-0.033	0.906	3.985	-2.345	-4.326	-3.081
相互征收35%的关税贸易摩擦	中国	-0.305	-0.603	0.480	-0.603	-10.299	-2.299
	美国	-0.146	0.955	4.783	-2.897	-5.331	-3.908
相互征收45%的关税贸易摩擦	中国	-0.368	-0.701	0.557	-0.701	-11.767	-2.673
	美国	-0.273	0.946	5.359	-3.326	-6.113	-4.576

续表

情形	国家	福利	制造业产值	非制造业产值	就业	出口	进口
相互征收55%的关税贸易摩擦	中国	-0.427	-0.781	0.621	-0.781	-12.908	-2.982
	美国	-0.402	0.907	5.785	-3.665	-6.736	-5.122

注：就业变化是制造业部分的就业变动。
资料来源：根据 GAMS 软件模拟结果整理。

比较中国对美国关税保护措施报复和不报复的情形以评估中国报复的效果，如图 4-4 所示比较了两种情景下的影响。对比评估的结果发现，中国报复会显著增加美国的损失，有利于制裁美国并促使其放弃保护；但报复措施也会增加中国的受损，反保护措施也损害到了自己。故而，从中国的福利增加角度出发，关税报复措施事实上并非更优的选择；不过报复性措施能够达到制裁美国的效果，在发生贸易摩擦时也是一个可以选择的应对策略。

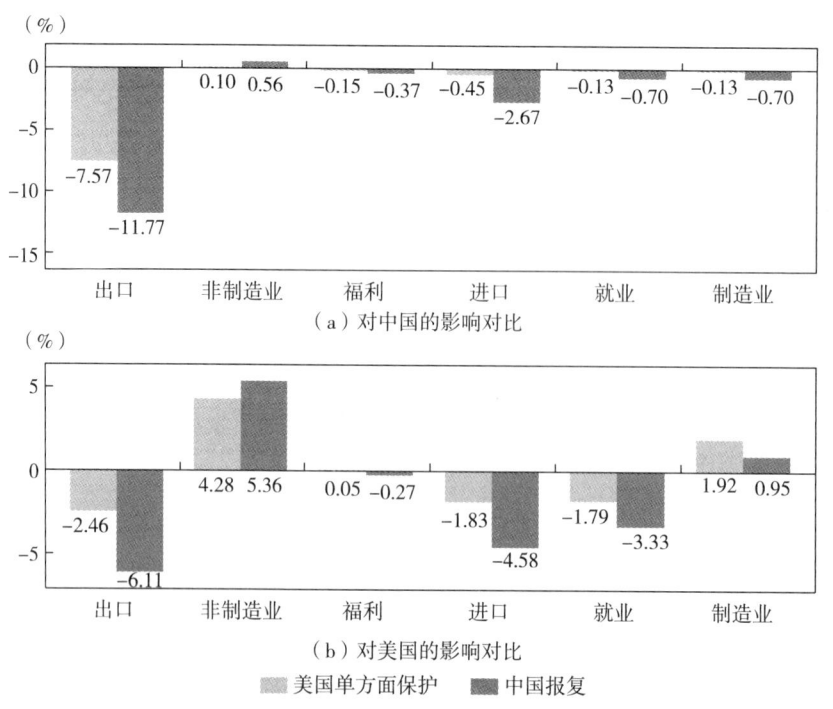

图 4-4 中国是否报复对中美影响的对比

资料来源：根据模拟结果整理绘制。

其次，关注中美相互的关税贸易摩擦对两国之外其他经济体的影响，结果发现多数国家都可以从中美贸易摩擦中获益，尤其表现在进出口贸易上。主要发达经济体欧盟、日本和韩国等都会受益；发展中经济体如印度、俄罗斯和巴西等虽然福利会受损，但出口贸易会受益。具体的经济效应情况如表4-7所示。

3. 应对政策之二：人民币汇率变动应对贸易摩擦

人民币汇率是特朗普攻击中国的另一方面，虽然特朗普政府没有将中国列为汇率操纵国，但汇率的压力仍然是一个难题；同时，人民币汇率变动能够影响进出口价格，同样是应对关税贸易摩擦的措施之一。人民币汇率变动有升值和贬值之分，理论上仅有人民币贬值可以应对中美贸易摩擦。笔者在情景设计上考虑汇率贬值10%和30%的情形，另外仅考虑实际汇率的变动，具体对两国的经济影响如表4-8所示。

表4-8　人民币汇率变动应对贸易摩擦对中美两国的经济影响　　单位：%

情形	国家	福利	制造业产值	非制造业产值	就业	出口	进口
人民币实际汇率贬值10%，中美45%关税贸易摩擦	中国	2.618	-0.110	0.087	-0.110	-26.304	16.328
	美国	-0.611	2.824	6.471	-2.716	-4.601	-4.489
人民币实际汇率贬值30%，中美45%关税贸易摩擦	中国	11.321	0.156	-0.124	0.156	-52.272	77.586
	美国	-1.205	5.738	8.232	-1.823	-0.183	-4.197

注：就业变化是制造业部分的就业变动。
资料来源：根据GAMS软件模拟结果整理。

由表4-8可以看出，实际汇率的变动对中国和美国经济的影响较为显著。对中国来说，人民币实际汇率贬值有利于提高福利和增加进口，但不利于出口。对美国来说，人民币实际汇率贬值有利于产业产出的增加，但不利于福利和进出口贸易。整体上来看，人民币汇率贬值有利于中国福利的提高，是应对贸易摩擦的措施。

比较人民币实际汇率贬值30%与汇率不变的情形下中国和美国的经济影响，进而可以分析人民币汇率贬值对于中国缓解贸易摩擦影响的效果。结果显示，人民币汇率贬值有利于中国缓解贸易摩擦的影响，福利、制造业产值、就业等效应都将由负转正，仅有出口会减少，是由出口价格的下降引起的。在对美国的影响上，人民币汇率贬值会进一步增加对美国福利、制造业产值和就业的负面效应。整体上来看，人民币汇率贬值有利于减少中美贸易摩擦对中国的

表4-7 美国关税制裁且中国同等报复对中美外其他国家的经济影响

单位:%

国家（地区）	征收45%关税的相互贸易摩擦							征收65%关税的相互贸易摩擦						
	福利	制造业产值	非制造业产值	就业	出口值	进口值		福利	制造业产值	非制造业产值	就业	出口值	进口值
欧盟	0.007	1.583	1.048	0.363	1.490	1.387		0.009	1.805	1.193	0.415	1.701	1.587
日本	0.086	1.920	0.482	1.051	1.868	1.364		0.100	2.195	0.548	1.201	2.135	1.563
韩国	0.174	2.066	-0.079	1.115	1.053	0.945		0.202	2.378	-0.093	1.282	1.205	1.092
加拿大	-0.922	3.910	0.712	2.217	6.346	-0.629		-1.032	4.240	0.791	2.388	7.306	-0.763
澳大利亚	0.114	-1.285	-0.091	-0.841	1.699	-0.303		0.117	-1.463	-0.100	-0.961	1.956	-0.396
新西兰	4.741	-35.519	5.257	-29.786	10.622	-2.049		5.492	-40.741	6.079	-34.642	12.306	-2.358
新加坡	-0.236	-0.043	0.049	-0.054	1.565	-0.370		-0.264	-0.063	0.055	-0.070	1.797	-0.419
印度	-0.025	-0.056	0.016	-0.054	2.375	-0.084		-0.027	-0.099	0.015	-0.085	2.722	-0.104
俄罗斯	-0.242	0.357	0.129	0.135	2.087	-0.635		-0.274	0.396	0.146	0.148	2.390	-0.726
巴西	-0.144	-1.166	-0.035	-0.844	2.742	-1.522		-0.158	-1.370	-0.045	-0.990	3.154	-1.736
墨西哥	-1.085	3.143	0.402	1.656	6.641	-0.940		-1.215	3.357	0.452	1.753	7.651	-1.122
马来西亚	-0.126	-0.003	0.051	-0.009	1.773	-0.154		-0.142	-0.025	0.063	-0.015	2.045	-0.176
泰国	-0.197	-0.657	0.217	-0.332	2.245	-0.381		-0.225	-0.783	0.255	-0.395	2.585	-0.441
菲律宾	2.347	-15.188	2.413	-10.461	7.804	-2.103		2.712	-17.446	2.785	-12.123	9.021	-2.429
印度尼西亚	0.270	-2.057	0.022	-0.825	3.024	-1.069		0.313	-2.372	0.024	-0.953	3.478	-1.229
越南	0.052	-0.517	0.508	-0.122	3.194	-0.082		0.057	-0.692	0.605	-0.155	3.728	-0.106
文莱	22.371	-64.500	42.438	-36.658	76.999	-1.692		25.158	-69.385	47.667	-42.353	86.576	-1.853
智利	1.007	-12.299	1.809	-8.841	6.406	-2.546		1.186	-14.163	2.095	-10.248	7.395	-2.893
秘鲁	3.341	-16.019	3.302	-9.533	11.067	-3.322		3.903	-18.429	3.843	-11.116	12.825	-3.783
其他国家	0.149	1.932	0.863	0.678	0.904	1.330		0.174	2.218	0.986	0.780	1.033	1.530

注：就业变化是制造业部分的就业变动。

资料来源：根据GAMS软件模拟结果整理。

负面冲击，是应对贸易摩擦的有效措施；同时汇率贬值也会增加对美国的负面冲击威胁，有利于促进贸易摩擦的谈判化解。

人民币实际汇率的变动对于世界其他经济体的影响方面，选取汇率贬值30%为例来分析影响（见表4-9）。整体上来看，人民币实际汇率升值有利于提高多数国家和地区的福利，而汇率贬值会减少多数国家和地区的福利。但是，汇率升值不利于其他国家的出口，原因是中国出口产品的价格上涨；反之汇率贬值反而有利于出口值增加，是由中国出口价格的下降引起的，并非出口量的减少。

表4-9 人民币汇率贬值对中美两国外其他国家的经济影响　　　单位:%

国家（地区）	福利	制造业产值	非制造业产值	就业	出口值	进口值
欧盟	-0.589	10.478	7.366	1.971	11.163	2.012
日本	-0.511	14.629	4.350	7.072	20.371	2.279
韩国	-0.832	27.143	-0.001	12.611	21.409	3.541
加拿大	-2.081	-4.948	0.656	-3.990	21.523	-8.197
澳大利亚	-1.564	0.027	0.204	-0.124	39.080	-10.680
新西兰	11.671	-88.026	13.687	-85.071	57.263	-12.041
新加坡	-3.117	-1.072	0.558	-0.963	19.737	-7.931
印度	-1.093	-10.844	-0.407	-8.034	20.222	-8.725
俄罗斯	-2.573	0.086	0.634	-0.324	21.875	-12.900
巴西	-0.891	-9.932	-0.611	-7.150	35.936	-14.742
墨西哥	-2.935	-11.545	0.573	-7.747	21.967	-11.938
马来西亚	-5.881	5.005	-1.794	1.072	17.684	-10.639
泰国	-4.587	-1.464	0.946	-0.918	23.583	-8.572
菲律宾	14.694	-81.508	14.798	-74.568	80.393	-19.239
印度尼西亚	0.672	-16.885	-1.044	-6.952	36.730	-18.419
越南	-10.487	-5.724	-0.181	-0.698	26.664	-20.011
文莱	40.238	-96.997	82.770	-92.013	192.334	-18.566
智利	7.867	-73.762	12.345	-66.426	69.342	-19.234
秘鲁	27.714	-89.836	24.686	-83.769	104.445	-21.928
其他国家	-0.650	22.388	7.036	8.755	16.612	6.415

注：就业变化是制造业部分的就业变动。
资料来源：根据GAMS软件模拟结果整理。

4. 应对政策之三：以进一步对外开放和贸易便利化应对贸易摩擦

进一步对外开放，促进贸易便利化并降低贸易成本，是应对中美贸易摩擦的重要措施，不仅有利于促进中国对外贸易的发展，而且有利于化解与美国的贸易摩擦，缓和贸易摩擦的影响。中国正处于进一步深化对外开放的新阶段，"一带一路"及"自由贸易试验区"都是拓展对外开放的新窗口，这些新的开放政策有利于推动贸易便利化，成为中国应对中美贸易摩擦的有力措施之一。

假定在中美贸易摩擦的情形下，进一步对外开放的措施能够降低中国与其他国家相互之间10%和20%的贸易成本，分别模拟对中国和美国的经济影响，并与不考虑进一步对外开放时的贸易摩擦影响进行对比，就可以分析应对措施的政策效果。存在进一步对外开放措施（贸易成本下降20%的情况）和仅有贸易摩擦时对中国和美国的影响对比如图4-5所示。对中国的经济效应对比结果发现，进一步对外开放措施有利于提高中国的福利、就业和制造业产值，同时缓解出口的减少；说明进一步对外开放能够有效地缓和中美贸易摩擦对中国的负面冲击。对美国经济的影响发现，美国福利会有小幅增加，贸易和就业等都会受到中国应对措施的负面冲击，但影响程度不大。

同时存在中美贸易摩擦和中国进一步对外开放措施对各个国家的影响整体上比较正面和积极，多数国家和地区都能够从中获益。对中国来说，应对措施能够缓解贸易摩擦带来的影响；对美国来说，应对措施会对美国构成损害的威胁；对其他经济体来说，多数能够从中国的进一步对外开放中获益。具体以进一步对外开放带来20%贸易成本下降为例来分析影响效应。中国的福利将增加0.165%，制造业产值和就业提高0.548%，出口仍然下降2.544%，但进口增加0.996%；美国福利会减少0.209%，制造业产值增加0.246%，制造业就业下降3.387%，出口减少6.444%，而进口下降5.017%（见表4-10）。

5. 应对政策之四：建设RCEP协定应对贸易摩擦

推动中国的区域经济一体化发展也是应对贸易摩擦的有效途径之一，中国正在谈判区域全面经济伙伴关系协定（Regional Comprehensive Economic Partnership，RCEP），成员包括了东盟十国和中国、日本、韩国、澳大利亚、新西兰、印度共计16个国家和地区，协定有望在近年内达成。RCEP包含了亚太地区重要的十多个经济体，经济规模和贸易总量都将对世界经济产生重要影响。中国是RCEP中的重要国家之一，RCEP的建成将有利于缓和中美贸易摩擦的影响：影响机制之一是新的协定达成将产生贸易创造和贸易转移效应，对美国的贸易将在一定程度上被协定成员替代，降低中国出口贸易对美国市场的依赖，进而缓解贸易摩擦的影响；影响机制之二是区域贸易协定提高了贸易自

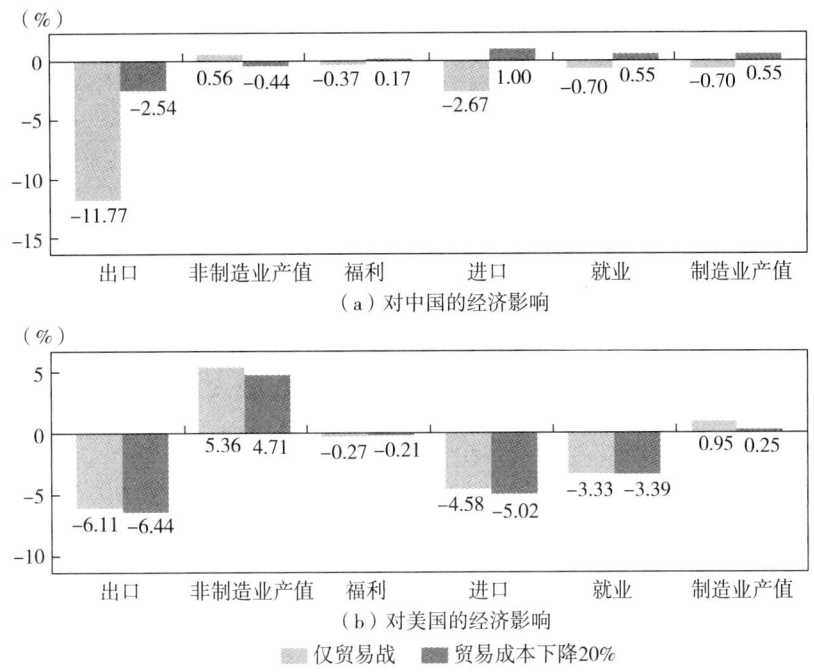

图 4-5 进一步对外开放对中美贸易摩擦的经济影响对比

资料来源:根据模拟结果整理绘制。

由化水平,增加了中国的福利,从而一定程度上抵消贸易摩擦的影响。

根据 RCEP 谈判的条款内容特征,假设协定能够消除成员之间 100% 的关税壁垒,并且削减成员之间 20% 或者 40% 的非关税壁垒①,分别模拟其在应对中美贸易摩擦上的效果。以削减 40% 非关税壁垒的情景作为核心,来比较有无 RCEP 时中美贸易摩擦②对中国和美国的影响,进而探求应对措施的实施效果。从结果可以看出,建设 RCEP 应对中美贸易摩擦能够显著有效地提高中国的福利水平,增加就业和制造业产出,并且有利于平缓出口贸易带来的冲击,对中国来说是一项有效的政策选择。对美国来说,建设 RCEP 将会加剧中美贸易摩擦对美国的负面冲击,美国的福利会进一步下降,就业和制造业产值的损害将增加,说明 RCEP 会对美国构成潜在威胁,有利于促使美国放弃发起与中国的贸易摩擦(见图 4-6)。

---

① 由于非关税壁垒涉及制度和规则层面,RCEP 能够在多大程度上削减成员之间的非关税壁垒水平是不确定的,故而笔者设定两种可能的情形进行对照,分析在应对中美贸易战上的作用效果。

② 中美贸易战假定的是 45% 相互关税贸易战情形,其他关税水平贸易战的分析结果不逐一列举,结果基本一致。

表4-10 中国进一步对外开放应对中美关税贸易摩擦的经济影响

单位:%

国家（地区）	进一步对外开放带来贸易成本下降10%，中美45%关税贸易摩擦							进一步对外开放带来贸易成本下降20%，中美45%关税贸易摩擦				
	福利	制造业产值	非制造业产值	就业	出口值	进口值	福利	制造业产值	非制造业产值	就业	出口值	进口值
中国	−0.113	−0.103	0.082	−0.103	−7.324	−0.914	0.165	0.548	−0.436	0.548	−2.544	0.996
美国	−0.242	0.632	5.063	−3.349	−6.266	−4.771	−0.209	0.246	4.712	−3.387	−6.444	−5.017
欧盟	0.053	1.274	0.579	0.473	1.552	1.612	0.100	0.895	0.045	0.582	1.596	1.804
日本	0.127	2.056	0.303	1.282	2.489	1.853	0.168	2.122	0.088	1.489	3.143	2.326
韩国	0.150	2.129	−0.156	1.188	1.418	1.165	0.123	2.101	−0.239	1.217	1.787	1.364
加拿大	−0.805	4.261	0.602	2.536	6.048	−0.101	−0.668	4.543	0.472	2.823	5.707	0.459
澳大利亚	0.148	−0.041	−0.169	0.090	2.642	0.942	0.140	1.203	−0.247	1.015	3.635	2.064
新西兰	3.372	−24.895	3.562	−20.267	7.491	−0.800	1.909	−12.965	1.717	−10.167	4.104	0.635
新加坡	−0.118	−0.174	−0.062	−0.066	0.875	−0.126	0.024	−0.402	−0.176	−0.134	0.119	0.128
印度	0.079	0.289	−0.126	0.310	1.999	0.499	0.196	0.537	−0.297	0.623	1.594	1.107
俄罗斯	−0.054	0.233	−0.071	0.180	1.407	0.344	0.157	0.029	−0.301	0.196	0.656	1.395
巴西	−0.087	−0.196	−0.056	−0.104	3.170	−0.168	−0.016	0.761	−0.096	0.637	3.635	1.301
墨西哥	−0.887	3.575	0.238	2.015	6.222	−0.212	−0.659	3.947	0.050	2.353	5.758	0.577
马来西亚	0.082	0.485	−0.451	0.153	1.655	0.398	0.303	0.921	−0.967	0.308	1.538	0.970
泰国	−0.040	−0.271	0.021	−0.111	1.692	0.048	0.135	0.086	−0.179	0.100	1.093	0.503
菲律宾	1.794	−10.498	1.513	−7.024	5.748	−0.476	1.174	−5.282	0.507	−3.326	3.516	1.278
印度尼西亚	0.328	−1.012	−0.270	−0.293	3.355	0.520	0.405	0.055	−0.607	0.260	3.740	2.252
越南	0.364	0.043	−0.494	0.064	2.534	0.829	0.690	0.575	−1.547	0.252	1.839	1.784
文莱	16.376	−51.094	29.685	−24.081	55.305	0.727	9.731	−32.000	15.440	−11.811	30.889	3.533
智利	0.674	−7.345	0.917	−5.102	6.038	−0.940	0.363	−2.136	−0.012	−1.291	5.656	0.831
秘鲁	2.411	−11.099	2.085	−6.361	8.087	−1.446	1.434	−5.592	0.759	−2.989	4.862	0.702
其他国家	0.408	1.873	−0.116	1.269	1.185	1.835	0.670	1.781	−1.237	1.940	1.510	2.374

注：就业变化是制造业部分的就业变动。
资料来源：根据GAMS软件模拟结果整理。

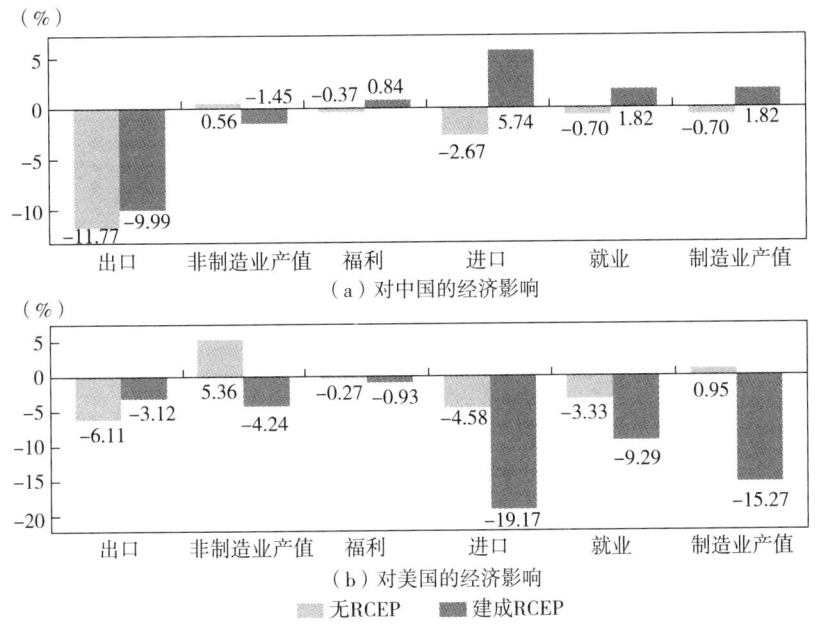

图 4-6 建设 RCEP（削减 40%非关税）应对中美贸易摩擦的效果

资料来源：根据模拟结果整理绘制。

在此基础上，进一步分析同时存在中美贸易摩擦和 RCEP 的情形对世界各个经济体的影响。选择 RCEP 分别消除 20%和 40%的非关税壁垒两种情景进行分析，模拟结果如表 4-11 所示。对中国来说，福利、制造业产值和就业等都会增加，仅对出口和非制造业产值存在负面影响，说明建设 RCEP 在抵消中美贸易摩擦影响上是有效的。对美国来说，福利、制造业产值、非制造业产值、就业、出口及进口都会受到冲击，说明在 RCEP 的背景下，美国发起中美贸易摩擦是得不偿失的措施。在对于其他经济体的影响上，RCEP 的协定成员国多数能够从中获益，而非成员国会在一定程度上受到损害。

6. 应对政策之五：加入 CPTPP 协定以应对贸易摩擦

跨太平洋伙伴关系协定（Trans-Pacific Partnership，TPP）是美国奥巴马政府着力推动的高标准区域贸易协定，被广泛认为是美国重返亚太的重要战略举措。但特朗普政府认为 TPP 是糟糕的协定，剥夺了美国的就业，并签署了退出 TPP 协定的总统令。美国之外的 TPP 其他 11 个经济体没有放弃协定，在原有协定内容的基础上谈判达成了新的协定，称为全面而先进的跨太平洋伙伴关系协定（Comprehensive and Progressive Agreement for Trans-Pacific Partnership，CPTPP），

表 4-11 建成 RCEP 应对中美关税贸易摩擦的经济影响

单位：%

国家（地区）	RCEP 削减成员国 20% 非关税壁垒，中美 45% 关税贸易摩擦							RCEP 削减成员国 100% 关税和 40% 非关税壁垒，中美 45% 关税贸易摩擦						
	福利	制造业产值	非制造业产值	就业	出口值	进口值	福利	制造业产值	非制造业产值	就业	出口值	进口值
中国	0.647	1.262	-1.003	1.262	-11.816	4.309	0.838	1.820	-1.447	1.820	-9.986	5.737
美国	-0.917	-15.106	-4.152	-9.219	-3.140	-19.016	-0.927	-15.265	-4.238	-9.290	-3.116	-19.169
欧盟	-0.279	-9.544	-5.877	-2.708	1.964	-9.545	-0.286	-9.677	-5.957	-2.750	1.958	-9.687
日本	1.633	10.383	0.069	7.391	6.544	13.544	1.951	12.286	-0.444	9.111	9.802	16.692
韩国	4.772	27.507	-4.364	15.089	-1.487	22.719	4.934	28.606	-4.702	15.720	-0.380	23.615
加拿大	1.973	-25.574	-2.226	-18.110	0.774	-6.365	1.997	-25.754	-2.248	-18.246	0.676	-6.391
澳大利亚	-1.192	33.941	1.178	20.711	4.795	17.192	-0.727	37.721	0.440	23.439	10.870	23.504
新西兰	-17.812	246.614	-23.950	109.924	-30.461	22.979	-17.061	256.053	-25.446	112.928	-25.301	31.221
新加坡	0.341	30.565	-2.490	17.555	-5.872	10.517	0.805	31.864	-3.409	18.733	-5.008	12.466
印度	2.157	17.923	-1.184	13.755	-4.382	15.219	2.530	19.974	-1.811	15.675	-2.246	17.752
俄罗斯	2.485	-26.393	-3.103	-15.801	5.219	-11.622	2.513	-26.604	-3.131	-15.944	5.187	-11.701
巴西	2.919	-37.513	-4.661	-28.119	9.074	-14.042	2.936	-37.685	-4.685	-28.265	9.012	-14.098
墨西哥	2.064	-14.435	-0.669	-8.976	-3.194	-1.972	2.089	-14.472	-0.679	-8.996	-3.336	-1.939
马来西亚	4.255	53.460	-11.042	7.252	-18.469	16.122	5.298	55.709	-14.607	7.819	-16.928	18.729
泰国	3.530	60.623	-14.245	21.403	-16.763	21.932	3.761	62.552	-15.105	22.054	-15.645	22.849
菲律宾	-10.026	119.091	-13.500	51.679	-20.089	27.238	-8.699	124.575	-15.638	54.202	-13.970	37.636
印度尼西亚	-2.280	28.452	-0.640	9.743	0.035	22.740	-1.372	31.139	-2.770	11.279	7.162	30.727
越南	5.966	75.961	-16.201	6.460	-33.291	22.049	6.974	77.593	-21.160	6.870	-31.721	24.529
文莱	-8.961	50.480	-13.798	8.918	-6.555	-1.923	-8.925	50.500	-13.880	8.933	3.976	-1.740
智利	14.356	-85.691	15.538	-81.007	27.228	-6.898	14.368	-85.691	15.538	-81.007	27.090	-6.869
秘鲁	-13.136	100.626	-13.760	35.347	-36.831	17.518	-13.377	103.420	-14.024	35.954	-37.498	17.910
其他国家	0.618	-3.784	-2.446	-0.885	-2.213	-1.976	0.603	-3.925	-2.499	-0.944	-2.256	-2.079

注：就业变化是制造业部分的就业变动。

资料来源：根据 GAMS 软件模拟结果整理。

于 2018 年 3 月 8 日在智利正式签署。中国可以考虑加入 CPTPP，以应对中美贸易摩擦带来的影响。

CPTPP 协定能够在多大程度上削减成员之间的非关税壁垒是不确定的，而根据 CPTPP 的高标准性，协定成员之间的关税应该能够完全取消。故而笔者设定关税完全削减而非关税削减 20% 和 40% 的两种情形进行分析，比较应对贸易摩擦的效果时以 40% 的非关税壁垒削减为例。

比较中国加入 CPTPP 和贸易摩擦同时存在的影响效应和仅有贸易摩擦的影响效应，进而评估应对政策的效果。从中国方面来看，与仅有贸易摩擦的情况比较，中国的福利、制造业产值、就业和进口将由正转负，而出口的负面效应也减小，所以加入 CPTPP 能够消除贸易摩擦对中国的负面冲击。从美国方面来看，与仅有贸易摩擦的情况相比，福利、就业和出口的负面冲击略有增加，而制造业产值的正面效应略有减少。整体上来看，中国加入 CPTPP 对美国的影响很小，说明中国加入 CPTPP 不能对美国发起的贸易摩擦形成压力，不能促使美国化解贸易摩擦（见图 4-7）。

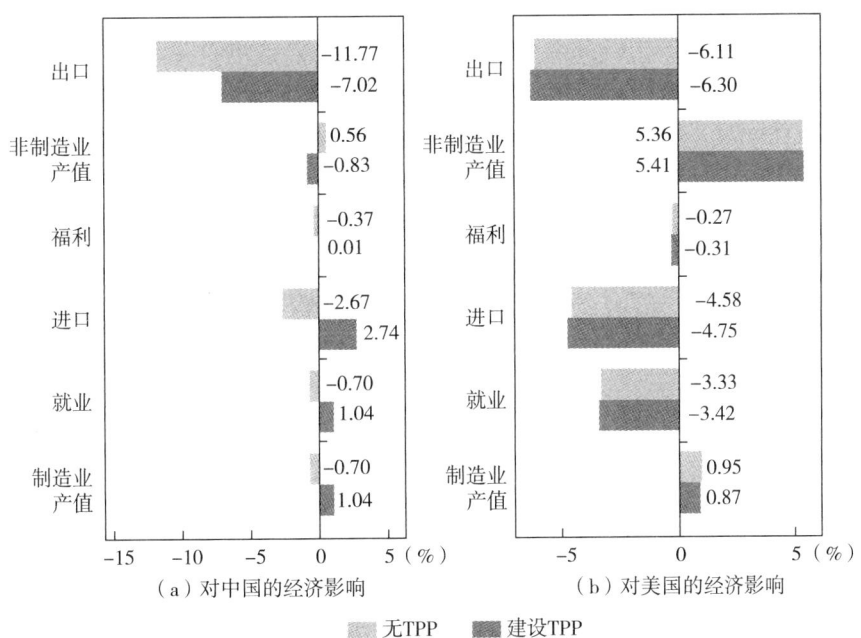

图 4-7 加入 CPTPP（削减 40% 非关税）应对中美贸易摩擦的效果

资料来源：根据模拟结果整理绘制。

在此基础上，进一步具体分析中国加入和主导 CPTPP 和中美贸易摩擦同时存在的情境下对各个国家的影响。假定 CPTPP 可以削减成员相互之间非关税壁垒 20% 和 40% 两种情况，结果发现随着非关税壁垒削减程度的增加，效应略增强，但没有方向性的变化。以中美 45% 相互关税贸易摩擦，以及 TPP 削减成员之间所有关税和 40% 的非关税壁垒为例，中国的福利、制造业产值和就业都会增加，分别提高 0.015%、1.044% 和 1.044%；但出口仍会减少，下降 7.020%。美国的福利、就业和进出口都会减少，减幅分别为 0.311、3.420、6.298% 和 4.749%，美国将会显著受损。在其他国家中，TPP 的成员国家多数会受益，非成员国家则会受损（见表 4-12）。

7. 应对政策之六：中美谈判合作，进一步促成双边贸易开放和便利化

中美贸易摩擦化解的理想结果是，双方能够通过谈判达成和解，进一步合作甚至推动双边的贸易开放和便利化，甚至能够构建自由贸易区。中美目前是世界最大的两个经济体，互为重要的贸易和投资伙伴，双边经贸的依赖程度越来越高，相互合作对于双方及世界经济都是有利的。中美战略与经济对话已经成为双边高层交流的机制性安排，中美双边投资协定（BIT）正在谈判中，中美自贸区的提议在研究层面早有倡议。如果中美能够尽早达成双边的贸易或者投资协定，进一步推动贸易开放和便利化，将是化解贸易摩擦的最优路径。

具体双边贸易或者投资协定将如何达成，以及存在哪些难题，不在本书的讨论范畴内，以下仅从应对措施的角度模拟如果能够达成协定，将如何影响双边的经济和贸易。假设中美双边的合作可以削减相互之间 40% 的非关税壁垒，比较双方贸易摩擦和贸易协定带来的影响，进而分析应对的效果。

对中国经济影响的比较显示，双方的合作开放将在很大程度上提高中国的福利、产值、就业和进出口贸易，消除贸易摩擦对中国经济带来的负面冲击。对美国的经济影响比较结果显示，美国的福利、产值、就业和进出口都将显著增加。显然，中美贸易合作是有效化解贸易摩擦的途径，有利于中美双方[①]（见图 4-8）。

在此基础上，进一步具体分析中美贸易合作对世界各国的经济影响。设定中美双边合作能够削减相互 20% 和 40% 的非关税壁垒两种情形，模拟结果如表 4-13 所示。结果发现，多数国家和地区能够从中美贸易合作和开放中获利，但有部分国家如日本、韩国、澳大利亚、新西兰、菲律宾和印度尼西亚等的福利会受损。具体的，如果中美贸易合作削减了 40% 的非关税壁垒，中国的福利、制造业产值、就业和出口将分别增加 0.174%、0.331%、0.331% 和 2.782%；美国的福利、就业、出口和进口将分别增加 0.195%、1.135%、1.822% 和 1.122%。

---

① 从模拟结果来看，中美双方都能够从相互的贸易合作和协定上获利；但由于相互获利的不均衡，以及一些特定行业发展、保护就业、战略考虑等因素，短期内难以实现相互的贸易开放，甚至还会滋生贸易战。

表 4-12 中国替代美国加入 TPP 应对中美关税贸易摩擦的经济影响

单位:%

国家（地区）	TPP 削减成员间 100%关税和，中美 45%关税贸易摩擦					TPP 削减成员间 100%关税和，中美 45%关税贸易摩擦				
	20%非关税壁垒，中美 45%关税贸易摩擦					40%非关税壁垒，中美 45%关税贸易摩擦				
	福利	制造业产值	非制造业产值	就业	出口值	进口值	福利	制造业产值	非制造业产值	就业	出口值	进口值
中国	-0.171	0.495	-0.393	0.495	-8.629	1.327	0.015	1.044	-0.830	1.044	-7.020	2.740
美国	-0.303	0.928	5.426	-3.389	-6.226	-4.680	-0.311	0.872	5.410	-3.420	-6.298	-4.749
欧盟	-0.013	1.563	1.061	0.340	1.449	1.297	-0.019	1.521	1.041	0.326	1.420	1.240
日本	0.395	5.686	0.141	4.020	8.512	6.836	0.678	7.248	-0.381	5.529	11.425	9.602
韩国	0.016	1.783	-0.018	0.937	0.884	0.629	-0.038	1.659	0.000	0.864	0.842	0.514
加拿大	-0.578	5.887	0.183	3.947	8.600	2.169	-0.221	7.145	-0.375	5.205	9.927	4.218
澳大利亚	0.309	4.737	-0.539	3.663	12.272	6.825	0.713	7.798	-1.192	6.213	17.533	12.175
新西兰	4.624	-27.534	3.598	-22.372	21.544	4.344	4.769	-20.313	1.881	-15.743	28.900	10.883
新加坡	-0.014	2.850	-0.742	2.104	4.479	1.535	0.371	3.740	-1.483	3.062	5.311	3.062
印度	-0.070	-0.162	0.030	-0.143	2.371	-0.214	-0.085	-0.166	0.036	-0.151	2.316	-0.245
俄罗斯	-0.254	0.288	0.124	0.097	2.083	-0.718	-0.252	0.271	0.120	0.089	2.030	-0.718
巴西	-0.159	-1.320	-0.045	-0.952	2.608	-1.691	-0.166	-1.290	-0.040	-0.934	2.524	-1.699
墨西哥	-0.603	4.906	-2.880	3.052	8.877	2.157	-0.174	6.267	-5.796	4.257	10.438	4.294
马来西亚	2.227	4.570	0.311	1.181	5.992	6.704	3.064	6.158	0.319	1.875	7.643	8.790
泰国	-0.444	-0.853	2.433	-0.443	2.256	-0.716	-0.485	-0.866	2.341	-0.451	2.195	-0.766
菲律宾	2.282	-15.473	0.021	-10.655	7.793	-2.462	2.175	-14.971	0.013	-10.283	7.488	-2.460
印度尼西亚	0.131	-2.090	-2.360	-0.838	3.020	-1.524	0.092	-2.024	6.194	-0.808	2.899	-1.574
越南	4.359	3.672	36.483	0.697	6.535	11.455	5.116	5.303	27.561	1.312	8.143	13.358
文莱	25.538	-56.244	0.313	-28.928	81.889	28.060	23.578	-48.110	-1.126	-21.876	84.208	34.186
智利	1.160	-4.952	2.133	-3.232	15.804	3.473	1.431	0.150	0.500	0.774	21.552	7.759
秘鲁	3.451	-12.413	0.865	-7.069	20.851	2.564	3.680	-8.709	0.842	-4.416	28.281	8.649
其他国家	0.089	1.785		0.583	0.784	1.181	0.071	1.700		0.545	0.752	1.112

注：就业变化是制造业部分的就业变动。

资料来源：根据 GAMS 软件模拟结果整理。

表4-13 中国和美国谈判合作进一步推动双边开放和贸易便利化的影响

单位:%

国家（地区）	假定相互合作推动双边非关税壁垒下降20%							假定相互合作推动双边非关税壁垒下降40%				
	福利	制造业产值	非制造业产值	就业	出口值	进口值	福利	制造业产值	非制造业产值	就业	出口值	进口值
中国	0.083	0.156	-0.124	0.156	1.327	0.417	0.174	0.331	-0.263	0.331	2.782	0.882
美国	0.095	-0.058	-0.734	0.535	0.860	0.539	0.195	-0.132	-1.557	1.135	1.822	1.122
欧盟	0.002	-0.185	-0.126	-0.040	-0.169	-0.153	0.004	-0.393	-0.268	-0.086	-0.358	-0.324
日本	-0.006	-0.222	-0.059	-0.120	-0.208	-0.148	-0.012	-0.471	-0.127	-0.254	-0.439	-0.310
韩国	-0.012	-0.233	0.006	-0.126	-0.116	-0.096	-0.022	-0.494	0.012	-0.266	-0.247	-0.199
加拿大	0.130	-0.566	-0.100	-0.330	-0.678	0.075	0.278	-1.224	-0.214	-0.716	-1.425	0.154
澳大利亚	-0.010	0.136	0.010	0.089	-0.183	0.037	-0.018	0.283	0.020	0.185	-0.385	0.090
新西兰	-0.481	3.913	-0.544	2.962	-1.094	0.234	-1.003	8.243	-1.137	6.171	-2.289	0.500
新加坡	0.035	-0.015	-0.006	-0.006	-0.173	0.048	0.076	-0.038	-0.012	-0.015	-0.365	0.102
印度	0.007	-0.023	-0.006	-0.013	-0.265	0.008	0.017	-0.056	-0.013	-0.032	-0.559	0.017
俄罗斯	0.031	-0.056	-0.017	-0.023	-0.237	0.072	0.066	-0.121	-0.036	-0.051	-0.502	0.152
巴西	0.023	0.101	-0.002	0.076	-0.298	0.183	0.050	0.206	-0.005	0.156	-0.629	0.388
墨西哥	0.152	-0.485	-0.055	-0.264	-0.709	0.108	0.325	-1.051	-0.118	-0.575	-1.491	0.224
马来西亚	0.024	-0.024	0.003	-0.004	-0.185	0.023	0.055	-0.057	0.009	-0.011	-0.390	0.052
泰国	0.030	0.043	-0.017	0.023	-0.240	0.046	0.067	0.083	-0.035	0.045	-0.505	0.099
菲律宾	-0.235	1.653	-0.250	1.065	-0.816	0.243	-0.489	3.476	-0.521	2.224	-1.713	0.518
印度尼西亚	-0.023	0.213	-0.001	0.084	-0.328	0.122	-0.047	0.445	-0.002	0.175	-0.692	0.260
越南	-0.001	-0.013	-0.034	0.003	-0.310	0.007	0.003	-0.042	-0.064	0.003	-0.647	0.016
文莱	-2.620	13.849	-5.077	3.290	-9.214	0.297	-5.372	31.685	-10.460	6.536	-19.001	0.678
智利	-0.084	1.314	-0.184	0.899	-0.677	0.313	-0.171	2.758	-0.384	1.877	-1.421	0.665
秘鲁	-0.319	1.739	-0.327	0.938	-1.139	0.400	-0.662	3.658	-0.680	1.954	-2.385	0.851
其他国家	-0.012	-0.215	-0.103	-0.072	-0.102	-0.143	-0.024	-0.454	-0.220	-0.151	-0.216	-0.302

注：就业变化是制造业部分的就业变动。
资料来源：根据GAMS软件模拟结果整理。

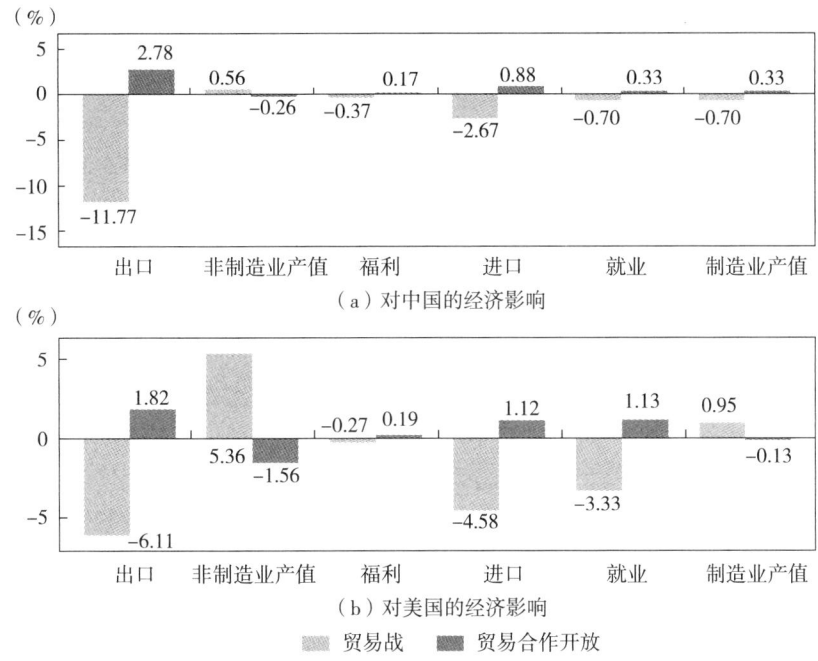

图 4-8 中美合作开放（削减 40% 非关税）应对贸易摩擦的效果

资料来源：根据模拟结果整理绘制。

8. 应对政策效果的比较

以上实证模拟了中国应对美国贸易摩擦六种措施的效应，接下来进一步对比分析这些应对措施的效果（见表 4-14）。从对中国福利的救济效果看，汇率贬值的效果最好，其次是建设 RCEP、中美合作、中国进一步对外开放，加入和主导 TPP 也能扭转贸易摩擦带来的负效应，关税报复等有利于缓解贸易摩擦的损害但转变不了损害的结果，人民币汇率升值会恶化贸易摩擦的冲击。对中国制造业产值、就业、进口和出口等的救济效果与福利相似。

从对美国福利的影响效应对比中可以从反面分析应对措施对化解贸易摩擦的作用，越能够损害美国福利的应对措施越可以给美国带来压力和威胁，救济的效果越好，越能够促使美国取消贸易摩擦。从美国角度分析，人民币汇率贬值、建设 RCEP 以及加入 CPTPP 对美国的损害较大，关税报复、进一步对外开放等对美国的损害威胁较小，而中美合作及人民币汇率升值不能给美国带来外在压力。

由此可见，从对中国的贸易摩擦救济的视角比较，应对措施有效程度从大到小依次为：人民币汇率贬值、建设 RCEP、中美合作开放、中国进一步对外开放、加入 CPTPP、贸易报复，人民币汇率升值会恶化损害。从对美国形成损害压力，促使美国达成和解的有效程度从大到小的措施依次为：人民币汇率贬值、建设 RCEP、加入 CPTPP、关税报复、中美合作开放。

表 4-14 应对贸易摩擦政策的效果比较 单位：%

国家	应对政策	福利	制造业产值	非制造业产值	就业	出口值	进口值
中国	关税报复	-0.368	-0.701	0.557	-0.701	-11.767	-2.673
	汇率贬值 30%	11.321	0.156	-0.124	0.156	-52.272	77.586
	进一步开放	0.165	0.548	-0.436	0.548	-2.544	0.996
	建设 RCEP	0.838	1.820	-1.447	1.820	-9.986	5.737
	加入 CPTPP	0.015	1.044	-0.830	1.044	-7.020	2.740
	中美合作	0.174	0.331	-0.263	0.331	2.782	0.882
美国	关税报复	-0.273	0.946	5.359	-3.326	-6.113	-4.576
	汇率贬值 30%	-1.205	5.738	8.232	-1.823	-0.183	-4.197
	进一步开放	-0.209	0.246	4.712	-3.387	-6.444	-5.017
	建设 RCEP	-0.927	-15.265	-4.238	-9.290	-3.116	-19.169
	加入 CPTPP	-0.311	0.872	5.410	-3.420	-6.298	-4.749
	中美合作	0.195	-0.132	-1.557	1.135	1.822	1.122

注：就业变化是制造业部分的就业变动。
资料来源：根据 GAMS 软件模拟结果整理。

第四节 小结与政策启示

笔者构建了一个包含 29 个经济体的多国一般均衡模型框架系统，引入了"内部货币"的内生性贸易不平衡结构以及贸易成本的假定，量化模拟了中美可能的贸易摩擦对两国以及其他经济体带来的影响，并评估了中国可能的七种应对措施的救济效果。本书引入的"内部货币"贸易不平衡结构不仅准确地刻画了各个国家的贸易不平衡现状，同时具有非常稳定的模拟结果。贸易成本假定的引入分解了关税和非关税壁垒，有利于量化评估非关税措施的救济效果。

从美国单方面对中国发起关税贸易摩擦的影响上看，中国会受损、美国也会受损，中国的受损程度略大于美国。对中国而言，福利、产值、制造业就业、出口和进口都受到负面冲击；相较而言，出口受损最大，进口其次，产出、就业和福利的冲击相对较小；随着美国惩罚性进口关税水平的提高，对中国的冲击越大。对美国而言，制造业就业、出口和进口都会受损。受益主要表现在福利提高、制造业和非制造业产值及GDP的增加上，所以，美国希望通过与中国的贸易摩擦拯救就业的初衷是无法实现的，美国制造业的份额和就业下降是由其比较优势及结构决定的。

中国的应对措施之一是同等的贸易报复，也就是双边相互贸易摩擦。模拟的结果发现，中国的报复措施会增加美国的损失，虽然从中国的福利最大化角度来说，关税报复措施并非更优的选择，但报复性措施能够达到制裁美国的作用，有利于增加美国外在压力，促进贸易摩擦的化解。中国的应对措施之二是人民币汇率变动，模拟的结果发现，贬值有利于减少中美贸易摩擦对中国的负面冲击，是应对贸易摩擦的有效措施；同时贬值会增加对美国的负面冲击威胁，有利于促进贸易摩擦的谈判化解。但人民币汇率升值具有反向的作用，不是应对贸易摩擦的有效路径选择。中国的应对措施之三是进一步对外开放和贸易便利化，结果发现，措施能够有效缓和中美贸易摩擦对中国的负面冲击，是一个有效的应对措施选择，但对美国的影响不大。中国的应对措施之四是建设RCEP应对贸易摩擦，结果发现，建成RCEP能够显著有效提高中国的福利，增加就业和制造业产出，是一项有效的应对政策选择。同时，建设RCEP会对美国形成负面冲击，有利于化解贸易摩擦。中国的应对措施之五是加入CPTPP应对贸易摩擦，模拟结果显示，措施能够缓解贸易摩擦对中国的负面冲击，是中国的有效选择措施之一；但中国加入CPTPP对美国的影响很小，并不能对美国形成压力。中国的应对措施之六是中美达成合作协定，促进双边贸易自由化，模拟的结果显示，双方的合作开放将在根本上消除贸易摩擦对中国经济带来的负面冲击，同时有利于提高美国的福利、产值、就业和进出口；中美合作是有效化解贸易摩擦的途径，有利于双方国家。

对比六种应对措施的效果可以发现，对中国的贸易摩擦救济效果从大到小的顺序依次为：人民币汇率贬值、建设RCEP、中美合作开放、中国进一步对外开放、加入CPTPP、贸易报复。各种措施促使美国放弃保护主义并达成和解的有效程度从大到小的顺序为：人民币汇率贬值、建设RCEP、加入CPTPP、关税报复、中美合作开放。

综合以上分析，面对美国的贸易保护主义和"逆全球化"浪潮，中美相互之间的贸易争端和贸易摩擦是不可避免的重要议题，本书量化模拟了可能的贸易摩擦影响以及中国应对措施选择的经济效应，可以得到以下政策结论和启示：第一，中美相互贸易摩擦是一个相互损害的"双输"选项，美国也会从中国的贸易报复中受损,同时贸易摩擦并不能增加美国的制造业就业,合作共赢才是双赢的选项。第二,中美贸易摩擦对中国经济的冲击是有限的,并不会带来巨大的影响,不必过度担心贸易摩擦的负面效应。第三,应对贸易摩擦的措施有很多,需要有一个合理的规划和搭配,尽可能地化解贸易摩擦的不利影响,长期推动中美逐步走向合作。第四,在具体的应对措施上,短期内贸易报复和汇率贬值是可行的有效选择,中期内可以逐步推动中国的进一步对外开放、建设RCEP和其他对外自贸区等,远期要推动中美合作如双边投资协定(BIT)甚至双边自贸区的建设等。

第五章　单边行动与国际贸易摩擦的治理

本章主要分析遭遇国际贸易摩擦的国家通过自身的单方面调整措施化解国际贸易摩擦。从长期来看,单边行动往往是治理贸易摩擦的最根本和最彻底的途径。以下研究包含四个方面的内容:第一,单边行动的具体措施内容;第二,从理论上分析贸易平衡与国际贸易摩擦的治理路径;第三,从中国的国民经济需求结构调整分析国际贸易摩擦的化解;第四,中国在单边行动化解贸易摩擦上的政策选择。

第一节　单边行动的具体措施

单边行动是指贸易摩擦的双方根据自己本国的情况,单方面地采取措施化解国际贸易摩擦。对于贸易摩擦的发起国来说,摩擦本身就是其为了维护本国利益而采取的行动,所以他们一般不会主动用单边行动来解决摩擦问题;故而单边行动又基本上是针对贸易摩擦受害国来说的。也就是面对贸易一方发起的摩擦,另一方自己单方面主动地调整有关政策和采取一些行动,以解决和消除贸易摩擦的影响。

一、提升出口产品竞争力

贸易摩擦之所以会发生,一是由于出口产品可能会对进口国产生负外部效应,例如会恶化进口国国内的环境或者是损害进口国居民的身心健康,这时进口国自然会阻止进口,从而导致贸易摩擦;二是也许出口国产品采取了不正当竞争手法,损害了进口国国内相关产业,所以引起了贸易摩擦;三是出口产品和进口国国内该产品形成竞争,进口国为了保护本国产业,所以挑起贸易摩擦和争端以阻止进口。这三个方面的原因归结为一点,其实还是出口产品的竞争力不足。出口产品存在负外部效应说明该产品的品质或安全要求不过关,这都不符合竞争力的要求;出口产品采取不正当竞争手法企图排斥国外产品,其实也是其竞争力不足的一个表现,否则其根本不需要采用不正当竞争的手法;最后进口国保护本国相关产业,也是由于出口产品和进口国产品竞争力相仿,如果出口产品具有绝对的竞争力，也不会招致贸易摩擦和争端。

要提高出口产品的竞争力，需要从多方面着手，其中很重要的一点就是要提高创新能力。因为产品的竞争力无非表现在价格和独有的品质两个方面，价格的优势需要成本的降低，这需要依靠技术提高；产品差异性的特有品质优势也需要技术创新才能实现。所以对于技术的重视和培养是增强竞争力很重要的一个方面。当然要提升出口产品的竞争力还需要从管理、营销等多方面着手，很难能够用三言两语说清楚。不过这里可以肯定的是，提升出口产品竞争力是解决国际贸易摩擦的根本之策，只要产品具有足够的竞争力，是不怕没有市场需求的，也就不用担心贸易摩擦的影响。

二、促进产业结构转型和提高

一般从本质原因来说，贸易摩擦和争端的产生总是与产业结构的矛盾有关。一种情况是贸易双方的产业结构趋同，产品竞争性强，如此一方的出口必然是损害了进口国相关产业的发展和成长，这样一种竞争性关系就会使得贸易摩擦不断，难以协调。唯一可以解决的途径只有促使一国产业结构转型和变化，减少竞争而增加互补，从而使相互依赖增强，贸易摩擦也就随之化解了。发达国家之间以及发展中国家相互之间的贸易摩擦一般都是属于这种类型，如我国同印度日益增多的贸易摩擦实际上多是由产业竞争而引起的。另一种情况是产业结构的转移使得贸易不平衡产生，贸易顺差国必然会挑起贸易摩擦和争端，迫使逆差国做出让步和妥协。我国和发达国家之间的贸易摩擦基本就是属于该类型。

以中美贸易摩擦为例来说明。中美贸易摩擦从表象上来看主要是我国的贸易顺差引起的，无论是反倾销、反补贴、知识产权还是人民币汇率问题，其最终的出发点还是针对我国的贸易顺差。虽然中美产业结构不存在竞争性，按照古典的贸易理论是不应该有贸易摩擦的，但现实的不平衡使得美方认为中美贸易利益发生了向我国的不合理倾斜，也就是认为中国占了便宜而美国吃了亏，所以他们会挑起贸易争端和摩擦。但如果我们从产业结构的深层本质来分析，中美贸易顺差实际上是由产业的国际转移所引起的，中国巨大的劳动力优势使得我们成为接受产业转移和国外直接投资的理想场所。在美国向中国的出口中，基本是美国企业生产的产品，利益主体是美国民族产业；而在中国向美国的出口中，有中国内资企业、外资企业和外国企业在中国的订单生产等，利益主体不仅是中方，还包括了大量外国跨国公司和经销商（蓝庆新，2007），故而是由于产业的转移引起了贸易不平衡和摩擦。所以要解决贸易不平衡性的贸易摩擦还是要从产业结构转型和提高上来做文章。只要产业结构得到了转移和提高，贸易顺差会逐步减少，随之贸易摩擦也就能够解决。不过这里的产业结构转移和提升也需要步骤和过程，根据现实发展状况和水平，循序渐进地提升产业层次，提高贸易的收益并解决贸易摩擦问题。

在具体操作上，要实现产业结构的转移和提升，需要从多方面着手。首先，要提升该国的创新水平和技术层次。产业结构的提升是以技术因素为条件和外在表现的，所谓结构提升无非就是将一国的主导产业从低层次转向高层次，这里的高低之分大体是以产品的技术含量和密集程度为特征的，因此提升创新水平和技术层次是促进产业结构转移的根本。提高技术水平和创新能力需要一国建立良好的技术创新体制和环境，注重知识产权保护和技术创新激励，还要努力培养和引导相关人才进行技术创新的研究，形成创新和技术革新氛围。当然这需要很多具体的政策措施和规定进行配合，并不是三言两语就能够解决的。其次，需要一定的产业政策和贸易政策协调配合。产业的发展和壮大是需要过程的，高层次产业的发展离不开相关保护性政策的支持和扶植，这无论是从幼稚工业保护论还是战略贸易理论来看，都是合情合理的。所以在竞争产业面临激烈贸易摩擦的同时，为了提升产业结构避免争端，必须采取一定的保护性措施培育更高层次产业的发展，这也许会引起新的摩擦，但总体上能够缓解摩擦和争端，且对于一国经济的长远发展是有利的。最后，注重引进高新技术和相关设备，鼓励企业技术革新。技术的获取和产业结构转移和提升，除了通过国内创新的方式得到外，还可以以技术引进的形式实现，这需要政府制定技术引进的相关优惠政策，鼓励企业引进先进技术和设备。

三、对外直接投资

国际贸易是商品的跨国界流动，而对外直接投资则是生产要素的跨国界流动。如果没有交易成本的存在，则两者是无差异的。但不同的是，国际贸易存在着运输成本、贸易壁垒成本等额外的支出，当这些成本高于对外直接投资的交易成本时，企业就应该选择FDI替代国际贸易。所以，当国际贸易摩擦和壁垒已经严重影响到贸易开展时，可以通过直接投资的方式扩大商品销售。与此同时，对外直接投资还能够增强企业的竞争力，激烈竞争的国际市场环境促使企业不断成长和成熟，增强他们抵御风险的能力；另外对外直接投资还能够迫使企业日渐适应风云变幻的国际市场，熟悉国际生产和经营的规则和条件；而且对外直接投资的获利空间也远大于国际贸易，也能够更好地占领和获得国外市场，获取更多的收益。所以鼓励企业"走出去"，扩大对外直接投资，是化解贸易摩擦不利影响的一个重要途径。

鼓励企业对外直接投资，政府主要应在以下几个方面做努力：①为企业

"走出去"营造良好的国内宏观环境。在政策上，要支持和鼓励企业对外直接投资，减少审批程序和提高核查效率，提供国外投资环境相关分析研究服务，为企业"走出去"提供相关指导和投资地法律文化等信息，在外汇使用以及融资服务等方面提供优惠、扶持企业对外直接投资。②对企业的对外投资能力进行审核，避免盲目的对外直接投资，降低投资风险。对外投资的企业必须要具备一定的竞争能力，否则"走出去"的后果将是破产而归。为了减少这些损失，政府应该对于"走出去"的企业进行审核，只有达到一定规模和竞争力的企业才允许其对外投资。③建立国外市场信息知识数据库，设立预警系统，为企业提供服务。对外直接投资涉及国外市场的信息和法律法规等多方面复合信息，这些信息的搜集对于单个企业来说是成本较高的，同时这些信息也属于一种半公共产品属性的知识，这就需要政府建立相关机构，设立相关市场数据库，不仅搜集该市场的一般信息，还要搜集一些及时信息，为企业的投资决策提供信息支持。

诚然，对外直接投资能够绕开贸易摩擦的阻挠，带来更多的投资收益。但这并不是说，对外直接投资必定是优于对外贸易，同时也不是任何企业都适合对外直接投资。从收益上来看，对外直接投资能够利用国外的资源和生产要素，增强竞争力，获取国外市场；但对外贸易能够繁荣本国经济，增加国内就业，同时利用国内低廉的生产要素，所以对外贸易对于某些国家也许是更加有利的。从理论来看，传统的投资贸易理论认为，交易成本是决定企业选择投资和贸易的关键因素，当投资的交易成本低于贸易时，企业应该选择对外投资；但当贸易的交易成本低于投资时，企业还是应该选择对外贸易。最新出现的新新贸易理论（New-new Trade Theory）则指出，企业的全要素生产率是决定其贸易投资选择的主要因素，生产率低的企业对外贸易更加有利，而只有生产率高的企业才能够从对外投资中获益。由此可见，并不是所有的企业都适合用对外直接投资的方式来避免贸易摩擦的，对外直接投资也有其局限性和固有的风险。

四、建立贸易摩擦救济和预警体系

贸易预警体系是对贸易摩擦的一个事先预测和提示，可以提醒出口企业和出口商做好准备，预防贸易摩擦的发生以及发生时能够很好地规避风险。贸易预警体系的建立是非常有必要的，否则出口企业在毫不知情和毫无防备的情形下，一旦遭遇贸易摩擦则会损失惨重。贸易救济是一个综合的系统，包括摩擦预警以及在发生贸易摩擦时的化解应对，其更加注重于对WTO以及各国法律规章制度的深入了解，便于在发生贸易摩擦和争端时，充分利用这些法律保护自己，缓解摩擦和争端带来的损失。

贸易摩擦救济和预警体系是预防和缓解贸易摩擦损失的重要方法，各国都非常重视该体系的建设，发达国家的预警系统一般都非常完备。以美国为例，美国在各个层次建立并完善了贸易摩擦预警机制。总体而言，其预警机制是以相关的政府部门为主导，行业组织、企业和消费者个人积极参加的动态体系。由于具备贸易方面职能的联邦机构众多，机构之间的协调就非常必要。无论是从法律规定上，还是从组织架构设立和职能的描述上，每个政府机构都力争实现与其他机构之间的合作与协调。联邦政府在预警机制中的主要作用是：第一，收集并发布预警信息。美国拥有世界上最发达的网上政府，在线免费发布各种数据库，包括产品数据库、产业数据库、贸易伙伴贸易政策变化数据库、贸易摩擦数据库，等等。第二，对重点产业领域进行重点监控，建立完善的预警机制，包括警源的收集、分析，预警报告的发布，紧急反应措施的制定等环节。第三，对贸易伙伴的贸易政策变化和贸易救济措施进行监控，发布年度评估报告，施加无形的影响。同时，通过各种层次的沟通，向贸易伙伴施加压力。第四，充分利用多边贸易体制。行业组织虽就性质而言不是政府机构，但所起的作用有时并不亚于后者。行业组织负有向政府提供行业发展信息的任务，反映行业发展的需要，维护行业利益，并且参与到经济政策和技术法规及标准的制定中。这些行业组织也是参与政策决策的重要的游说集团，诉求推动有利于行业发展的政策和阻碍不利于行业发展的政策。

在企业层面，美国的大企业在经济贸易预警方面每年都投入很大，很多企业都有专人来负责对自己公司的目标市场进行监控。如果没有本部分析员，他们将委托专门的咨询公司，为他们提供量身定制的市场分析服务。总之，在美国的贸易摩擦预警机制中，政府、行业协会、企业互有职责，共同受益，三方形成了良性互动的关系（李计广等，2007）。日本在贸易摩擦预警上也具有非常完备的体系，建立了以监控贸易摩擦为主，政府、社会团体及企业参与的预警体系，主要包括信息预警机制、法律预警机制、体制预警机制等（余晓泓，2004）。

总之，贸易摩擦预警和救济是在国际贸易中对不利于本国贸易发展的潜在事件进行预报，评估这类事件可能在本国贸易方面引发的危害及影响，以便做应对的准备和预案。目的和作用是防患未然、超前预控和确保本国对外贸易的健康发展。而贸易摩擦的预警救济体系也确实是缓解贸易摩擦损失和预防摩擦发生的一个重要有效的途径。

五、第三方力量的使用

所谓第三方力量，是指发起贸易摩擦国国内的各种非直接利益关联人，包括进口商品的代理商和销售商、遭遇贸易摩擦方聘请的国外律师、进口商品的购买者和消费者等（马常娥，2005）。由于利益所在的驱使，第三方力量与出口国出口厂商处于商品出口价值链中的不同环节，共同和一致的利益使得各方都期望贸易能够顺利开展，而这些第三方力量又处于进口国内，对于进口国的国内环境较为熟悉，同时他们对于本国政府的游说效率会更高，所以利用好第三方力量不失为化解贸易摩擦的一个重要方面。

利用好第三方力量，首先，要利用进口商品的代理商和销售商，他们利润和收益与进出口贸易直接相关，贸易摩擦一旦发生，必定影响到商品的出口和正常销售，他们的利益也就无从获得，所以他们必然是支持出口国出口商的。对他们的利用，可以促进其组成行业协会或者集体行动，影响政府的政策和行为，促使出口贸易合法化和正常化，化解贸易摩擦和争端。其次，要利用进口国的律师。一般发生贸易摩擦和争端时，出口商都需要聘请律师采取和迎接法律诉讼，这时应该聘请进口国国内律师，因为他们更加熟悉本国的法律和社会政治环境，往往能够起到事半功倍的效果。再次，要利用好进口国国内的消费者和有关部门。贸易摩擦的发生，意味着其原本通过贸易所得到的利益将有可能受到损害，例如反倾销税的征收会提高原来较低的商品价格，消费者要支付较多的货币才能购买到与过去同样的商品。正是在这种意义上，消费者并不赞同贸易摩擦，也会强烈地反对把摩擦的事态扩大。特别是在贸易摩擦上双方都没有绝对胜算的把握时，为了避免两败俱伤，发起摩擦的一方往往会流露出庭外解决的愿望，这就更是出口国施加压力化解贸易摩擦的有利时机。这时，可以主动地与对方协商，并适当地做出一些让步，以便达成相应的和解协议。但需要注意的是，同意庭外和解不等于把私了作为唯一的化解手段。出口国应该学会根据孰优比较的原则舍小求大，使贸易摩擦的伤害影响有所降低，此外还可以通过一些主动行为，争取国外第三方力量的更多支持。

总之，第三方力量的使用是化解国际贸易摩擦和争端的一个有力策略和技巧，但不可能成为解决贸易摩擦的主要形式和方法。贸易摩擦的根源一般是贸易获益的不对称和不平衡，该矛盾一般是难以解决和调和的，第三方力量无非是在激化的矛盾中起到缓解和润滑的作用，是不能够从根本上解决贸易摩擦的。

第二节　贸易平衡与国际贸易摩擦治理的理论分析

贸易失衡，尤其是贸易逆差会影响一国经济的增长，从而为了减轻失衡的压力，贸易逆差国会用关税等摩擦和争端措施抑制进口，扭转失衡状况。本节将扩展和构建一个三个国家、三种产品（3×3）的贸易模型证明，一国为了平衡本国的贸易收支,必然会挑起摩擦和争端。从而在理论上深化贸易收支和贸易摩擦之间的关系。

宏观国际经济学理论告诉我们,一国国际收支的过度顺差和逆差都是不健康的,对于其国内经济的持续发展都存在着不利的影响,所以保持一定时期内国际收支的基本平衡是一国的重要宏观任务之一,也是各国政府所追求的目标。同时,国际社会是错综复杂的,各个国家不同的国内环境和政策决定了国际收支失衡会是常态。这时为了达到平衡的目的,各国就会采取措施,尤其是那些贸易逆差国,会通过关税和非关税措施阻止本国的进口,扭转贸易失衡的状况。与此同时,这些关税和非关税措施也就引起了贸易摩擦及争端。

现有文献从理论上对贸易失衡和贸易摩擦关系进行直接研究的较少,更多的是从实际出发,研究贸易失衡发生的原因、对于各国经济的影响以及如何消除贸易失衡等问题。如 Nowak(1987)分析了利率因素对于贸易失衡形成的影响,Egwaikhide(1999)用尼日利亚的数据研究了其国内预算赤字导致贸易失衡的过程;Chinn(2004)研究了收入、汇率和美国贸易失衡问题;Hunt 和 Rebucci(2005)的研究发现,美国的贸易失衡是由于劳动生产率的提高引起汇率高估,从而引发贸易逆差的;Erceg 等(2005)研究了扩张性财政政策对于缓解美国贸易赤字的作用,结果显示无论是增加政府购买还是税收减免措施,对于缓解贸易赤字都没有什么显著的积极效应;Zhang 等(2006)用可计算一般均衡模型实证分析了人民币汇率与中美贸易赤字之间的关系,结论显示人民币升值并不能够缓解美国的贸易赤字。国内近年文献大多集中在分析中美贸易失衡问题(潘红宇,2007;陈六傅、钱学锋,2007;等等),也是基本没有专门研究贸易失衡与摩擦发生的文献。正是基于以上的原因,我们从模型角度来阐述和分析这一看似简单的原理就显得比较富有价值和意义。

为了分析贸易失衡与贸易摩擦之间形成的关系,我们引入 Cox 和 Ruffin(1998)的 3×3 模型,该模型原被用来分析贸易失衡的福利效应,我们将对其进行扩展和延伸,用以演绎贸易失衡引起贸易摩擦的过程。

假设一个经济体有三个国家 A、B 和 C,分别消费三种产品 A、B 和 C,其中商品 C 是价格为 1 的货币兑换率商品(Numeraire Goods),并且每个国家 i 都拥有固定禀赋的商品 i,且只消费另外两种商品,这另外的商品消费只有依靠进口。我们再假设没有生产和消费的替代,从而一国总的出口量是不变的。我们遵照 Johnson(1953)以及 Kennan 和 Riezman(1988),引入一个柯布—道格拉斯效用函数。并且在偏好上,假设国家 A 偏好商品 B,而国家 B 偏好商品 C,但国家 C 又偏好商品 A,我们用国家 i 偏好商品 j 来表示该关系。且国家 i 消费商品 j 和 k,所以效用函数可以表示为:

$$U_i = (C_{ij})^{\frac{\theta}{1+\theta}} \cdot (C_{ik})^{\frac{1}{1+\theta}} \qquad (5-1)$$

由以上的效用函数，我们得到每一个国家 i 花费在商品 j 上的支出将是花费在商品 k 上的 θ 倍，这里 θ>1，当 θ=1 时，各国之间没有双边贸易失衡。这里，国家 i 面临的预算约束是其花费在商品 j 和 k 上的支出总和不大于其自有商品 i 的出口总收入，即：

$$P_j C_{ij} + P_k C_{ik} \leq P_i Q_i \qquad (5-2)$$

其中，C_{ij} 和 C_{ik} 分别表示 i 国消费 j 商品和 k 商品的量，P_j 和 P_k 表示商品 i 和 j 的价格；而 Q_i 则是 i 国自有商品 i 的禀赋量，P_i 是其价格。再设定 i 国对于本国进口商品 j 和 k 分别征收关税 ζ_{ij} 和 ζ_{ik}，用 ζ_i 来表示 i 国偏爱商品的相对关税率，即 $\zeta_i = \zeta_{ij}/\zeta_{ik}$，则 i 国所偏爱商品 j 的相对价格是 $P_j \zeta_i / P_k$。由于在均衡状态下，消费者将在商品边际替代率等于其相对价格点处消费，所以国家 i 的消费模式满足：

$$\frac{\theta C_{ik}}{C_{ij}} = \frac{P_j \zeta_i}{P_k} \qquad (5-3)$$

我们再假定政府的关税收入会全部再分配给消费者。由式（5-2）和式（5-3），可以解出均衡的 i 国消费情况：

$$\begin{cases} C_{ij} = \dfrac{\theta P_i Q_i}{P_j (\theta + \zeta_i)} \\ C_{ik} = \dfrac{P_i Q_i \zeta_i}{P_k (\theta + \zeta_i)} \end{cases} \qquad (5-4)$$

在市场出清的情形下，应该有下式成立：

$$\begin{cases} Q_i = C_{ji} + C_{ki} \\ Q_j = C_{ij} + C_{kj} \\ Q_k = C_{ik} + C_{jk} \end{cases} \qquad (5-5)$$

将式（5-4）结果代入式（5-5）中，再引入具体国家，能够解出均衡状态下的价格：

$$\begin{cases} P_A = \dfrac{Q_C (\theta + \zeta_A)(\theta^2 + \theta \zeta_B + \zeta_B \zeta_C)}{Q_A (\theta + \zeta_C)(\theta^2 + \theta \zeta_A + \zeta_A \zeta_B)} \\ P_B = \dfrac{Q_C (\theta + \zeta_B)(\theta^2 + \theta \zeta_C + \zeta_C \zeta_A)}{Q_B (\theta + \zeta_C)(\theta^2 + \theta \zeta_A + \zeta_A \zeta_B)} \\ P_C = 1 \end{cases} \qquad (5-6)$$

为了简化上式，假设 $\lambda_{ij} = \theta^2 + \theta \zeta_i + \zeta_i \zeta_j$，那么式（5-6）中的 P_A 和 P_B 值可

以简化为：

$$\begin{cases} P_A = \dfrac{Q_C\,(\theta+\zeta_A)\,\lambda_{BC}}{Q_A\,(\theta+\zeta_C)\,\lambda_{AB}} \\ P_B = \dfrac{Q_C\,(\theta+\zeta_B)\,\lambda_{CA}}{Q_B\,(\theta+\zeta_C)\,\lambda_{AB}} \end{cases} \quad (5-7)$$

把上式的结果代入式（5-4），则 i 国对于商品 j 和 k 的均衡消费量是：

$$\begin{cases} C_{ij} = \dfrac{\theta Q_j \lambda_{jk}}{(\theta+\zeta_i)\,\lambda_{ki}} \\ C_{ik} = \dfrac{\zeta_i Q_k \lambda_{jk}}{(\theta+\zeta_k)\,\lambda_{ij}} \end{cases} \quad (5-8)$$

将该均衡消费量代入式（5-1）的效用函数，得到：

$$U_i = \left[\dfrac{\theta Q_j \lambda_{jk}}{(\theta+\zeta_i)\,\lambda_{ki}}\right]^{\frac{\theta}{1+\theta}} \cdot \left[\dfrac{\zeta_i Q_k \lambda_{jk}}{(\theta+\zeta_k)\,\lambda_{ij}}\right]^{\frac{1}{1+\theta}} \quad (5-9)$$

考虑一个特殊的情况，就是 A、B 和 C 三国对于本国进口征收同样的关税率，即假设 $\zeta_i=\zeta$，这样上式结果就可以化为：

$$U_i = \dfrac{\left[\zeta \theta^{\theta} Q_j^{\theta} Q_k\right]^{\frac{1}{\theta+1}}}{\theta+\zeta} \quad (5-10)$$

对上式求其对于关税率 ζ 的偏导数，有：

$$\dfrac{\partial U_i}{\partial \zeta} = -\dfrac{(\theta^{\theta} Q_j^{\theta} Q_k)^{\frac{1}{\theta+1}} \left[\zeta^{\frac{1}{\theta+1}} - \dfrac{\zeta+\theta}{\theta+1}\zeta^{-\frac{\theta}{\theta+1}}\right]}{(\theta+\zeta)^2} < 0 \ (\text{for}:\ \zeta \le 1) \quad (5-11)$$

式（5-11）中，由于一般来说，关税率小于 1，所以其结果小于 0，就是说任何国家 i 对于本国进口产品征税实际上是不利于本国消费者福利的。但是我们看到，各国消费习惯和偏好的不同导致贸易是不平衡的，贸易逆差国为了平衡收支，必定会对本国偏好产品的进口征收关税。下面我们来分析任何国家 i 和 j 的双边贸易收支情况，贸易收支就是一国的出口值减去其进口值，我们这里用相对的贸易赤字值，就是 i 国对于 j 国的贸易赤字占两国贸易总量的比例，用 D_{ij} 表示，则：

$$D_{ij} = \dfrac{P_j C_{ij} - P_i C_{ji}}{P_j C_{ij} + P_i C_{ji}} \quad (5-12)$$

把式（5-7）和式（5-8）的结果代入式（5-12）中，有：

$$D_{ij} = \dfrac{\theta \lambda_{jk} - \zeta_j \lambda_{ki}}{\theta \lambda_{jk} + \zeta_j \lambda_{ki}} = \dfrac{\theta\,(\theta^2 + \theta\zeta_j + \zeta_j\zeta_k) - \zeta_j\,(\theta^2 + \theta\zeta_k + \zeta_i\zeta_k)}{\theta\,(\theta^2 + \theta\zeta_j + \zeta_j\zeta_k) + \zeta_j\,(\theta^2 + \theta\zeta_k + \zeta_i\zeta_k)} \quad (5-13)$$

对上式求关于 i 国关税率 ζ_i 的偏导数，得：

$$\frac{\partial D_{ij}}{\partial \zeta_i} = -\frac{2\theta\zeta_j\zeta_k\ (\theta^2+\theta\zeta_j+\zeta_j\zeta_k)}{[\theta\ (\theta^2+\theta\zeta_j+\zeta_j\zeta_k)\ +\zeta_j\ (\theta^2+\theta\zeta_k+\zeta_j\zeta_k)\ ]^2} \leq 0 \qquad (5-14)$$

上式说明，一国对于本国产品进口所征收的关税越高，则其贸易逆差会越小，反之则反是。这说明，贸易失衡尤其是贸易逆差确实是引起贸易摩擦的重要因素，因为贸易失衡对于经济增长的不利影响必然会促使一国制定相应的政策措施来解决失衡问题。这些政策措施中，当属关税和非关税等贸易政策措施最为直接和效果最好。一旦这些贸易政策措施被采用，则两国之间的贸易摩擦就发生了，且这种贸易摩擦会一直持续到两国贸易收支基本平衡为止。至此，我们的模型已经证明了贸易失衡和贸易摩擦形成之间的关系。

以上我们用一个三个国家三种产品的贸易模型说明了双边贸易逆差的形成过程，并得出化解贸易失衡的途径，就是要对本国进口制定贸易壁垒，通过关税和非关税措施等阻止本国的进口，这一方面可以改善一国的贸易条件，另一方面能够缩小贸易逆差，这些贸易政策措施都会引起贸易摩擦和争端。另外，本章的研究实际上是立足于两国之间贸易收支分析的，如果考虑到报复性措施，从而j国会不满i国的贸易壁垒，对k国进口也制定同样的壁垒，k国出于报复就会对i国向其出口制定贸易壁垒，这样循环的结果是贸易逆差虽然缩小了，但贸易量也缩小了，每个国家的福利都会恶化，正如模型分析得到的结论那样，实际上这些贸易壁垒措施对于每一国都是不利的。虽然如此，但正如实际世界是复杂的，不确定因素也很多，每个国家都会只关注眼前的贸易失衡，故贸易失衡确实是贸易摩擦的重要原因。所以，促进贸易的平衡是化解国际贸易摩擦的重要途径之一。

第三节 需求结构调整与国际贸易摩擦的治理

在国民经济核算的支出法中，需求包括三个部分，分别是消费、投资和净出口。需求的结构与经济增长直接相关，体现了一个国家经济增长的动力和来源结构。净出口包括出口和进口两个部分。以中国为例，经济增长中的投资和出口是重要的推动力量，而消费所占比较低。内需不足而过度依赖外需的需求结构决定了中国的对外贸易必然存在不平衡，出口量的增加以及贸易顺差的地位很容易引起贸易伙伴的不满，从而滋生国际贸易摩擦。故而，调整需求结构是化解国际贸易摩擦的重要途径，并且属于根本性解决和缓解的单边行动措施。

一、中国的消费结构

中国的消费支出整体上在逐步增长，20世纪90年代开始进入加快增长阶段,而21世纪伊始仍然保持较快增长势头。2011年中国消费支出228561.3亿元,而2001年的中国消费支出仅有66933.9亿元,2001~2011年年均增长约24.1%;1991年中国消费为14091.9亿元,1991~2001年年均增长约为37.5%;而1981~1991年的平均增长率为31.9%。1961~1981年的平均增长率为11.9%,见图5-1和表5-1。

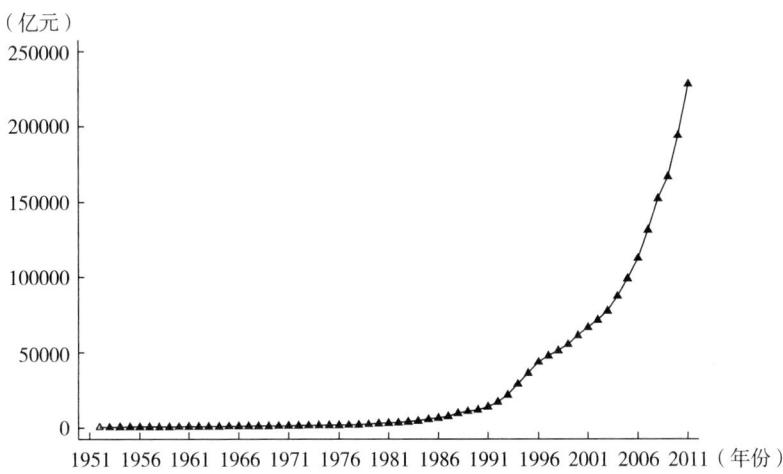

图5-1 1951~2011中国消费支出

资料来源:各年份《中国统计年鉴》。

表5-1 1980~2011年中国消费支出结构(按照消费主体分类)

单位:亿元

年份	消费支出	居民消费支出	农村居民消费支出	城镇居民消费支出	政府消费支出
1980	3007.9	2331.2	1411	920.2	676.7
1981	3361.5	2627.9	1603.8	1024.1	733.6
1982	3714.8	2902.9	1787.5	1115.4	811.9
1983	4126.4	3231.1	2010.5	1220.6	895.3
1984	4846.3	3742	2312.1	1429.6	1104.3
1985	5986.3	4687.4	2809.6	1877.8	1298.9
1986	6821.8	5302.1	3059.2	2242.9	1519.7
1987	7804.6	6126.1	3428.9	2697.2	1678.5
1988	9839.5	7868.1	4174	3694.1	1971.4
1989	11164.2	8812.6	4545.7	4266.9	2351.6

续表

年份	消费支出	居民消费支出	农村居民消费支出	城镇居民消费支出	政府消费支出
1990	12090.5	9450.9	4683.1	4767.8	2639.6
1991	14091.9	10730.6	5082	5648.6	3361.3
1992	17203.3	13000.1	5833.5	7166.6	4203.2
1993	21899.9	16412.1	6858	9554.1	5487.8
1994	29242.2	21844.2	8875.3	12968.9	7398
1995	36748.2	28369.7	11271.6	17098.1	8378.5
1996	43919.5	33955.9	13907.1	20048.8	9963.6
1997	48140.6	36921.5	14575.8	22345.7	11219.1
1998	51588.2	39229.3	14472	24757.3	12358.9
1999	55636.9	41920.4	14584.1	27336.3	13716.5
2000	61516	45854.6	15147.4	30707.2	15661.4
2001	66933.9	49435.9	15791	33644.9	17498
2002	71816.5	53056.6	16271.7	36784.9	18759.9
2003	77685.5	57649.8	16305.7	41344.1	20035.7
2004	87552.6	65218.5	17689.9	47528.6	22334.1
2005	99051.3	72652.5	19371.7	53280.8	26398.8
2006	112631.9	82103.5	21261.3	60842.2	30528.4
2007	131510.1	95609.8	24122	71487.8	35900.3
2008	152346.6	110594.5	27495	83099.5	41752.1
2009	166820.1	121129.9	28833.6	92296.3	45690.2
2010	194115	140758.6	30897	102393.9	53356.4
2011	228561.3	164945.2	37394.6	127550.6	63616.1

资料来源：各年度《中国统计年鉴》。

按照消费主体划分，中国的消费结构中居民消费占据主体地位，其增长和变动趋势与政府消费更加趋同和一致。从时间动态变化看，居民消费支出和政府消费支出的差距在不断增加，且从1995年左右开始这一差距快速增长。以2011年的实际数据为例，居民消费支出164945.2亿元，政府消费支出63616.1亿元，居民消费支出是政府消费支出的约2.6倍；居民消费占总消费支出的72.2%，政府消费占总消费支出的27.8%，如图5-2和表5-1所示。

进一步细分居民消费的结构，城镇居民消费支出远多于农村居民消费，占据居民消费的主体地位，且城镇居民消费和农村居民消费的差距在不断拉大，

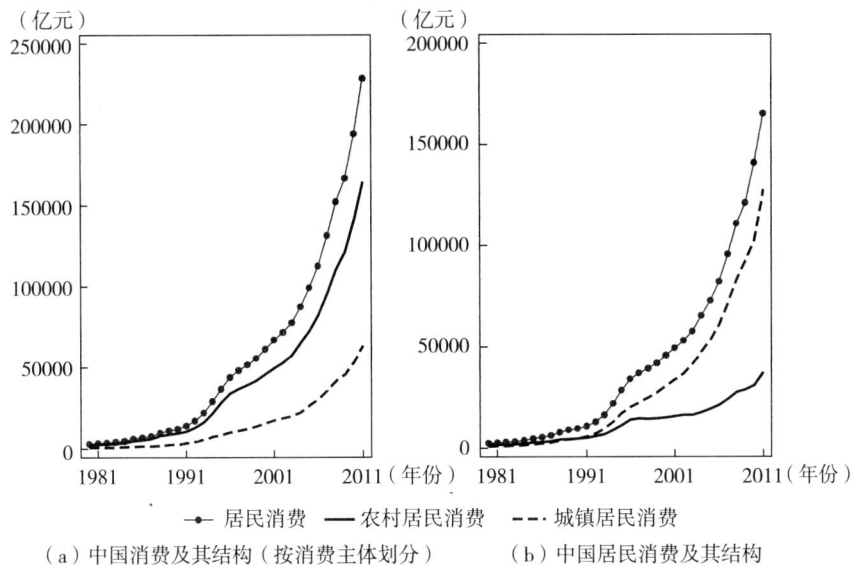

(a) 中国消费及其结构（按消费主体划分） （b) 中国居民消费及其结构

图 5-2 按消费主体划分的中国消费结构

资料来源：各年份《中国统计年鉴》。

两者的差距从 20 世纪 90 年代开始呈现快速扩大的趋势。以具体数据为例，2011 年中国农村居民消费支出 37394.6 亿元，城镇居民消费支出 127550.6 亿元，城镇居民消费支出是农村居民消费支出的约 3.4 倍，两者支出的差是 90156 亿元；而在 1990 年，中国农村和城镇居民的消费支出分别是 4683.1 亿元和 4767.8 亿元，城镇居民消费支出仅为农村居民消费支出的 1.02 倍，两者相差 84.7 亿元，如图 5-2 和表 5-1 所示。

按照消费产品划分，中国城镇居民和农村居民具有不同的消费结构。首先，分析城镇居民消费结构，食品类、居住类、交通和通信类以及医疗保健类支出是主要的消费支出，对各类产品的消费支出呈逐年增加的态势。以 2011 年的实际数据为例，中国城镇居民消费中，食品类消费支出 37458.5 亿元，占居民消费总支出的 29.37%；居住类支出 21596.2 亿元，占居民消费总支出的 16.93%；交通和通信类支出 14624.1 亿元，占比 11.47%；医疗保健类支出 12590.7 亿元，占比约 9.9%，如图 5-3 所示。

其次，分析农村居民的产品消费结构。与城镇居民的支出结构相似，食品类、居住类、医疗保健类和交通和通信类是主要的消费支出产品行业；不同的是，农村居民对医疗保健类产品的支出比交通和通信类产品支出高，这与城镇居民正好相反。同时，农村居民对各类产品的消费支出随时间推移都呈现不断增加的趋势。以 2011 年数据为例，中国农村居民消费中，食品消费支出

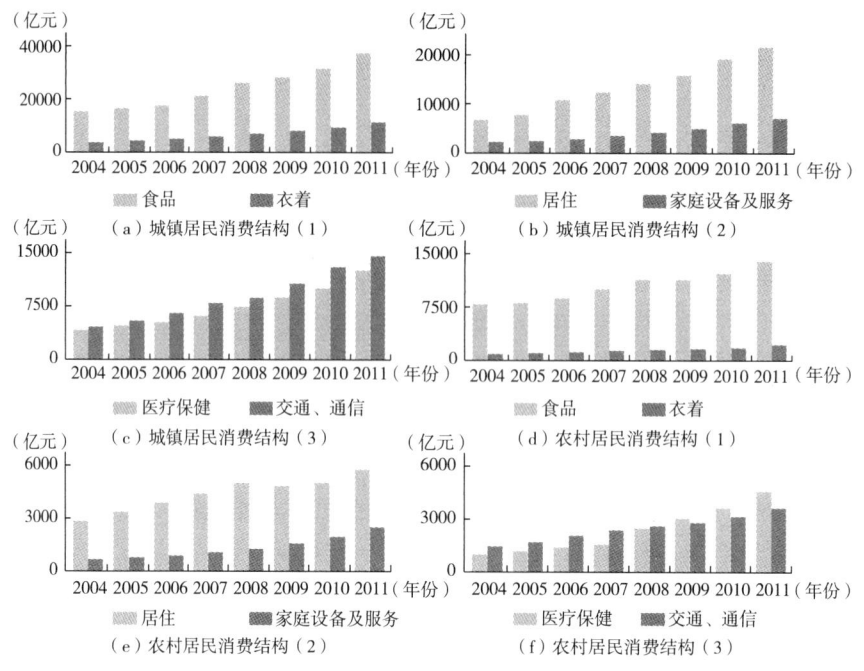

图 5-3　2004~2011 年中国城镇及农村居民的消费结构（按产品类别分）

资料来源：各年份《中国统计年鉴》。

13989.2 亿元，占农村居民消费总支出的 37.41%；居住支出 5792.3 亿元，占比 15.49%；医疗保健支出 4609.9 亿元，占比 12.33%；交通和通信支出 3631.2 亿元，占比 9.71%，如图 5-4 所示。

将城镇居民和农村居民的产品消费支出进行对比，发现城镇居民在每项产品上的支出都比农村居民多；农村居民在最基础性产品（如食品、医疗保健等）上的支出份额更大（见图 5-3）。说明城镇居民的整体消费水平比农村居民高。

总体来看，中国消费支出不断增加，尤其是进入 21 世纪以来，消费呈现了快速增加的势头。消费主体结构上，居民消费支出远大于政府消费，且两者的差距随着时间推移不断增加；进一步细分居民消费，城镇居民消费支出远大于农村居民，且两者的差距也随着时间推移而不断增加。消费产品结构上，中国城镇和农村居民消费支出主要集中在食品、居住、医疗保健和交通运输等方面，消费的层次不高；比较而言，城镇居民的消费结构层次要高于农村居民。从现实的数据比较结果可以看出，中国消费的层次不高，基本停留在基本需求消费的阶段，同时城镇居民和农村居民的消费层次和差距正在不断扩大；另外，从发展的趋势看，中国消费的层次和结构在不断提升和优化。

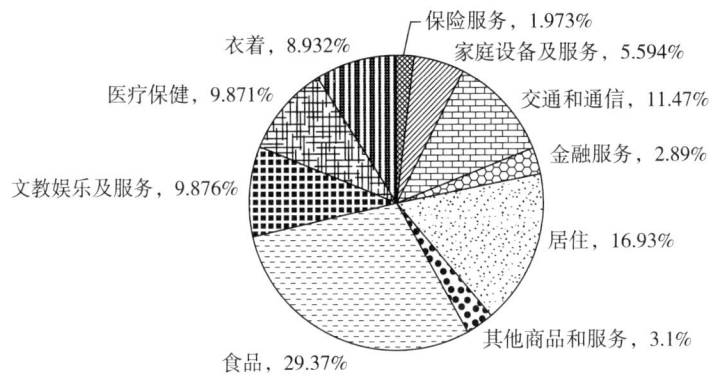

（a）2011年城镇居民产品消费结构

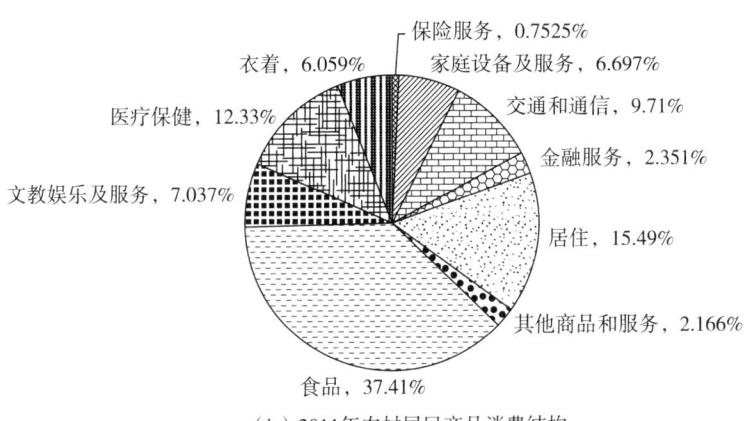

（b）2011年农村居民产品消费结构

图 5-4　2011 年中国城镇和农村居民消费结构（按产品类型分）

资料来源：各年份《中国统计年鉴》。

二、中国的投资结构

中国的投资在整体上呈逐年增长的趋势，且从 1991 年开始进入加速增长阶段，2001 年之后的投资增速进一步提高，即使在金融危机时期，投资的增速仍然在增加。从实际数据分析，1980 年中国投资 1599.7 亿元，1990 年中国投资 6747 亿元，1980~1990 年年均增长 32.2%；2000 年中国投资 34842.8 亿元，1990~2000 年年均增长 41.6%；2011 年中国投资 225006.7 亿元，2000~2011 年年均增长 54.6%，如图 5-5 和表 5-2 所示。

从资本形成类型看中国投资的结构，固定资产投资是总投资的主体，其增长趋势与总投资高度一致，且增长速度很快；存货投资增长缓慢，基本较为稳定，占总投资的份额小且份额随着时间推移在不断减小。以 2011 年的投资结构数据为例,固定资产投资 213043.1 亿元,占总投资的 94.7%;存货投资 11963.6 亿元,占总投资的 5.3%。而在 1990 年,中国固定资产投资 4827.8 亿元,占总投资的 71.6%。可见,固定资产投资所占的比重越来越大,而存货投资所占比重在逐步下降。如图 5-6 和表 5-2 所示。

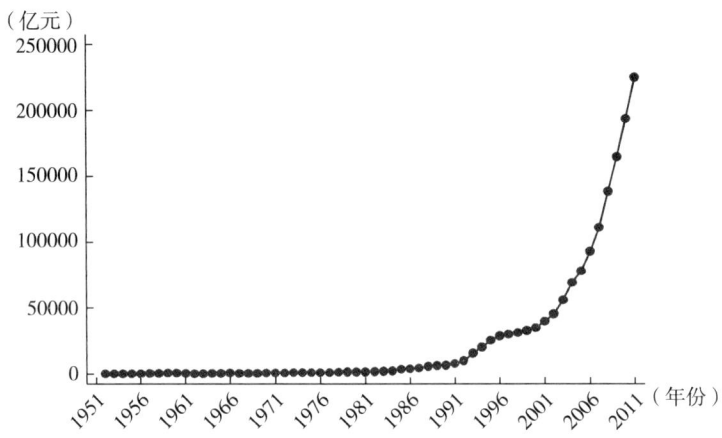

图 5-5　1951~2011 年中国投资总额

资料来源:各年份《中国统计年鉴》。

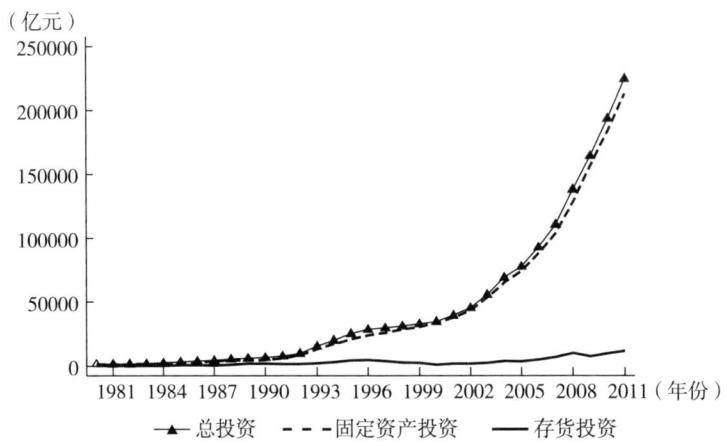

图 5-6　1981~2011 年中国投资及其结构(按投资资本形成分类)

资料来源:各年份《中国统计年鉴》。

表 5-2　1980~2011 年中国投资及其结构（按投资资本形成分类）

单位：亿元

年份	总投资	固定资产投资	存货投资	年份	总投资	固定资产投资	存货投资
1980	1599.7	1322.4	277.3	1996	28784.9	24048.1	4736.8
1981	1630.2	1339.3	290.9	1997	29968	25965	4003
1982	1784.2	1503.2	281	1998	31314.2	28569	2745.2
1983	2039	1723.3	315.7	1999	32951.5	30527.3	2424.2
1984	2515.1	2147	368.1	2000	34842.8	33844.4	998.4
1985	3457.5	2672	785.5	2001	39769.4	37754.5	2014.9
1986	3941.9	3139.7	802.2	2002	45565	43632.1	1932.9
1987	4462	3798.1	663.3	2003	55963	53490.7	2472.3
1988	5700.2	4701.9	998.3	2004	69168.4	65117.7	4050.7
1989	6332.7	4419.4	1913.3	2005	77856.8	74232.9	3623.9
1990	6747	4827.8	1919.2	2006	92954.1	87954.1	5000
1991	7868	6070.3	1797.7	2007	110943.2	103948.6	6994.6
1992	10086.3	8513.7	1572.6	2008	138325.3	128084.4	10240.9
1993	15717.7	13309.2	2408.2	2009	164463.2	156679.8	7783.4
1994	20341.1	17312.7	3028.4	2010	193603.9	183615.2	9988.7
1995	25470.1	20885	4585.1	2011	225006.7	213043.1	11963.6

资料来源：各年度《中国统计年鉴》。

从分行业的角度看中国投资的结构。受数据获取的限制，我们以城镇新增固定资产投资的分行业数据分析投资的行业结构①。在分行业的投资情形下，制造业、房地产业、交通运输与仓储和邮政业，以及采矿业是主要的投资领域，但信息、零售、餐饮和金融等新兴服务产业的投资增速更快。以 2011 年的数据为例，制造业新增固定资产投资 70849 亿元，占新增固定资产投资总额的 47.6%；房地产业新增固定资产投资 37294.8 亿元，占比 25.1%；交通运输、仓储和邮政业新增固定资产投资 13074.9 亿元，占比 8.8%；采矿业新增固定资产投资 8139.1 亿元，占比 5.5%；这四类行业的新增投资占总新增投资的 87%。中国投

---

① 由于中国存货投资所占总投资的份额很小，固定资产投资与总投资的增长趋势和水平高度大致一致，能够代表和反映总投资的情况；另外，中国农村固定资产投资规模与城镇比较，也相对很小，所以用城镇固定资产投资情况能够反映总投资的状况。在数据缺失的条件下，使用城镇固定资产投资行业结构分析总投资行业结构是一个次优选择。

资分行业结构随着时间变动在不断变化,制造业的所占比重在增加,同时信息、零售和金融等服务性行业的投资比重也在不断增加。如表5-3和图5-7所示。

表5-3 2005~2011年中国城镇新增固定资产投资的分行业结构

单位:亿元

年份	2005	2006	2007	2008	2009	2010	2011
农、林、牧、渔业	608.8	807.0	1094.8	1694.1	2529.3	2865.0	5381.6
采矿业	2015.8	2853.9	3438.5	3981.8	5781.3	5847.7	8139.1
制造业	13276.5	17268.0	21654.6	28335.2	40317.0	48751.7	70849.0
建筑业	374.8	475.3	584.2	788.5	963.3	1363.9	2204.8
交通运输、仓储和邮政业	5235.8	5751.0	6527.9	7802.7	9593.1	12387.4	13074.9
信息传输、计算机和软件业	958.2	1082.4	1077.7	1197.8	1567.3	1514.7	1337.2
批发和零售业	1019.4	1266.7	1604.8	2238.9	3250.9	3495.2	4921.5
住宿和餐饮业	431.7	580.4	813.8	1106.8	1624.1	1849.4	2539.3
其他金融活动	5.1	6.6	11.3	27.9	31.2	37.2	144.6
房地产业	10419.3	12968.5	14483.2	18385.7	22553.3	27643.0	37294.8
租赁和商务服务业	268.5	279.0	383.3	623.5	948.4	1323.5	1757.6
科学研究、技术服务业	196.2	258.5	327.8	437.4	690.8	749.9	1060.4

资料来源:各年度《中国统计年鉴》。

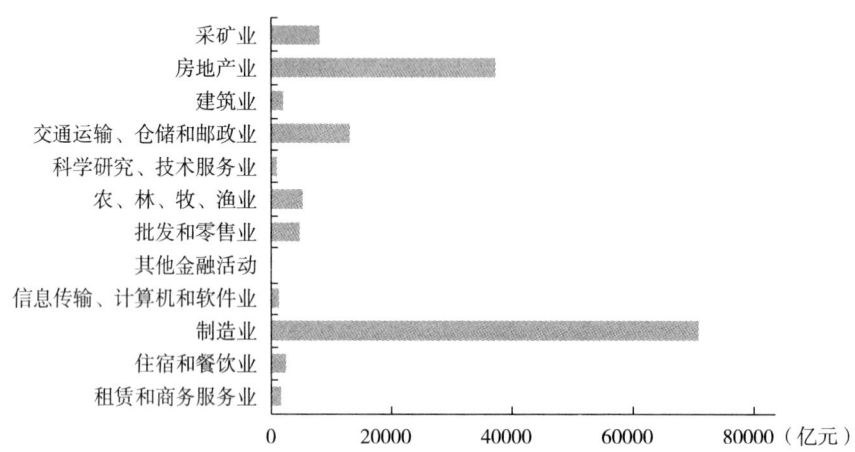

图5-7 2011年中国城镇新增固定资产投资的分行业结构

资料来源:各年份《中国统计年鉴》。

综上所述，中国投资在不断增长，且增速从 20 世纪 90 年代开始增加，2000 年以来增长速度进一步提高。资本形成类型分析的投资结构显示，固定资产投资居总投资的绝对主体地位且增速较快，而存货投资增长缓慢且所占比重较小，固定资产投资和存货投资之间的差额在不断扩大。从分行业分析投资结构显示，制造业、房地产业、交通运输与仓储和邮政业以及采矿业是主要的投资领域和行业；同时，信息、零售和金融等服务性行业的投资比重在不断增加。中国投资的行业结构在逐步优化，体现了中国产业逐步升级的过程。

三、中国的出口结构

中国出口整体上稳步增长，且增长速度在 2001 年中国加入 WTO 之后快速提升，出口与进口相比更快，贸易顺差逐年增加。以实际数据分析，1980 年中国出口仅有 181.2 亿美元，到 1990 年增长到 620.9 亿美元，1980~1990 年年均增长 24.3%；2000 年出口 2492 亿美元，1990~2000 年年均增长 30.1%；2011 年出口 18986 亿美元，2000~2011 年年均增长 66.2%[①]，如图 5-8 所示。

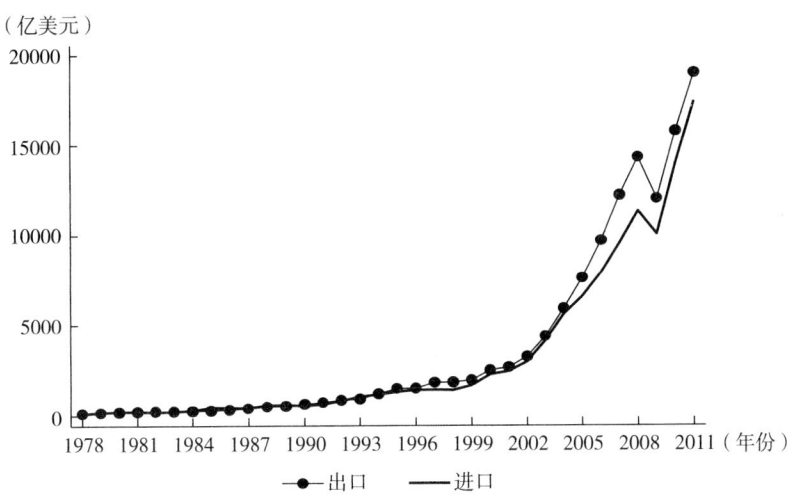

图 5-8　1978~2011 年中国进出口贸易

资料来源：Wind 数据库。

从贸易方式不同分析出口的结构。可分为一般贸易和加工贸易。中国加工

---

①　这里计算的年度增长率是以一个时间段的起始年份为基期计算的年平均增长率，与逐年计算的年度增长率不同（以每一年度的上年度为基期，每年的基期都不同）。所以，通常熟悉的逐年计算的中国出口增长率在 2000~2011 年在 20%~30%，我们用整个时间段计算的年均增长率达到 66.2%。

贸易规模自从1995年超过一般贸易后，一直处于略多于一般贸易规模的状态，直到2011年一般贸易才略超过加工贸易规模。1995年之前，中国一般贸易规模大于加工贸易，且一般贸易处于绝对主体地位；但从20世纪80年代开始，一直到1995年左右，中国加工贸易的增长速度远快于一般贸易。以具体数据为例，2010年中国加工贸易出口7403亿美元，一般贸易出口7207亿美元，加工贸易比一般贸易多出口196亿美元；2011年中国加工贸易出口8354亿美元，一般贸易出口9171亿美元，一般贸易出口比加工贸易出口多817亿美元，如图5-9所示。

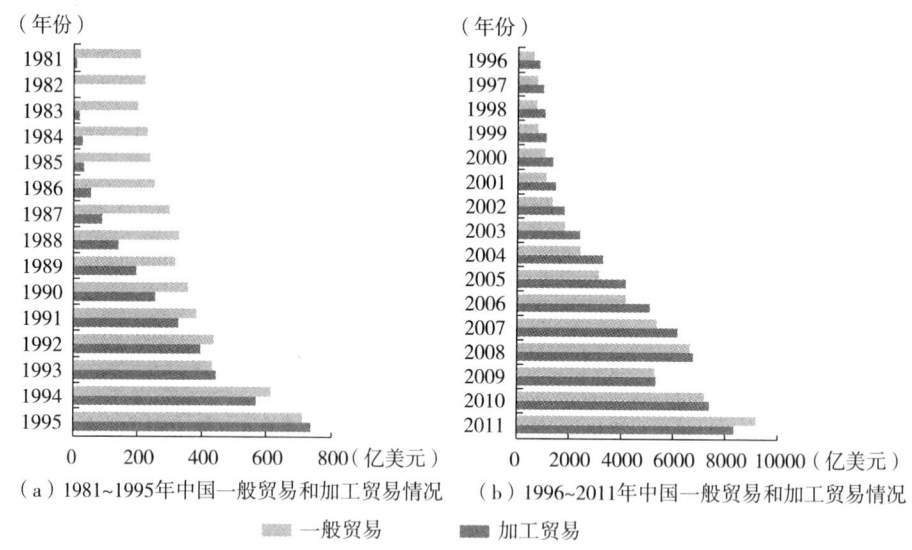

图5-9 中国一般贸易和加工贸易情况

资料来源：历年《中国统计公报》。

从贸易类型分析出口的结构。可分为货物贸易和服务贸易。中国货物贸易的规模远大于服务贸易，中国是货物贸易大国但却是服务贸易小国；而中国货物贸易的增长速度也远快于服务贸易，两者之间的差距越来越大。从具体数据看，2011年中国货物贸易出口18983.8亿美元，服务贸易出口1824.3亿美元，货物贸易出口额是服务贸易出口额的10.4倍。货物贸易和服务贸易比的结果显示，2001~2006年，中国货物贸易的增速一直快于服务贸易；但2006~2010年，货物和服务贸易比不断下降，即服务贸易增速开始快于货物贸易；2011年货物贸易增速又快于服务贸易，如图5-10所示。

从最粗略的出口产品类型分析出口结构。将出口分为初级产品出口和工业制成品出口。中国工业制成品出口规模远远大于初级产品，且工业制成品出口

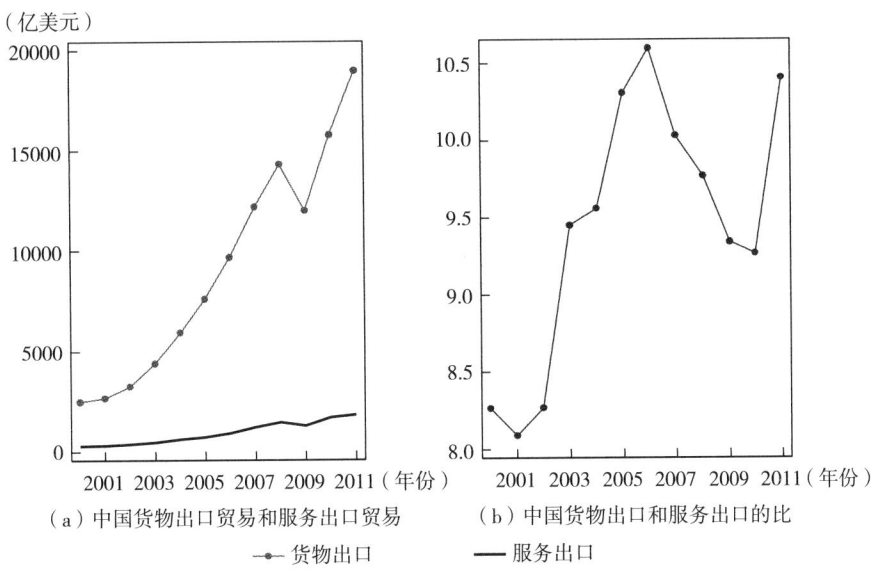

图 5-10 中国货物和服务的出口情况

资料来源：WTO Statistic Database。

增速快于初级产品，两者之间的差随时间推移越来越大。从具体数据看，2011年中国初级产品出口 1005.5 亿美元，工业制成品出口 17978.4 亿美元，工业制成品出口是初级产品出口的 17.9 倍；而在 2000 年，中国初级产品出口 254.6 亿美元，工业制成品出口 2237.4 亿美元，工业制成品出口是初级产品出口的 8.8 倍。工业制成品出口比重的增加也说明了中国出口结构的优化和出口质量的提升，如图 5-11 所示。

从具体行业和产品来分析出口结构。以下对货物贸易和服务贸易出口的产品结构分别分析。首先是货物贸易方面。机器和运输设备、不同种类的制成品、原料划分的制成品是主要的出口产品，且这些行业的出口随时间变化仍保持稳定。以 2011 年实际数据为例，机器和运输设备出口 9032.1 亿美元，占总货物贸易出口的 47.58%；不同种类的制成品出口 4571.6 亿美元，占货物贸易出口总额的 24.08%；原料划分的制成品出口 3234.1 亿美元，占货物贸易出口总额的 17.04%；这三类产品出口占货物出口总额的 88.7%。在时间变动趋势上，2008年、2009 年和 2010 年的货物出口行业结构与 2011 年大致相同，如图 5-12 和表 5-4 所示。

其次是服务出口的行业结构。其他商业服务、旅游、运输、建筑服务、计算机和信息服务是主要的服务出口行业，且它们的比重结构随时间变动基本维持稳定。以 2011 年实际数据分析，其他商业服务出口 983.07 亿美元，占服务

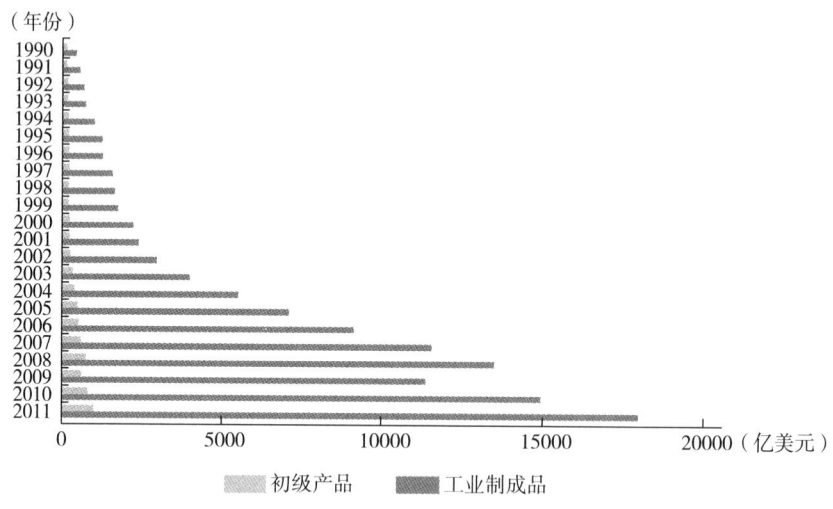

图 5-11 中国初级产品和工业制成品出口情况

资料来源：历年《中国统计年鉴》。

出口总额的 53.9%；旅游服务出口 485.15 亿美元，占服务出口总额的 26.6%；运输服务出口 356.11 亿美元，占服务出口总额的 19.5%；建筑服务出口 147.95 亿美元，占比 8.1%；计算机和信息服务出口 121.74 亿美元，占比 6.7%，如图 5-13 和表 5-5 所示。

表 5-4　2008~2011 年中国货物出口的行业结构　　　单位：亿美元

商品名称	2008 年 出口	占比(%)	2009 年 出口	占比(%)	2010 年 出口	占比(%)	2011 年 出口	占比(%)
食品和活动物	327.14	2.29	325.63	2.71	411.04	2.61	504.51	2.66
饮料和烟草	15.29	0.11	16.41	0.14	19.06	0.12	22.76	0.12
天然材料	108.81	0.76	77.29	0.64	109.63	0.69	139.74	0.74
矿产、润滑剂和相关材料	318.56	2.23	204.59	1.70	267.82	1.70	324.00	1.71
活动物、蔬菜油和脂肪	5.95	0.04	3.39	0.03	3.91	0.02	5.70	0.03
化学品	780.77	5.46	609.08	5.07	859.49	5.45	1125.5	5.93
原料划分的制成品	2623.2	18.34	1865.9	15.53	2521.7	15.98	3234.1	17.04
机器和运输设备	6777.2	47.37	5921.9	49.28	7815.3	49.53	9032.1	47.58
不同种类的制成品	3332.3	23.29	2975.6	24.76	3754.5	23.80	4571.6	24.08
其他商品和交易	17.67	0.11	16.75	0.14	15.17	0.10	23.91	0.11

资料来源：联合国 Comtrade 数据库。

第五章 单边行动与国际贸易摩擦的治理

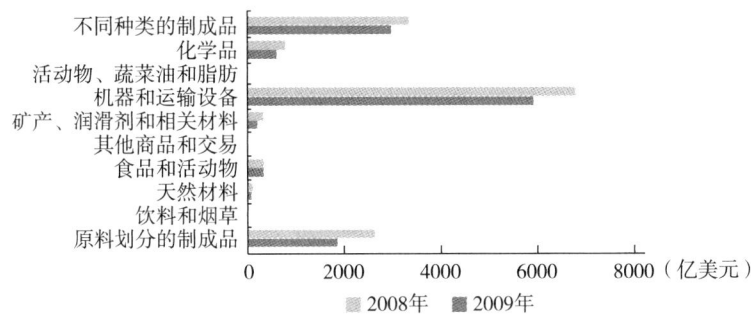

（a）2008年和2009年中国出口货物的产品结构

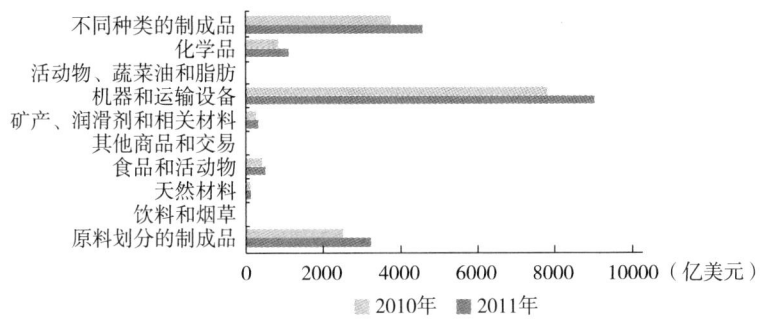

（b）2010年和2011年中国出口货物的产品结构

图 5-12　分行业的中国货物出口贸易

资料来源：联合国 Comtrade 数据库。

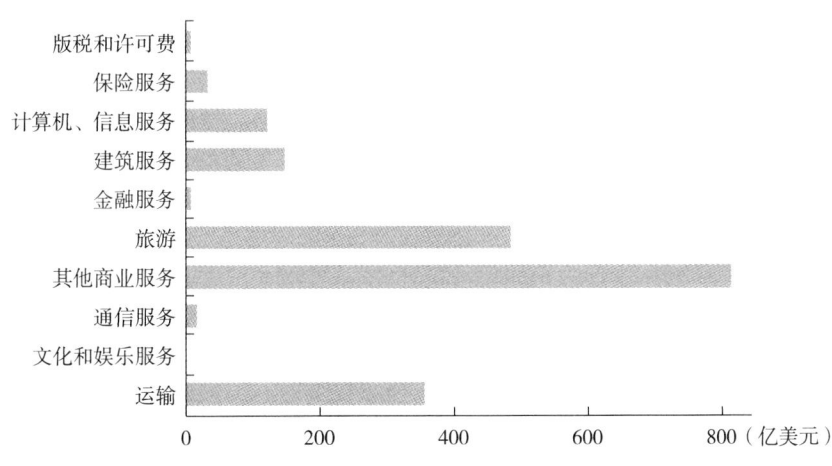

图 5-13　2011 年中国服务贸易出口结构

资料来源：WTO Statistics Database。

表 5-5　2000~2011 中国服务出口的结构（按照类型分）

单位：亿美元

年份	运输	旅游	其他商业服务	通信服务	建筑服务	保险服务	金融服务	计算机、信息服务	版税和许可费
2000	36.71	162.31	102.44	13.45	6.02	1.08	0.78	3.56	0.80
2001	46.35	177.92	104.74	2.71	8.30	2.27	0.99	4.61	1.10
2002	57.20	203.85	132.76	5.50	12.46	2.09	0.51	6.38	1.33
2003	79.06	174.06	210.62	6.38	12.90	3.13	1.52	11.02	1.07
2004	120.68	257.39	242.49	4.40	14.67	3.81	0.94	16.37	2.36
2005	154.27	292.96	291.87	4.85	25.93	5.49	1.45	18.40	1.57
2006	210.15	339.49	364.56	7.38	27.53	5.48	1.45	29.58	2.05
2007	313.24	372.33	530.97	11.75	53.77	9.04	2.30	43.45	3.43
2008	384.18	408.43	671.85	15.70	103.29	13.83	3.15	62.52	5.71
2009	235.69	396.75	653.56	11.98	94.63	15.96	4.37	65.12	4.29
2010	342.11	458.14	902.24	12.20	144.95	17.27	13.31	92.56	8.30
2011	356.11	485.5	983.07	16.89	147.95	33.46	7.99	121.74	8.30

资料来源：WTO Statistic Database。

综上所述，中国出口贸易呈现快速增长的势头，尤其是从 2000 年之后，进入快速增长时期。在一般贸易和加工贸易的出口结构上，1995 年之前一般贸易规模大于加工贸易，但加工贸易的增长速度快于一般贸易，且随着时间推移愈加明显；1995 年之后加工贸易规模超过一般贸易，但基本维持在略多的状态。在货物贸易和服务贸易出口结构上，货物出口规模远大于服务贸易，且货物出口增长速度快于服务贸易，两者之间的差距不断扩大。在初级产品和工业制成品的出口结构上，工业制成品出口处于绝对主体地位，且工业制成品出口增长速度远快于初级产品出口，两类产品出口的差也在不断增加。在货物出口的行业结构上，机器和运输设备、不同种类的制成品、原料划分的制成品是主要的出口产品，且这些行业的出口随时间变化较为稳定。在服务出口的行业结构上，其他商业服务、旅游、运输、建筑服务、计算机和信息服务是主要的服务出口行业，且它们的比重结构随时间变动也基本维持稳定。这些数据事实也说明了，中国的出口质量和出口产业分布的层次在逐步提高和趋于合理。

四、三大需求在国民经济中的地位

在消费、投资和出口三大需求的规模上，消费规模最大，其次是投资，出口规模相对较小；随着时间变化，投资的规模已和消费相当，出口规模大约是消费和投资的一半；在三大需求的增长速度上，投资和出口增长更快，而消费增速相对较低。以三大需求占GDP比重的实际数据为例，2011年中国消费占GDP的比重为49.08%，投资占GDP的比重为48.31%，净出口占GDP的比重为2.61%，出口占GDP的比重为26.46%；而在2000年，消费占GDP的比重为62.3%，投资占GDP的比重为35.28%，净出口占GDP的比重为2.42%，而出口占GDP的比重为20.9%，见图5-14和表5-6。

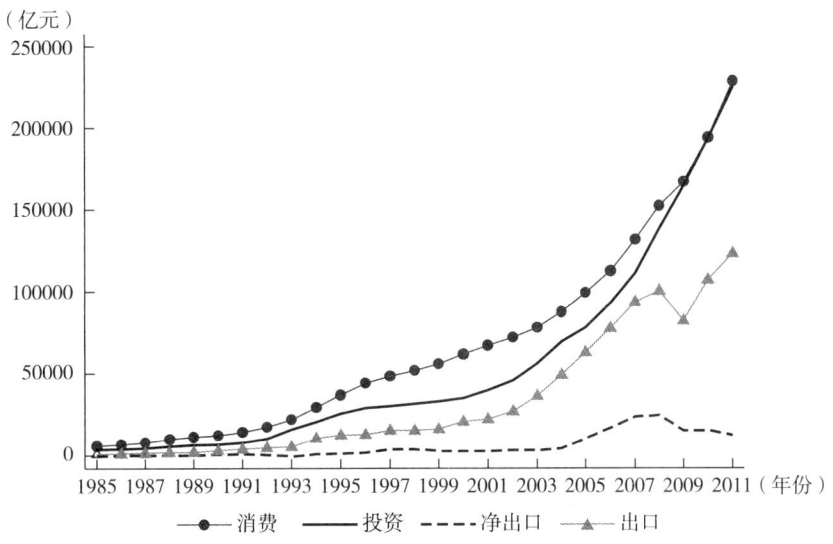

图5-14　1985~2011年中国消费、投资和出口规模

资料来源：Wind数据库和历年《中国统计年鉴》。

从三大需求（支出）对GDP的贡献率看，消费和投资贡献年相当，而净出口的贡献程度相对较小；消费和投资比较而言，消费对GDP的贡献程度总体上略高于投资。时间变动趋势上，消费贡献率有逐步下降的趋势，投资贡献率有逐步上升的趋势，而净出口贡献率在全球金融危机后有很大下降。以2011年实际数据为例，消费对GDP的贡献率为55.5%，投资对GDP的贡献率为48.8%，净出口对GDP的贡献率为-4.3%；在2000年，中国消费对GDP的贡献率为65.1%，投资贡献率为22.4%，净出口贡献率为12.5%，如图5-15和表5-6所示。

表 5-6 1985~2011年中国三大支出占GDP比重及其贡献率和拉动率

单位:%

年份	消费贡献率	投资贡献率	净出口贡献率	消费拉动率	投资拉动率	净出口拉动率	消费占比	投资占比	净出口占比	出口占比
1985	85.5	80.9	-66.4	11.5	10.9	-8.9	65.95	38.09	-4.04	8.91
1986	45	23.2	31.8	4	2	2.8	64.92	37.51	-2.43	10.30
1987	50.3	23.5	26.2	5.8	2.7	3.1	63.57	36.34	0.09	11.97
1988	49.6	39.7	10.7	5.6	4.5	1.2	63.94	37.04	-0.98	11.48
1989	39.6	16.4	44	1.7	0.7	1.8	64.49	36.58	-1.07	11.30
1990	47.8	1.8	50.4	1.8	0.1	1.9	62.49	34.87	2.64	15.43
1991	65.1	24.3	10.6	6	2.2	1	62.42	34.85	2.73	16.95
1992	72.5	34.3	-6.8	10.3	4.9	-1	62.41	36.59	1.00	16.96
1993	59.5	78.6	-38.1	8.3	11	-5.3	59.29	42.55	-1.84	14.31
1994	30.2	43.8	26	4	5.7	3.4	58.23	40.51	1.26	20.75
1995	44.7	55	0.3	4.9	6	0	58.13	40.29	1.58	19.70
1996	60.1	34.3	5.6	6	3.4	0.6	59.22	38.81	1.97	16.96
1997	37	18.6	44.4	3.4	1.7	4.2	58.95	36.70	4.35	18.57
1998	57.1	26.4	16.5	4.4	2.1	1.3	59.62	36.19	4.19	17.60
1999	76.8	24.7	-1.5	5.8	1.9	-0.1	61.06	36.16	2.78	17.73
2000	65.1	22.4	12.5	5.5	1.9	1	62.30	35.28	2.42	20.90
2001	50.2	49.9	-0.1	4.2	4.1	0	61.39	36.48	2.13	20.20
2002	43.9	48.5	7.6	4	4.4	0.7	59.61	37.82	2.57	22.37
2003	35.8	63.2	1	3.6	6.3	0.1	56.86	40.96	2.18	26.56
2004	39.5	54.5	6	4	5.5	0.6	54.45	43.02	2.53	30.54
2005	37.9	39	23.1	4.3	4.4	2.6	52.93	41.61	5.46	33.48
2006	40	43.9	16.1	5.1	5.6	2	50.68	41.83	7.49	34.91
2007	39.6	42.5	17.9	5.6	6	2.6	49.47	41.73	8.80	35.20
2008	44.1	46.9	9	4.2	4.5	0.9	48.38	43.93	7.69	31.88
2009	49.8	87.6	-37.4	4.6	8.1	-3.5	48.17	47.49	4.34	23.69

续表

年份	消费贡献率	投资贡献率	净出口贡献率	消费拉动率	投资拉动率	净出口拉动率	消费占比	投资占比	净出口占比	出口占比
2010	43.1	52.9	4	4.5	5.5	0.4	48.19	48.06	3.75	26.57
2011	55.5	48.8	-4.3	5.2	4.5	-0.4	49.08	48.31	2.61	26.46

资料来源：Wind 数据库和历年《中国统计年鉴》。

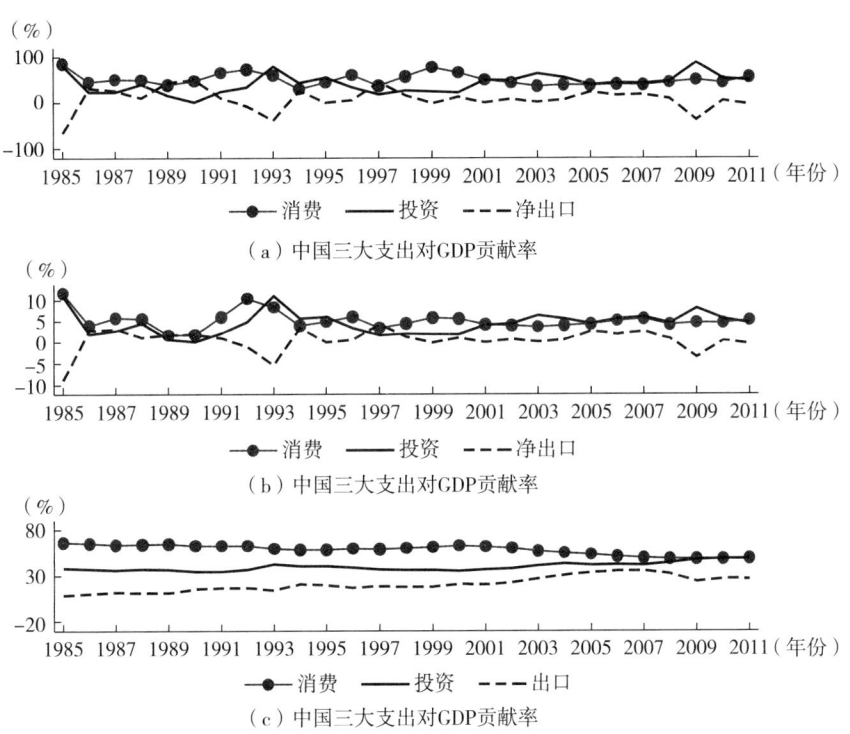

图 5-15 三大需求与 GDP 的关系

资料来源：Wind 数据库和历年《中国统计年鉴》。

从三大需求对 GDP 的拉动率看。消费对 GDP 的拉动率最高，投资其次，而净出口对 GDP 的拉动率较低。以 2011 年数据为例，投资对 GDP 拉动率为 5.2%，投资对 GDP 的拉动率为 4.5%，而净出口对 GDP 的拉动率为-0.4%；在 2000 年，消费对 GDP 的拉动率为 5.5%，投资对 GDP 的拉动率为 1.9%，净出口对 GDP 的拉动率为 1%，如表 5-6 所示。

综上所述，中国三大需求（消费、投资和出口）中，消费和投资的规模相当，且都大于出口，消费和投资的规模大约是出口的 2 倍。从三大需求增长率看，都呈现了很快的增长速度，比较而言，投资的增速最大，其次是出口，而消费的增速相对较慢。在三大需求对GDP贡献率和拉动率上，消费的贡献率和拉动率最大，其次是投资，而出口的贡献率和拉动率稍低。

五、需求结构调整与国际贸易摩擦化解

中国消费中存在的问题有：①总体消费水平较低，人均消费支出与美国相比有非常大的差距；②消费所占GDP的比重低，且所占比重随着时间推移呈现不断下降的趋势，这是不合理的，说明中国消费增长乏力；③在消费结构上，中国消费支出还主要集中在食品、居住、衣着等基本需求上；而美国消费已经主要集中于服务，中美消费的层次存在较大差距。

中国的投资可能存在以下问题：①中国投资规模较快，经济增长较多地依赖于投资，而消费增长乏力，这是一种不协调的增长模式，难以具有长期的持续性。②中国投资占GDP比重很大，且随着时间推移在不断增加；但美国投资占GDP比重却在不断下降；迥然不同的结果说明，中国经济增长已经越来越依赖于固定资产投资，这是不可持续的。③中国投资的行业分布主要在制造业和房地产业，而美国更多地在服务业部门，说明中国投资的行业层次仍然较低，需要不断完善结构。

中国出口贸易存在以下问题和不足：①中国出口占GDP的比重一直很高，说明经济增长对于出口的依赖程度较高，这在一定程度上可能存在风险。②中国服务贸易发展严重滞后，不仅滞后于美国，也滞后于货物贸易的发展；推动服务贸易的发展是一项重要任务。③中国货物出口主要集中在少数行业，出口的行业集中度很高，这在一定程度上是不均衡甚至存在风险的。④中国服务出口主要分布在生产性服务业以及旅游业，服务出口不仅规模小，层次也不高，整体服务业竞争力都不强。

中国三大需求本身的结构存在以下问题和不足：①中国经济增长对投资的依赖程度很高，投资占GDP的比重很大，并且存在逐年增长的趋势，这在一定程度上可能会存在不可持续性。②中国消费占GDP的比重与其他因素相比偏低，并且占比有下降趋势，这不利于启动内需，也不利于整体社会福利的提高。③中国经济增长对出口贸易的依赖程度也很大，对外需的过度依赖会增加经济增长的风险，容易受到国际市场环境的冲击。④在消费、投资和出口三大需求的结构上，中国需大力提高消费需求，降低投资占GDP的比重，同时维持出口贸易的稳定。

中国需求结构存在的问题决定了中国对外贸易中，出口规模大且存在大量的贸易顺差。出口规模大决定了国际贸易摩擦不可避免且较多，贸易顺差地位

更加容易遭受到贸易摩擦的侵扰。要治理和解决国际贸易摩擦，需求结构的调整是一个重要的方向，也是从根本上缓解国际贸易摩擦的策略。对于中国来说，一方面可以增加内需，提高国民收入中消费的比重，另一方面可以逐步调节贸易的平衡，缓解不平衡带来的压力和滋生的国际贸易摩擦。

第四节　中国的政策抉择

事实上，化解贸易摩擦的最根本和最有效途径就是通过单边行动，针对贸易摩擦的原因，转变现有状况，最终达到解决贸易摩擦的结果。因为，贸易摩擦和争端的发生都是由两国之间内部经济结构矛盾或者一国的单方面非公平做法所引起的，任何谈判协商和多边行动实际上只是一个讨价还价的过程，或者是借助多边的体系迫使争端一方放弃非公平做法，最终解决贸易摩擦的途径还是单边行动。如果两国之间贸易摩擦的原因在于产业结构趋同和竞争，转变经济结构则是化解问题的根本有效做法；如果贸易摩擦的原因在于出口产品竞争激烈，开发高附加值的垄断性产品则是解决摩擦的根本方法。

尽管如此，现实中的单边行动往往又是效果较差的。这是因为贸易摩擦的存在是由一国现有经济状况决定的，该经济状况在短期内很难转变，即使从单边行动上能够找到解决摩擦的根本途径，但该行动也往往难以实现。尽管如此，在化解贸易摩擦的途径中，单边行动占据着重要地位和起着重要作用，也是解决国际贸易摩擦的主导路径。

对于中国来说，单边行动上的主要措施包括促进国际贸易平衡、提高中国制造的竞争力、促进需求结构的转型等。

第五节　小结

单边行动主要是指国际贸易摩擦双方根据自身情况，单方面采取措施化解贸易摩擦。主要的政策措施有：提升出口产品竞争力、促进产业结构转型升级、对外直接投资缓解贸易摩擦、建立贸易摩擦救济和预警体系、第三方力量的使用等。单边行动的措施中，最为重要的是促进贸易平衡以及国民经济需求结构的调整。

中国的对外贸易存在不平衡，长期处于贸易顺差国地位，且顺差额不断增加，很容易招致国外的贸易摩擦。促进贸易平衡，不仅符合出口可持续原则，也是缓解国际贸易摩擦的重要单边行动之一。在中国的国民经济需求结构中，消费所占比重相对较低，投资和出口所占比重相对较高，经济增长较多依赖外需和出口，过高的出口比重决定了贸易量大且贸易不平衡，从而贸易摩擦多。调整国民经济的需求结构，促进消费，提高消费和内需比重，能够从根本上化解国际贸易摩擦。

国际贸易摩擦的发生都是由两国之间内部经济结构矛盾或者一国的单方面非公平做法所引起的，任何的谈判协商和多边行动实际上只是一个讨价还价的过程，或者是借助多边的体系迫使争端一方放弃非公平做法，而最终解决贸易摩擦的途径还是单边行动。中国应该更多地在单边行动上促进贸易平衡、提高中国制造的竞争力、促进需求结构的转型，逐步化解国际贸易摩擦。

第六章 双边谈判与国际贸易摩擦的治理

本章分析国际贸易摩擦双方通过谈判化解和治理国际贸易摩擦的路径。双边谈判是最直接和最直观的贸易摩擦化解途径,也是短期内最为有效的应对措施。以下分析内容包括:双边谈判的具体措施、双边谈判有效性的理论分析以及中国的政策选择。

第一节 双边谈判的具体措施

双边谈判就是贸易摩擦和争端的双方进行协商,以互利原则为前提,相互做出一定的让步,达成解决摩擦的协议。一般来说,贸易争端和摩擦的发生是一国不满贸易伙伴的贸易行为,或认为贸易损害了其本国的利益,而以摩擦和争端的形式阻碍贸易的发展以及威胁迫使贸易伙伴做出让步。在经济全球化和一体化不断深入的今天,两国之间经济和贸易的联系及往来日益频繁,所以相互合作对于每一个国家都是有利的,从博弈论角度来说,合作是纳什均衡,但在给定贸易一方合作的情形下,摩擦和争端又是占优策略,这就是贸易的"囚徒困境"。这里,谈判的目的就是要解决该"囚徒困境",以协商和相互威胁的形式改变博弈的收益矩阵,迫使双方达成合作的结果。总体来说,贸易谈判的结果对于贸易收益较小的国家是有利的,其威胁的力量较大,但在实际谈判过程中,也有很多谈判策略和方法措施,能够起到很好的效果,主要措施如下:

一、谈判策略的使用

谈判策略可以起到在既定条件下,提高谈判效果,最大限度地形成有利的贸易谈判结果。谈判策略的使用主要应注意以下几个方面:首先,要根据不同的谈判对手采用不同的谈判策略。对于善言灵巧的谈判对手应当热情交往,创造良好和谐的谈判气氛,充分利用这种人的感情弱点,争取其在适当的时候做出让步;同时,不要被对方的"雄辩"所吓倒,要针锋相对地畅谈自己的观点,旁征博引地分析问题;另外还可以利用对方爱说话善交际的特点,运用不同方法诱其多说多讲,也许会从他的口中得到有价值的信息。值得注意的是,不能被他的夸夸其谈所迷惑，轻易地做出妥协的决定。对于深藏不露的谈判对手，要有高度的警惕和清醒的头脑，灵活地综合运用谈判策略，比如，可以通过别的途径了解这种人的特别嗜好，以期打开吐露真情的"缺口"；还要学会运用谈判中的体态语言，特别注意他的眼神和表情的细微变化，揣测他同意什么，反对什么。对于顽强固执的谈判对手，一方面可以采取"以柔克刚"的办法，要切记必须十分冷静和耐心、温文尔雅地与之交谈，力求通过"感化"向谈判目标推进。另一方面要尽力寻求对方的弱点，包括对方的谈判实力弱点和谈判者的个性弱点，把诱发需求和利用弱点结合起来，也许有成功的希望。对于谨慎稳重的谈判对手，要做好充分准备，知己知彼；另外最好采用纵向谈判法，这些人的个性决定了他们喜欢循序渐进，逐项推进，分而制之，各个击破，在交涉中他们可能过分严谨，缺乏通融性，要循循善诱以配合对方，切忌不要强迫对方接受自己的建议（金沙，2006）。其次，要提高谈判者的综合素质。谈判者要提高实际谈判能力和水平，应付各种复杂的谈判场面，不是读几本书、看几篇文章或者背几条技巧就能做到的，他需要具备良好的谈判素质，这是一个长期的理论修养、实战训练与经验积累的过程。最后，要做好谈判前的准备工作。明确谈判的核心在于利益，注意互赢共利是合作和谈判的基础；同时，还要占有必要的信息，了解对方机构的内部组织情况，它有可能与我们的运行机制大相径庭。尽量了解对方谈判人员的个人情况、他们达成交易的权限、个人目标、这项谈判的前景、达成妥协对他们是否很重要、以什么条件谈判、以前有无达成其他协议等；另外，还要注重拟订谈判方案，在任何谈判前，正常的情况是先开个谈判前会议，组成谈判班子交换一下意见，论证可行性。了解自己的组织机构、管理目标和可能影响谈判的因素与了解对方同样重要。做好心理准备，想到谈判结果的多种可能性。总之，谈判没有固定方式，要视具体情况制定对策，上下齐心协力，抓取主动权，要善于调动对方而不被对方调动，自己要有准备待对方疏忽时方可取胜。

二、对摩擦发起国的政治游说

对摩擦发起国的政治游说是指贸易摩擦的受害国对发起国的政府和官员实施政治游说或者寻租，以影响该国的贸易政策制定，让其主动放弃贸易摩擦，或者是形成更有利于受害国的贸易摩擦化解结果。这些游说活动包括在国外的政府、议会中寻找有影响力的代理人、向贸易政策制定部门的官员开展寻租以及对国外的民众、媒体的公关活动等等。总之，这里的政治游说对象是国外的政治部门，是贸易摩擦受害对发起国政府的游说，与一般情况的本国企业对于本国政府的游说活动有所不同。

日本在处理日美贸易摩擦中就曾广泛采取该项措施，并且取得了不错的成效。王厚双（2003）指出，在日美贸易摩擦紧张时期，日本制定了一整套的政治公关策略。日本认为，公关的中心是贸易摩擦对象国的政府、议会，而突破口是寻找有影响力的代理人。在这种原则的指导下，当日美出现贸易摩擦的时候，日本一方面与美国在谈判桌上周旋，另一方面加强对美游说和公关。实践证明，这种战略是十分奏效的。我们以日美轻型卡车关税贸易摩擦案为例进行分析。1981年以来，日本对美国输出的轿车的关税是2.5%，轻型卡车的关税是25%。当时，把轻型卡车作为家庭用车的美国人越来越多，所以轻型卡车的需求量日趋增多。而轻型卡车关税太高，日本把轻型卡车当作轿车的"再分类"，按2.5%的关税率支付美国关税当局。1988年，美国关税局开始注意到该情况，并进行调查。此时，受聘于日本企业的说客也立即开始活动。1988年夏天，由共和党议员爵姆士执笔，30名众议院议员和11名参议院议员共同署名的一封信就寄到了关税局长的手里。这封信反对美国关税当局把日本的轻型卡车当作卡车来收税。这还不算，共和党议员爵姆士还把关税局长叫到自己的事务所，请他解释为什么重新审查轻型卡车的关税，并请关税局长不要追究此事，但遭到关税局长的拒绝。1989年1月，美国关税局下达文件，决定轻型卡车不能作为轿车的分类。对此，日本方面迅速做出反应，在当年的七国财政部长会议上，日本请求德国出面与美国财政部长商议。经德国方面的疏通，美国财政部长答应重新考虑关税局的决定。结果在关税局下达决定后的第9天，这份文件就被冷落一旁，无法实施。该案例足以说明，游说在化解贸易摩擦中是起着重要作用的。

对摩擦发起国的政治游说行动到底效力如何呢？一般来说，该项措施并没有被广泛采用，因为其效果实际并不是很好，或者说采用此策略达到预期效果的机会成本很高。主要是由于这样的游说跨越了国界，受到很多因素的阻隔，两个国家天然的差别以及一国政府对于本国产业和利益的保护目标使得游说效率不会很高，同时摩擦发起国国内企业也会采取游说措施，他们的游说效率显然会大大高于这种跨国界的游说。这两方面因素相结合，就导致摩擦受害国对于发起国政府的游说活动效果不佳，所以该措施不会被广泛采纳。

三、贸易安抚措施的使用

贸易安抚措施一般是指以政府出面，用一定的实际行动使对方获得利益，调动他们的积极性，让对方感觉自己是有诚意解决贸易摩擦的，而安抚措施给贸易对方带来的利益能够缓解其抵触情绪，也缓解贸易对方国内的压力。所以，贸易安抚措施可以为谈判和解决摩擦争端打下很好的基础。

贸易安抚措施的做法一般是在贸易形势紧张时,例如在中美贸易中,当我国的贸易顺差过大,美国国内出现不满和争端形势时,由我国政府组成贸易谈判团,向美国采购一批商品,缓解贸易顺差过大,为贸易伙伴带来贸易利益,也为我国在贸易谈判时增强谈判力量。我国经常使用该方法来缓解中美之间的紧张贸易形势,其实际结果表明,安抚措施确实能够在一定程度上解决贸易争端和摩擦。

四、政企配合,增强谈判效果

首先,政府应通过外交手段加大与涉案国的交涉力度,为企业提供政治支持。在摩擦解决过程中,一国外交手段的运用技巧和贸易交涉的力度,往往成为左右解决结果的重要筹码。2003年马来西亚政府帮助企业成功应诉美国彩电反倾销诉讼就给我们提供了很好的例证。2003年美国发起彩电反倾销调查时,马来西亚企业也在其中,但在反倾销立案调查伊始,马来西亚驻美大使便迅速代表本国政府分别给美国商务部和国际贸易委员会发出公函,引用世贸组织反倾销协定的有关条文,为马来西亚企业进行了积极的辩解。随后马来西亚政府又对美国起诉方的资质和证据的可信性提出质疑,并强烈要求美国反倾销主管机关对该案进行调查时谨慎从事。而且马来西亚政府还特别指出,包括墨西哥在内的其他国家对美彩电出口明显高于马来西亚,但却没有受到指控。由于抓住了问题的实质,马来西亚政府的有力交涉,最终帮助其企业取得了胜利(侯明、王洪会,2007)。

其次,通过政府间谈判来为企业谈判奠定基础和赢取空间。对贸易摩擦而言,政府需要在各个外交层面上同对手展开协商和谈判,沟通彼此对摩擦的态度,减少经济利益以外的消极因素对解决结果的影响。

最后,政府和企业在磋商谈判过程中要加强沟通,政府应清楚地了解引起争端的国内产业的具体情况,对磋商过程中形成的初步共识或达成的初步协议应及时通过各种渠道对国内企业公布,组织企业和相关人员对其进行分析研究或以听证会的形式进行研讨,以确定其合理和需改进之处。

第二节 双边谈判有效性的理论分析

参考 Baron(1997)的模型,采用典型的双头框架,也就是假设两个相互贸易的国家各有一个代表性企业。以南北国家为例,这两个企业分别设为 N(北方国家的企业)和 S(南方国家的企业);同时为了能够解释我国与发达国家间贸易摩擦的情况,设定 S 企业具有更强的竞争力,也就是具有成本优势,他向北方国家出口产品[①];企业 N 的生产边际成本高于 S,于是他将在国内和企业 S 争夺市场,开展竞争。如果在完全竞争市场和没有保护的情况下,企业 N 应该会被逐步淘汰,而 S 则占领整个市场。然而,市场不可能是完全开放的,非市场策略的存在会让 N 政府采取相应的贸易政策措施来抵制 S 的出口。接着分析市场竞争和非市场竞争的整个情形。

假定每个企业的产品有一个差别化质量 α_i,i = N, S,同时有 $\alpha_N > \alpha_S$,表示 N 国消费者更加偏好于本国产品。每个消费者将选择购买一个单位的该类产品或者不购买,同时每个消费者都有一个偏好参数 β 来表示他的偏好状况,且有 β ∈ [β^-, β^+]。设定两个企业的产品销售价格分别是 p_N 和 p_S,所以偏好为 β 的消费者的效用函数可以表示为:

$$U_i(\beta) = \beta\alpha_i - p_i, \quad \beta\alpha_i - p_i \geq 0 \tag{6-1}$$

在竞争性市场中,我们能够找到一个无差异的消费者类型,他对消费两个企业的产品是无差异的,也就是 $\beta^*\alpha_N - p_N = \beta^*\alpha_S - p_S$,我们得到:

$$\beta^* = \frac{p_N - p_S}{\alpha_N - \alpha_S} = \frac{p_N - p_S}{\Delta\alpha} \tag{6-2}$$

这里的 Δα 可以看作是企业 N 的本国市场优势,由于 $\alpha_N > \alpha_S$,所以企业 S 要想在 N 国占有市场份额,则必定有 $p_N > p_S$ 成立。也就是说,企业 S 必须以价格低廉的优势才能占领 N 国市场,并向他们出口产品,而且由以上的分析我们知道,消费者偏好参数 β ∈ [β^*, β^+] 的人会继续选择购买本国产品,也就是企业 N 的产品;而消费者偏好参数 $\beta \in \left[\max\left\{\beta^-, \frac{p_S}{\alpha_S}\right\}, \beta^*\right]$ 的人会购买企业 S 的产品。为了分析的方便,我们设定 $\beta^+ - \beta^- = 1$。据此,我们可以得到企业 N 和 S 的需求函数:

$$D_N^c(p_N, p_S) = \beta^+ - \beta^* = \beta^+ - \frac{p_N - p_S}{\Delta\alpha} \tag{6-3}$$

$$D_S^c(p_N, p_S) = \beta^* - \max\left\{\frac{p_S}{\alpha_S}, \beta^-\right\} = \frac{p_N - p_S}{\Delta\alpha} - \max\left\{\frac{p_S}{\alpha_S}, \beta^-\right\} \tag{6-4}$$

这里的上标 c 表示是在竞争性市场上。至此,竞争性市场的定义就完成了,该市场的均衡就是每个企业根据自己的利润最大化来确定价格和自己的市

[①] 由于我国所受到的国际贸易摩擦基本是同发达国家之间的摩擦,并且使我国劳动力密集型产业出口严重受阻。该假设中,S 国是南方国家,也就是发展中国家;N 国为北方国家,也就是发达国家,我们设定 S 国产品向 N 国出口,并遭遇贸易摩擦,这就和我国所遭遇的贸易摩擦情况一致。所以该分析对我国会有很强的指导作用。

场份额,从而达到竞争性均衡。但是企业的行为还不仅仅表现在竞争性市场,为了分析非市场策略与国际贸易摩擦的形成机制,我们还要定义一个 N 国内部的非竞争市场。该市场中,由于习惯、方便、运输成本存在以及本地化优势等原因使得一些消费者只会购买本国的产品,假定该非竞争市场的价格为 p_N^u,只有偏好类型 $\beta \geq p_N^u/\alpha_N$ 的消费者购买产品,于是非竞争市场的需求函数是:

$$D_N^u(p_N^u) = \beta^+ - \frac{p_N^u}{\alpha_N} \tag{6-5}$$

其中,U 表示非竞争市场。再设定两个企业的不变边际成本 c_i,$i=N,S$,由于 S 国的企业具有成本优势,所以 $c_N > c_S$。从而,我们又可以定义企业 N 和 S 的利润函数:

$$\pi_N(p_N, p_S, p_N^u) = \varphi(\theta) D_N^c(p_N, p_S) \cdot (p_N - c_N) + [1-\varphi(\theta)] D_N^u(p_N^u) \cdot (p_N^u - c_N)$$

$$= \varphi(\theta) \left(\beta^+ - \frac{p_N - p_S}{\Delta\alpha}\right)(p_N - c_N) + [1-\varphi(\theta)]\left(\beta^+ - \frac{p_N^u}{\alpha_N}\right)(p_N^u - c_N) \tag{6-6}$$

$$\pi_S(p_S, p_N, \theta) = \varphi(\theta)\left(\frac{p_N - p_S}{\Delta\alpha} - \beta^-\right)(p_S - c_S) \text{①} \tag{6-7}$$

其中,$\varphi(\theta)$ 表示整个市场中竞争性市场所占的比例,$1-\varphi(\theta)$ 则是非竞争市场所占的比例。其中,θ 表示 N 国内的开放程度,θ 越大则 N 国越开放,那么市场中的竞争性部分所占比例越多,即 $\varphi(\theta)$ 越大,反之则反是。也就是说,$\varphi(\theta)$ 是关于 θ 的增函数。式(6-6)和式(6-7)构成了一个双寡头价格竞争模型,可以求出它们各自的价格反应函数②,如式(6-8)所示:

$$\begin{cases} p_N^\theta(p_S, \theta) = \dfrac{\beta^+ \Delta\alpha + c_N + p_S}{2} \\ p_S^\theta(p_N, \theta) = \dfrac{-\beta^- \Delta\alpha + c_S + p_N}{2} \end{cases} \tag{6-8}$$

由以上的价格反应函数以及企业 N 和 S 的利润最大化解,我们得到以下的均衡价格:

---

① 这里我们假定了 $\beta^- > \frac{p_S}{\alpha_S}$,即不存在对该产品厌恶型的偏好,也就是每个消费者都会购买该类产品,不存在有放弃这类产品的状况。换句话说,每个消费者都会在本国或他国的产品中选择一种,而不是两个都不选择。

② 由于两个企业只在竞争性市场展开相互的竞争,所以这里的反应函数只是对它们竞争部分求解的结果,而把非竞争市场看作给定的条件。

$$\begin{cases} p_N^c = \dfrac{(2\beta^+ - \beta^-)\Delta\alpha + 2c_N + c_S}{3} \\ p_S^c = \dfrac{(\beta^+ - 2\beta^-)\Delta\alpha + c_N + 2c_S}{3} \\ p_N^u = \dfrac{\beta^+ \alpha_N + c_N}{2} \end{cases} \tag{6-9}$$

从式（6-9）可以看出，竞争市场中的企业 N 和 S 定价都随着消费者对本国产品的偏爱程度（质量差异）的增加而增加，随着两企业的生产边际成本增加而增加，并且对于其自身的边际成本反应更加明显。即如果企业的自身边际成本变化一单位，它的定价同方向变化 2/3 单位，而如果是对方边际成本变化一单位，它的定价也是同方向变化，但只变 1/3 单位。将式（6-9）中的价格等式代入式（6-3）、式（6-4）、式（6-5）的需求函数中，得到需求分别是：

$$\begin{cases} D_N^c(p_N^c, p_S^c) = \dfrac{(2\beta^+ - \beta^-)\Delta\alpha - c_N + c_S}{3\Delta\alpha} \\ D_S^c(p_N^c, p_S^c) = \dfrac{(\beta^+ - 2\beta^-)\Delta\alpha + c_N - c_S}{3\Delta\alpha} \\ D_N^u(p_N^u) = \dfrac{\beta^+ \alpha_N - c_N}{2\alpha_N} \end{cases} \tag{6-10}$$

所以，竞争性市场中，企业 N 和 S 所占的份额分别是：

$$\begin{cases} \xi_N = \dfrac{D_N^c}{D_N^c + D_S^c} = \dfrac{1}{3}\left(2\beta^+ - \beta^- - \dfrac{c_N - c_S}{\Delta\alpha}\right) \\ \xi_S = \dfrac{D_S^c}{D_N^c + D_S^c} = \dfrac{1}{3}\left(\beta^+ - 2\beta^- + \dfrac{c_N - c_S}{\Delta\alpha}\right) \end{cases} \tag{6-11}$$

从式（6-11）中可以看出，S 企业相对于 N 企业的成本优势越大，则 S 企业所占的市场份额会越大，而 N 企业所占的市场份额越小。再将式（6-9）和式（6-10）的价格、需求等式代入企业 N 和 S 的利润函数式（6-6）、式（6-7），得到它们的利润分别是：

$$\begin{aligned} \pi_N(p_N^c, p_N^u, p_S^c, \theta) &= \pi_N^c(p_N^c, p_S^c, \theta) + \pi_N^u(p_N^u, \theta) \\ &= \dfrac{\varphi(\theta)[(2\beta^+ - \beta^-)\Delta\alpha - c_N + c_S]^2}{3\Delta\alpha} + \dfrac{[1-\varphi(\theta)](p_N^u - c_N)^2}{\alpha_N} \\ &= \dfrac{\varphi(\theta)(p_N^c - c_N)^2}{\Delta\alpha} + \dfrac{[1-\varphi(\theta)](p_N^u - c_N)^2}{\alpha_N} \end{aligned} \tag{6-12}$$

$$\pi_S^c(p_N^c, p_S^c, \theta) = \frac{\varphi(\theta)[(\beta^+ - 2\beta^-)\Delta\alpha + c_N - c_S]^2}{9\Delta\alpha}$$

$$= \frac{\varphi(\theta)(p_S^c - c_S)^2}{\Delta\alpha} \tag{6-13}$$

将式 (6-12) 和式 (6-13) 对 $\varphi(\theta)$ 求导, 得到结果:

$$\frac{d\pi_S^c}{d\varphi(\theta)} = \frac{(p_S^c - c_S)^2}{\Delta\alpha} > 0 \tag{6-14}$$

$$\frac{d\pi_N}{d\varphi(\theta)} = \frac{(p_N^c - c_N)^2}{\Delta\alpha} - \frac{(p_N^u - c_N)^2}{\alpha_N} \tag{6-15}$$

式 (6-14) 结果大于 0, 表示随着 $\varphi(\theta)$ 增加, π_S^c 将增加, 也就是 N 国市场越开放, 贸易壁垒性措施越少, 则企业 S 的利润越大。所以对于企业 S 来说, 如何促使 N 国最大化的开放市场, 是增加其利润的重要途径。式 (6-15) 的大小不能确定, 但显然 $p_N^u > p_N^c$, 同时如果企业 S 的成本优势很明显, 则 N 企业的利润将会大部分来源于非市场部分, 也就是式 (6-15) 会小于 0, 此时的条件为:

$$\sqrt{\frac{\alpha_N}{\Delta\alpha}} \leq \frac{p_N^u - c_N}{p_N^c - c_N} \tag{6-16}$$

$d\pi_N/d\varphi(\theta) < 0$, 也就是说企业 N 更加偏好于保护性市场, 所以为了得到自身的高额利润, 企业 N 会千方百计设法游说政府, 非市场策略由此而产生。分析至此, 我们得到结论: 进口国的企业为了维护在本国市场的利润, 会主动地采取非市场策略, 也就是企业有非市场策略需求。接下来我们还需要证明, 企业的非市场策略确实能够影响政府的行为, 使得进口国政府主动挑起贸易摩擦, 阻止出口国企业的出口。

接着以上的分析, 为了实现自身利润最大化, 企业 N 一定会采取非市场策略影响 N 国政府的行为。这些策略性的措施包括扶植政治代言人, 通过集体行动给政府施压, 以及游说行动等。当然, 这些非市场策略行动是需要付出成本的, 我们定义成本为 E_N, 企业 N 付出成本的目的是让政府选择较低的 θ, 以增加他的利润。与此同时, 企业 S 也可以采取非市场策略行动来游说 N 国政府, 让他选择较高的 θ, 同样的定义企业 S 付出的成本是 E_S。然而, 两个企业付出的成本的边际效力是不同的, 任何国家都会更加关注和偏好于本国企业的成长, 他们更乐意保护本国企业。也就是企业 N 和 S 付出同样的成本, 但对 N 国政府的影响效力是不相同的。我们假设他们的边际效力是 τ_i, 显然有 $\tau_N > \tau_S$。我们同样假定政府也是要实现自身效用最大化, 他的目标函数由三部分组成：第一部分是企业 N 非市场策略行动带来的效用或者是压力，用 $\tau_N E_N$ 表示；第二部分是企业 S 的非市场策略行动带来的效用和压力，用 $\tau_S E_S$ 表示；第三部分则是国家层次上的效用，假定没有非市场策略行动，政府按照国家福利最大化来选择 θ 时的最优值是 $\theta^\#$，所以可以定义政府选择 θ 时的效用变化是 $(\theta-\theta^\#)^2$ 的函数，表示为 $V[(\theta-\theta^\#)^2]$。由此，N 国政府的目标函数是：

$$G^N = \tau_N E_N + \tau_S E_S + \varepsilon(E_N, E_S) V[(\theta-\theta^\#)^2] \tag{6-17}$$

其中，$\varepsilon(E_N, E_S)$ 表示国家效用在政府效用中所占比重，假定它是企业 N 成本 E_N 的减函数，是企业 S 成本 E_S 的增函数，这样的假定更加强化了政府对于本国企业的偏爱程度。由政府的目标函数最大化我们能够得到一个均衡的 θ 值，就是：

$$\theta^* \in \arg_\theta \max\{\tau_N E_N + \tau_S E_S + \varepsilon(E_N, E_S) V[(\theta-\theta^\#)^2]\} \tag{6-18}$$

该最优 θ^* 值一定是 E_N 和 E_S 的函数，可以表示成为 $\theta^*(E_N, E_S)$，将该结果代入式（6-12）和式（6-13）的利润函数，得到：

$$\pi_N(p_N^c, p_N^u, p_S^c, \theta, E_N) = \pi_N^c(p_N^c, p_S^c, \theta^*, E_N) + \pi_N^u(p_N^u, \theta^*, E_N) - E_N$$

$$= \frac{\varphi[\theta^*(E_N, E_S)](p_N^c - c_N)^2}{\Delta\alpha} +$$

$$\frac{\{1-\varphi[\theta^*(E_N, E_S)]\}(p_N^u - c_N)^2}{\alpha_N} - E_N \tag{6-19}$$

$$\pi_S^c(p_S^c, p_N^c, \theta, E_S) = \frac{\varphi[\theta^*(E_N, E_S)](p_S^c - c_S)^2}{\Delta\alpha} - E_S \tag{6-20}$$

解利润最大化规划，就可以得到均衡状态的 p_N^c、p_N^u、p_S^c、θ^*、E_N、E_S 的值，也就是获得竞争均衡解。这里的关键是看均衡状态下的 θ^* 是否小于 $\theta^\#$，如果 $\theta^* < \theta^\#$，则说明企业 N 的非市场策略行动使得政府制定了保护性的贸易政策，并挑起贸易摩擦，反之则反是。由式（6-17）中的假设定义，均衡状态下的 E_N 足以迫使政府制定偏向于 N 企业的政策，并挑起贸易摩擦，使企业 N 获利。

国际贸易摩擦一旦形成，对于进口国企业来说，自然是获得了保护，也意味着获得了更大的市场和更多的利润。但对于出口国的企业来说，则是巨大的损失，所以他们应该想方设法化解两国间的贸易摩擦，让进口国开放自己的市场，实现自由的贸易环境。一般化解贸易摩擦的双边路径措施包括两国间的谈判、出口商和出口国的策略博弈以及出口商的政治性游说行动等，以下逐一分析。

一、国家间谈判措施的可行性及实现条件

非市场策略原理已经告诉我们，政府实际上是本国企业的代理人，他们代

表了本国企业的利益,所以出口国的企业在国际市场遇到贸易摩擦,出口受阻,该国政府自然应该出面解决和调停摩擦,尽快地化解矛盾,迫使进口国开放市场,以维护本国企业利益。这不仅是本国企业的非市场策略带来的要求,同时也是符合出口国国家利益要求的。如此的自然结果是企业之间的贸易竞争摩擦上升到了国家之间的国际贸易摩擦问题。

国家间谈判解决贸易摩擦确实应该是比企业之间的协商效果要好。这是由于两个国家各自都是一个大的经济体,他们相互的经济联系和依赖性较强,特别是在世界经济逐步一体化的今天,两个国家经济之间往往都是相互依存,同生死共命运的关系。所以任何一个国家都不会愿意打破友好的关系和双赢的正和博弈均衡状态,因此如果企业间贸易摩擦产生,国家之间就会倾向于达成妥协的方案,有利于贸易摩擦的化解。同时,国家间经济相互牵制,隐性的报复后果也会促使双方尽快解决贸易摩擦。而企业之间的贸易摩擦则不同,任何两个相互竞争的企业之间都是此消彼长、你死我活的争夺关系,他们之间基本没有达成妥协的基础,而且国际贸易摩擦涉及两个或多个国家的企业,又没有统一的规则和法律来制约他们,自然依靠企业之间的谈判化解摩擦是不太可行的。

国家之间谈判具有化解贸易摩擦的可能性,但这种可能性的大小又要依具体情况而定。它不仅和谈判双方的讨价还价能力以及谈判的艺术相关,更重要的是它与两国间相互经济依赖性程度相关,尤其是进口国经济对于出口国经济的依赖性。如果进口国对出口国经济或者市场依赖性很强,则他会因为害怕潜在的出口国的制裁措施而选择自动妥协,或者是稍加谈判,相互让步的情况下就能实现妥协。反之,如果进口国对出口国经济和市场的依赖性小,则贸易摩擦较难解决,或者即使解决了,出口国做出的让步也会很大。这就如"囚徒困境"博弈中,如果双方偏离最优选择而受到的惩罚非常之大,则纳什均衡结果自然是双赢的最优结果,而一旦偏离的惩罚没有或者不大,则对每一个博弈个体来说,偏离却成了占优策略,也就是纳什均衡的结果是双方都偏离最优结果。

我们可以从以上的模型中推导这一结果。假设政府间谈判的目的是要确定均衡的利润 π_N^* 和 π_S^*,而如果双方谈判失败,他们都选择报复和对抗,设他们的均衡利润是 (π_N^0, π_S^0)。再来定义一个两国之间利润关系线,我们由式(6-13)可以得到:

$$\pi_S^c(p_N^c, p_S^c, \theta) = \frac{\varphi(\theta)(p_S^c - c_S)^2}{\Delta\alpha}$$

$$\Rightarrow \varphi(\theta) = \frac{\Delta\alpha \pi_S}{(p_S^c - c_S)^2} \tag{6-21}$$

将该式结果代入式（6-12），可以得到：

$$\pi_N(p_N^c, p_N^u, p_S^c, \theta) = \frac{(p_N^c-c_N)^2 \pi_S}{(p_S^c-c_S)^2} + \frac{(p_N^u-c_N)^2}{\alpha_N}\left(1-\frac{\Delta\alpha\pi_S}{(p_S^c-c_S)^2}\right) \quad (6-22)$$

整理化简，得到：

$$\pi_N = \frac{1}{(p_S^c-c_S)^2}\left[(p_N^c-c_N)^2 - \frac{\Delta\alpha}{\alpha_N}(p_N^u-c_N)^2\right]\pi_S + \frac{(p_N^u-c_N)^2}{\alpha_N} \quad (6-23)$$

其中，π_N 和 π_S 的线性关系方程就是两国间利润关系线，由式（6-16）的条件，可以推导该线性关系线的斜率为负，向右下方倾斜，也就是：

$$\frac{1}{(p_S^c-c_S)^2}\left[(p_N^c-c_N)^2 - \frac{\Delta\alpha}{\alpha_N}(p_N^u-c_N)^2\right] < 0 \quad (6-24)$$

该斜率是 c_S 的减函数，也就是 c_S 越小，曲线越平坦；同时，该斜率也是进口国消费者对本国产品偏爱程度 $\Delta\alpha$ 的减函数，也就是 $\Delta\alpha$ 越大，曲线越陡峭。

同时，还可以根据两国相互不妥协的均衡利润值（π_N^0, π_S^0），得到一个相应的谈判可能性曲线，不妥协结果对一国造成的危害越小，则在谈判中优势越大，该曲线越偏向于该国。反之则反是。我们将以上的两个曲线画出图形，得到谈判均衡。如图6-1和图6-2所示。

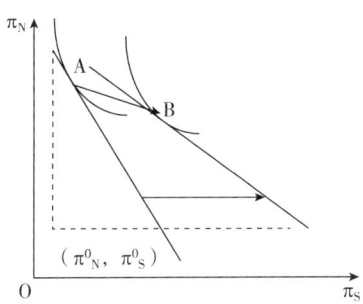

图 6-1　利润关系线斜率变化的均衡

图6-1表示利润关系线的斜率变化引起的均衡利润从 A 变化到 B，可以看到企业 S 的利润增加了，而 N 的利润减少了。引起利润关系线更加平坦的是更小的 c_S，或者更小的 $\Delta\alpha$，也就是企业 S 的边际成本越小，成本优势越明显，同时 N 国消费者对于本国产品偏爱程度越低，则 S 国在谈判中的优势越明显，谈判均衡的结果更加有利于 S 国。图6-2表示谈判曲线的斜率和曲度变化引起的均衡利润点变化，从图中可以看出，从 A 到 B 的变动也是使 S 国获利了，这个斜率和曲度的变化来源于初始的谈判力量，也就是如果双方都不妥协时，

S方损失越小，谈判曲线的斜率和曲度就会越偏向S，谈判的均衡就更加有利于S方。如图6-2所示，均衡的π_S增加了，而π_N变少了。

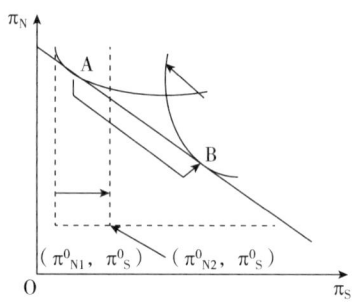

图6-2 谈判线斜率变化的均衡

由此，国家间谈判措施解决国际贸易摩擦的效果如何以及谈判均衡对哪一方有利，不仅取决于双方国家间相互依赖程度状况，还取决于竞争性企业之间成本差异的大小和进口国消费者对本国产品的偏爱程度状况等。

二、双边企业间沟通和协商谈判策略有效性

除了通过国家之间的谈判协调来解决国际贸易摩擦以外，企业也可以通过相互之间的沟通及协商来解决摩擦。但如上一部分内容提到的那样，企业之间由于没有更多的合作关系，他们之间一般只是一种竞争和掠夺的关系。于是出口国企业如果没有可置信的威胁来迫使竞争对手让步，谈判是不会有任何结果的。但如果出口国企业具有这样的对于进口国企业的限制和报复并使其大受损失的威胁存在，则"大棒加胡萝卜"的策略也会是解决贸易摩擦的很好方式。因为企业之间的协商更加方便和快捷，可以在很短的时间内化解贸易摩擦的阻碍。

"大棒加胡萝卜"策略是博弈论中的一个概念，该策略可以解决"囚徒困境"问题，并使双赢的结果成为子博弈纳什均衡。该策略常用来分析卡特尔合作问题，给定博弈双方坚守卡特尔合作的产量，二者都得益，但在一方坚守的情况下，另一方的占优选择是偏离合作的产量而生产更多。但如果两方都偏离合作产量，则双方获益都会大量减少，少于合作时的利润。我们知道，这种情况的合作均衡是不稳定的，双方都有偏离的冲动。但如果该博弈是一个重复的无限期情况，"大棒加胡萝卜"就会是一个很好的保证双方都不偏离的策略。该策略的做法是，给定双方都生产合作产量，如果其中有一方在某一期偏离了该约定，则从那一期开始，另一方会一直偏离合作产量，以此惩罚的

"大棒"促使首先偏离的一方回归到合作状态并不再偏离合作约定。同样地,该策略可以被出口企业用来施压进口企业,达到解决贸易摩擦的目的。当然这个策略的运用只能局限于是企业行为引起的贸易摩擦和阻碍,如果是一个国家的贸易政策措施引起的贸易争端,则对企业的施压是没有作用的,而企业单方面的力量也难以和一国政府博弈,所以此种情况的贸易摩擦只能依靠两国政府的博弈来解决。

再回到模型中的企业 N 和 S 的竞争情况,假设企业 N 用自己的本国优势,或者是依靠国家贸易政策的倾斜来控制本国市场,而把企业 S 的产品拒之门外,用垄断代替了市场竞争,也就是模型中的非竞争市场所占的份额很大。S 企业竭力要求 N 企业放弃不正当的控制非竞争市场的手段去选择竞争,N 企业自然不会接受。但如果 S 企业具有足够的威胁能力,他可以用降价威胁,以吸引更多的消费者走向竞争市场,或者是用低价掠夺整个竞争的市场。例如,企业 S 可以把价格定为自己的边际成本,也就是 $p_S^c = c_S$,如果此时企业 S 可以占领整个竞争市场,并且竞争市场的份额 $\varphi(\theta)$ 也会因此而扩大,假定其份额变动到 $\varphi^*(\theta)$,那么此时 N 企业的利润将会变为:

$$\pi_N(c_S, p_N^u) = [1 - \varphi^*(\theta)]\left(\beta^+ - \frac{p_N^u}{\alpha_N}\right)(p_N^u - c_N) \tag{6-25}$$

如果 S 企业的成本优势足够明显,并且使非竞争市场的份额很小,也就是 $[1-\varphi^*(\theta)]$ 很小,并且小到使企业 N 在该情况下的总利润少于整个市场都是竞争时的利润量,则此威胁就会成为可置信的"大棒"。整个市场都是竞争市场时企业 N 的利润为:

$$\pi_N(p_N^c, p_S^c) = \left(\beta^+ - \frac{p_N^c - p_S^c}{\Delta\alpha}\right)(p_N^c - c_N) \tag{6-26}$$

式(6-25)中的利润量少于式(6-26)表示的利润量,故有:

$$\left(\beta^+ - \frac{p_N^c - p_S^c}{\Delta\alpha}\right)(p_N^c - c_N) \geqslant [1 - \varphi^*(\theta)]\left(\beta^+ - \frac{p_N^u}{\alpha_N}\right)(p_N^u - c_N) \tag{6-27}$$

只要式(6-27)成立,则企业 S 就可以用"大棒加胡萝卜"策略限制企业 N 的行为,迫使其做出让步,开放非竞争的市场。具体的策略就是,企业 S 和 N 进行协商,让其开放非竞争市场,两个企业在 N 国市场公平竞争,这是一个完美子博弈纳什均衡。但是企业 N 具有偏离竞争市场的激励,因为非竞争的市场会给他带来更多的收益。但是,如果企业 N 选择偏离均衡的行动,则 S 采取惩罚性"大棒"政策,也就是把价格定在 c_S 上,直到企业 N 重新回到原来的均衡。

由以上的分析可知,"大棒加胡萝卜"的博弈论策略在一定的条件下是可以化解贸易摩擦的,但前提是必须满足较苛刻的条件。出口企业必须具有可置信的威胁,同时出口企业的成本优势必须足够明显,而且该贸易摩擦还不能是国家之间的贸易或产业政策争端。

三、双边政治游说行为的有效性

双边政治游说包括游说本国政府,还包括游说他国政府以及在他国政府中安插和扶植利益代言人。这两种游说行为中不同的是,企业对于本国政府的游说行为的边际效力较大,而对于别国政府的游说行为边际效力较小。如果出口商在进口国的游说行为能够影响进口国政府的政策并化解贸易摩擦,则必须满足游说行为时的均衡利润高于没有游说行为时的均衡利润。

我们再回到模型中,由式(6-18)我们知道,N 国政府在企业 N、企业 S 的游说行为以及国家利益的共同权衡中,以自身效用最大化确定了均衡时的 θ 值 θ^*,θ^* 就决定了进口国政府确定的市场开放程度和贸易政策,此时企业 S 的利润函数为:

$$\pi_S^c(p_S^c, p_N^c, \theta, E_S) = \frac{\varphi[\theta^*(E_N, E_S)](p_S^c - c_S)^2}{\Delta\alpha} - E_S \qquad (6-28)$$

而如果企业 S 不对 N 国政府游说,而只有企业 N 有游说行为,则此时的均衡 θ 值会发生变化,将由式(6-29)决定:

$$\theta^{**} \in \arg\max_\theta \{\tau_N E_N + \varepsilon(E_N) V[(\theta - \theta^\#)^2]\} \qquad (6-29)$$

此时,企业 S 的利润函数也会发生变化,将变成下面的形式:

$$\pi_S^c(p_S^c, p_N^c, \theta) = \frac{\varphi[\theta^{**}(E_N)](p_S^c - c_S)^2}{\Delta\alpha} \qquad (6-30)$$

如果企业 S 对 N 国政府的游说行为是一个有效化解贸易摩擦的途径,或者至少是一个可行的策略,则应该有下式成立:

$$\frac{\varphi[\theta^*(E_N, E_S)](p_S^c - c_S)^2}{\Delta\alpha} - E_S \geqslant \frac{\varphi[\theta^{**}(E_N)](p_S^c - c_S)^2}{\Delta\alpha}$$

$$\Rightarrow \varphi[\theta^*(E_N, E_S)] - \varphi[\theta^{**}(E_N)] \geqslant \frac{E_S}{(p_S^c - c_S)^2} \qquad (6-31)$$

可以得到,出口商对于进口国政府的游说行为是否有效,和出口企业的非市场策略成本的边际效力有关,还和该政府对国家利益重视程度有关,还同进口国的国内企业非市场策略的支出有关。一般来说,一个国家对于另一个国家企业的政治活动的边际效力赋值都普遍较低,所以对于出口企业来说,对进口国政府的游说行动还不如对本国政府的游说行动有效。所以该策略一般来说，可能不会很理想。

出口贸易是当前我国经济增长的一驾不可缺少的马车，而随着我国出口量的不断增加，贸易摩擦也是频频爆发，成为了我国出口贸易中的"家常便饭"。如何认识贸易摩擦的原因以及正确地应对，是当前我国一个重要的课题和任务。本章给了我们以下几点启示：第一，加强政府之间的谈判协商是根本策略。这其中重点是要加强与贸易伙伴的经济联系，更多地开放我国市场，当贸易伙伴与我国经济之间出现你中有我、我中有你的状况时，贸易摩擦就会更加容易解决。第二，我国贸易的顺差以及与贸易伙伴的不对称依赖关系确实会让我国在贸易谈判中处于劣势地位，这样的情况下，更多的让步和妥协是不可避免的。要改变这种地位不对称，就要逐步减少我们的贸易顺差，或者是提升我国的贸易产业结构，使这种不对称依赖状况得到改观，如此贸易摩擦就会迎刃而解。第三，对贸易伙伴国政府的游说策略应该得到加强和重视。由于我国的贸易伙伴基本都是西方的经济发达国家，他们的民主政治体制为游说策略提供了基础，也决定了这种策略的有效性。我们的企业也应该重视非市场策略的作用，更多地扶植代言人，并参与政治游说，以此来缓解贸易摩擦带来的影响。

第三节 中国的政策抉择

双边谈判是解决国际贸易摩擦最直接也是最有效率的路径，只要贸易双方具有共同的利益，并且国际贸易使得双方都获益，则通过一定的妥协让步或安抚措施，摩擦和争端必定能够化解；同时，双边谈判不需要遵循复杂的程序和规则，只要双方谈判达成一致，摩擦即刻化解；另外，贸易摩擦实际是贸易双方之间的矛盾，只有当事人双方通过协商和谈判而形成一致意见，才是最根本和最直接的解决办法。然而，贸易摩擦直接涉及贸易双方各自的经济利益，双方都希望对方做出让步而自己不愿意承担损失，故双边谈判又往往难有实质的进展，尤其表现在贸易利益分配不对称较为严重的情形下。这意味着，双边谈判虽然效率较高，但往往效果不好，并不能够解决贸易摩擦和争端。

第四节 小结

本章从双边谈判的视角分析了化解和治理国际贸易摩擦的思路和途径，主要解析了具体措施、理论分析和应对策略。

双边谈判的具体措施上，谈判策略的使用非常重要，对国际贸易摩擦发起国开展政治游说，贸易安抚措施的使用，政府和企业配合增强谈判效果等。

理论分析发现，国家之间的谈判措施解决国际贸易摩擦的效果取决于双方国家之间相互依赖程度状况，以及竞争性企业之间成本差异的大小和进口国消费者对本国产品的偏好程度。当出口企业具有可置信的威胁，同时出口企业的成本优势足够明显时，"大棒加胡萝卜"的威胁策略有效。因此，加强贸易摩擦国之间的谈判协商有利于直接化解贸易摩擦，对贸易伙伴国政府的游说策略同样可以起到缓解国际贸易摩擦的作用。

双边谈判是解决国际贸易摩擦最直接也是最有效率的路径，只要贸易双方具有共同的利益，并且国际贸易使得双方都获益，则通过一定的妥协让步或安抚措施，国际贸易摩擦通常能够有效化解。

第七章　区域一体化与国际贸易摩擦的治理

本章从区域经济一体化角度分析国际贸易摩擦的化解和治理路径。全球金融危机之后，区域经济一体化和自由贸易区建设成为国际经济领域的重要新趋势，区域一体化组织有利于推动成员之间的贸易和投资自由化，降低相互之间的贸易壁垒，能够化解国际贸易摩擦。区域一体化同样是国际贸易摩擦的重要治理路径之一。以下分析包括三个方面的内容：第一，现有区域一体化解国际贸易摩擦的具体措施，包括北美自由贸易区贸易争端解决机制、欧盟贸易争端解决机制、东南亚国家联盟贸易争端解决机制、中国—东盟自贸区贸易争端解决机制、亚太经合组织贸易争端解决机制等。第二，全球金融危机之后的区域一体化组织发展以及对于化解国际贸易摩擦的作用。第三，中国的政策选择。

第一节　区域一体化化解贸易摩擦的具体措施

在世界经济日益全球化的今天，一个重要的特征就是地区经济一体化进程不断加快，一体化组织不断增加。这主要是因为国际分工的发展使得世界经济相互依赖性加强，各国再也无法在封闭的状态下组织生产了，而对于国际市场的过度依赖又加大了一国经济的风险，地区经济由于其地理位置的邻近，拥有一定的共同利益和共同的经济社会安全，所以建立一体化组织不仅能够推动单个经济体的发展，还能够维护地区经济的安全和增强其整体实力。在解决贸易摩擦中，地区经济一体化也能够起到积极的作用，其效果一般好于世界范围的多边贸易体系，主要是由于地区经济一体化组织内各国联系更加紧密，有共同的利益以及相似的风俗文化习惯，并且其成员数量有限，达成一致更加容易。故而，组成地区一体化组织是解决贸易摩擦和争端的重要路径之一。以下我们分别介绍北美自由贸易区、欧盟等一体化组织是如何解决贸易争端的。

一、北美自由贸易区（NAFTA）贸易争端解决机制

1992年8月12日，美国、加拿大和墨西哥三国签署了《北美自由贸易协

定》，随后又签订了《北美环境合作协定》《北美劳工合作协定》，涵盖了货物贸易、服务贸易、知识产权、投资、环境保护、劳工保护等领域。协定决定，自生效之日起15年内三国应逐步消除他们之间的贸易壁垒，实现商品和劳务的自由流通，从而形成一个世界上最大的自由贸易集团，即北美自由贸易区（North American Free Trade Area，NAFTA）。

NAFTA没有统一的争端解决机制，它是由6套不同的机制组合而成，分别散布于各个协议的各个章节中。具体有：《北美自由贸易协定》第11章确定的是投资者与东道国之间有关财产权利争端的解决机制；第14章确定的是金融领域争端的解决机制；第19章确定的审查机制所针对的问题是，国内法庭对反倾销和反补贴税的最终决定是否与其国内法一致；第20章的规定适用于一般争端；《北美环境合作协定》确立了国家间环境争议的解决机制；《北美劳工合作协定》则确立了国家间劳工争议的解决机制。

1. 一般争端解决机制

NAFTA第20章建立了一个在自由贸易委员会管理下的政府间争端解决机制。它解决争端的范围十分广泛，除了第11章和第19章所涉事项及本章另有规定外，适用于各方解决所有争端。一个争端的解决，首先要经过争端双方的谈判和磋商。如果在一个月至一个半月内不能解决问题，任何一国都可以要求贸易委员会召开全体会议，贸易委员会将力求通过斡旋、调解、调停或其他调解可选用的手段迅速找到解决办法。如果在贸易委员会干预后，仍不能找到互相满意的解决办法，任何磋商方可以书面请求成立专家组。专家组审查的事项应是已协商而没有解决的事项。专家组应在其成员选出后的90天内提出一份保密的初步报告。在提出初步报告后的30天内作出最终报告。专家组的裁决不具有约束性，但争端各方应根据委员会的建议和专家组的裁决进行协商，并达成相互满意的解决办法。

2. 投资争端解决机制

当投资者认为东道国违背了第11章义务，可以直接提起仲裁。仲裁庭由3名仲裁员组成，仲裁庭依据本协定决定应适用的三套国际仲裁规则，就争议的问题作出裁决。仲裁裁决为最终裁决，具有法律效力。仲裁庭可以作出与损失相当的金钱赔偿的裁决，不能施加惩罚性损害赔偿。如果不执行裁决，胜诉方可通过其所在国政府适用的第20章缔约国之间一般争端解决程序来解决争端。

3. 反倾销与反补贴税事项的审查与争端解决机制

反倾销与反补贴税事项的争端由临时设立的两国专家组解决。专家组审查的事项包括两个方面：根据缔约国的请求，审查另一缔约国对本国反倾销法和反补贴法的修改是否与本协定和本章的目的相抵触；依据被审查国的司法审查标准和一般法律原则，审查该国适用反倾销法和反补贴法的最后行政决定是否有适用法律的错误。第19章没有确定统一的实体规则和程序规则，而只是作了一些原则性的规定，要求各成员国根据这些规定制定出具体的规则。因此，专家组审查的法律依据及程序均由国内法决定。对于反倾销、反补贴行政最终裁决案件，专家组经审查后可以维持该最终裁决，或将该行政裁决发回原裁决机关重新裁决，使之与专家组的决定相符。原则上专家组无权宣布一项行政裁决无效，专家组决定仅对争端方提交审查的有关特殊事项有约束力。

第19章建立了特别异议程序，实际上是对专家组裁决的上诉程序。如果一个国家认为专家组有偏见或超过了他的职权，他可以就专家组的裁决向特别异议委员会提起上诉。特别异议委员会应在成立后90日内做出决定，特别异议委员会的决定有最终的法律效力，争端方不得寻求上诉。

第19章还建立了专家组审查保障制度。如果缔约国认为另一缔约国以国内法和国内措施阻碍建立专家组和实施专家组的决定，该缔约国可以同有关的缔约国进行协商，协商不成可请求专门委员会审查其要求，委员会作出调查结论后，双方应协商执行委员会的决定。

4. 附属协定的争端解决机制

个人、组织和非政府团体可以就某一方未能实施环境法向秘书处申诉。只要起诉符合本协定的规定，秘书处就可以向理事会提议对这一问题准备一个专门的报告。缔约国可以要求与另外各方磋商，如果这些磋商不能解决问题，可以召集理事会，由理事会提出建议。当理事会仍不能解决时，可建立仲裁专家组，要求理事会以2/3的选票通过。如仲裁专家组确认某一方确实经常不执行其环境法，则提出行动计划建议。如果各方不能达成一项行动计划或被告不能执行该计划，专家组也可以对被告一方处以罚款（张辉，2007）。

二、欧盟（EU）贸易争端解决机制

EU的一体化程度是世界上最高的，采用了"各权分立"的模式：其立法和决策机构是理事会，行政机构是委员会，咨询机构是议会，司法机构是欧洲法院。EU把司法制度引入了区域内经济一体化的争端解决中，通过建立具有独特地位的超国家因素的欧洲法院，使欧共体的经济一体化的法规具有强制性及司法保障。由于欧盟法可以直接适用于成员国的个人，而欧洲法院"兼有国际法意义上的国际法院和国内法意义上的宪法法院、行政法院和普通法院的性质"，其负责解释欧共体条约及EU法规、决定或指令等，确认EU法规的合法性；解决各成员之间、EU 各机构之间、EU 与各成员方之间、法人之间和个人之间涉及 EU 事务的争议；根据有关合同中的仲裁条款受理仲裁案件；应 EU 理事会或执行委员会的要求，提供咨询意见等。

拥有司法审判权、司法审查权以及初步裁决权的欧洲法院，其判决对各成员国具有强制力，形成了欧共体区域经济一体化争端解决的司法模式，不仅在一定程度上解决 EU 经济一体化中的争端，而且维护和促进欧共体的经济一体化，极大地促进了区域经济一体化的法律制度乃至于全球的经济一体化。不过欧洲法院的管辖权仅限于《罗马条约》所规定的范围，其他案件则由成员国的国内法院管辖（周彧，2007）。

三、东南亚联盟（ASEAN）贸易争端解决机制

东盟的争端解决机制由 1996 年的《争端解决机制议定书》规定。随着东盟的发展，改革和加强争端解决机制的呼声越来越高。2003 年 10 月东盟第 9 次首脑会议决定加强东盟的机构建设特别是争端解决机制。2004 年 11 月 29 日东盟签署了新的争端解决机制议定书，即《东盟促进争端解决议定书》，取代 1996 年的《争端解决机制议定书》。东盟争端解决机制在一定程度上受到 WTO 争端解决机制的影响，设立了磋商、专家组和上诉程序。2004 年 11 月的修改，更细化了专家组程序和上诉程序。具体而言，东盟的争端解决机制可分为三个阶段：

（1）磋商。成员国之间如有争端应尽力通过磋商解决。这种磋商要求应书面通知 SEOM（高级经济官员会议）。被要求磋商方应在收到要求的 10 天内作出答复，并在收到磋商要求的 30 天内进行磋商。在紧急情况下，应尽力加速磋商。在这期间还可进行斡旋、调停。

（2）专家组。如果磋商不成，控告方可向 SEOM 书面提出，成立专家组。专家组应在 45 天内成立。专家组应在自成立起的 60 天内向 SEOM 提交报告。特殊情况下，可额外增加 10 天。专家组作出决定的过程是保密的。SEOM 应在专家组报告提交的 30 天内通过报告，除非 SEOM 一致决定不通过报告，或当事方通知 SEOM 将对专家组报告上诉。有实质利益关系的第三方有机会参加专家组程序。

（3）上诉。上诉机构由 AEM（东盟经济部长会议）设立。上诉机构由 7 人组成。每一案子由 3 人审理。上诉机构人员任期 4 年，可连任一次。上诉机构一般应在 60 天内作出上诉报告。最迟不得超过 90 天。上诉机构报告应由 SEOM 通过，并由当事方无条件地接受，除非 SEOM 一致不通过。当事方一般应在 60 天内遵从上诉机构的裁决。如果一方不遵从上诉裁决，可向另一方提

供补偿。另一方也可中止减让。

整个争端解决的时间不得超过445天,争端解决的地点在东盟秘书处。东盟还专门设立了争端解决机制基金,由各成员国出资,东盟秘书处管理该基金。基金用于专家组、上诉机构、东盟秘书处相关行政费用(龚柏华,2005)。

四、中国—东盟自由贸易区(CAFTA)贸易争端解决机制

2002年11月4日,中国与东盟签署了《中国—东盟全面经济合作框架协议》,它是中国与东盟全面经济合作的里程碑,它标志着中国与东盟的经贸合作进入了崭新的历史阶段。《框架协议》共16个条款,从宏观上确定了中国—东盟自贸区(China-ASEAN Free Trade Area,CAFTA)的基本架构。它涵盖了货物贸易、服务贸易、投资等领域的经济合作。但是,CAFTA是由一个国家和一个区域经济合作组织组成的,11个成员国在政治制度、经济发展、文化信仰等方面都存在着巨大的差异。要在复杂背景下解决各方可能出现的争端,是对自由贸易区法律制度的重大挑战。因此,争端解决机制将成为C-ASEAN生存和发展的"安全阀",以保证C-ASEAN经济合作的正常运转。具体说来,CAFTA贸易争端解决机制的程序如下:

(1)磋商。《争端解决协议》第4条规定了争议各方可以通过磋商的方式解决争议,这是强制性解决争议的第一个阶段。提出磋商请求的一方称为"起诉方",磋商请求针对的另一方称为"被起诉方"。在两种情形下,被起诉方应当给予应有的磋商的机会:其一,只要缔约方根据《框架协议》直接或间接获得的利益正在丧失或减损;其二,《框架协议》任何目的的实现受到阻碍。磋商请求应当以书面形式提交,并说明有争议的措施、指控的事实问题和法律问题,争端当事方应尽最大努力通过磋商对有关事项达成双方满意的解决办法。磋商是在保密的情况下进行的,并且不得损害任何一方在进一步程序或者其他诉讼程序中的权利。这里的"进一步程序"主要是指《争端解决机制协议》中规定的仲裁庭程序。同时规定,只要有缔约方认为磋商涉及其实质利益,并且被诉方同意其主张及理由的,就可以参加磋商。

从上述规定中我们可以发现,适用磋商程序的争端范围十分广泛,只要是与《框架协议》相关的经济争端都可以使用磋商程序来解决问题。磋商的谈判各方,除了起诉方和被起诉方以外,相关利益人也有介入谈判的权利。磋商在保密的情况下进行,也有利于各方排除干扰,灵活解决问题。在规定的时间内,由于分歧明显而无法达成一致协议的,决不拖延时间,直接进入下一程序。

(2)调解或调停。《争端解决协议》第5条规定了调解或调停制度。鉴于

CAFTA 的多边性和贸易纠纷的政治性，调解是争端各方同意自愿采用的程序，它不是强制的，可以随时开始，也可以随时终止。调解的过程、当事方的立场均为保密信息。

（3）仲裁。《争端解决协议》分别从仲裁庭的设立、仲裁庭的组成、仲裁庭的职能、仲裁庭的程序四方面详细规定了仲裁程序的相关问题。仲裁庭的设立：收到磋商请求 60 天内，涉及易腐货物案件在内的紧急情况下收到磋商请求 20 天内，有关磋商未能解决争端，起诉方可书面通知被诉方依据本条设立仲裁庭。仲裁庭的组成采取了当事方各自推选仲裁员的方式来组成仲裁庭，争端双方各自指定一名仲裁员，第三名仲裁员为双方共同选定并且为仲裁庭主席。如双方不能就仲裁庭主席人选达成一致，则应请求 WTO 总干事来指定仲裁庭主席；若争端一方不是 WTO 成员，则请求国际法院院长指定仲裁庭主席，同时仲裁庭主席不得为争议当事方的国民，也不得在争议当事方领土内拥有惯常住所或被任何一方当事方雇用。仲裁庭的职能：仲裁庭主要是对争议做出客观评价，包括争议的事实问题、《框架协议》的适用性以及其遵守情况。如果仲裁庭认定某一措施与《框架协议》的规定不一致，应建议其措施与《框架协议》相关规定相符合，就其如何执行建议提出方法。在调查和建议中，仲裁庭不能增加或者减少《框架协议》所规定的各成员国的权利和义务。仲裁庭的程序：仲裁庭采取不公开的方式审理争议，争端各当事方只有在仲裁庭的邀请下才可出席会议。实质性会议的地点应由争端各方协商一致来确定。在与争端各当事方磋商后，仲裁庭应尽快确定仲裁程序的时间表。仲裁庭应在其组成的 120 天内向争端方散发最终报告。在紧急案件中力求在 60 天内将其报告散发各争端方。如仲裁庭认为不能做到，则应书面通知争端方延迟的原因和散发报告的估计期限，但无论如何不应超过 180 天。最终报告在散发争端方的 10 天后，成为公开文件。

（4）第三方制度。《争端解决机制协议》第 10 条规定了极富特色的第三方制度。"第三方"是指任何对仲裁庭裁决的事项有实质利益且已将其利益书面通知争端各方的缔约方。在仲裁程序中，第三方有机会向仲裁庭递交书面陈述意见，同时，这些意见也应给予争端各方，并反映在仲裁庭报告中。第三方有权收到争端各方向仲裁庭第一次会议提交的陈述意见，如果第三方认为，已成为仲裁庭裁决主题的措施造成其根据框架协定下获得的利益丧失或减损，该方可以用本协定的普通争端解决机制求偿，这就为与争端有实质利益的缔约方提供了参与解决争端和弥补自身贸易损失的机会。

（5）暂停及终止程序。《争端解决机制协议》第 11 条规定，如果争端各方同意，仲裁庭可以在任何时候停止工作，期限为自达成暂停协议之日起不超过 12 个月，并且这种暂停的仲裁程序可以经争端任何一方的请求而恢复，但如果仲裁庭的工作已经中止 12 个月以上，那么设立仲裁庭的授权即告终止，除非争端各方另有约定。如果在仲裁程序之外争端各方已经找到令各方均能满意的争端解决方式，在仲裁庭依据本协议公布最终报告前，在各争端方同意的情况下可以终止仲裁程序。作为仲裁庭本身而言，在作出决定前，可以在仲裁程序的任何阶段向争端各方建议，从而促使圆满地解决争端，这也能够导致仲裁程序的提前终止。

(6) 执行。《争端解决协议》第 12 条规定了执行程序。如果立即遵守仲裁庭的建议或裁决是不可行的，被诉方应有一定合理的执行期限。被诉方应在合理期间内执行仲裁庭的建议。合理期间应由争端当事方一致确定，如争端各方未能在仲裁庭报告散发后的 30 天内就合理期间达成一致，只要可能，争端任何一方可以将此事项提交原仲裁庭审查。经与争端各方磋商，仲裁庭应在该事项提交其审查的 30 日内确定合理期间。如仲裁庭认为不能在该期间内提交报告，仲裁庭应书面通知争端当事方迟延的原因，并不得晚于该事项提交其审查的 45 日内提交报告。

(7) 补偿和中止减让或利益。仲裁裁决是终局性的，执行仲裁庭裁决的义务应该是强制性的，如果被投诉方未实际执行裁决，那么就要承担一定的后果。因此，在《争端解决机制协议》的第 13 条对补偿和中止减让或利益的活动进行了规定。被申请方如果未能执行裁决，则其须给予申请方必要补偿；申请方也有权中止依据《框架协议》给予被申请方的减让或利益。但是，《争端解决协议》规定上述措施仅是暂时性的，在价值取向上并不鼓励争端当事方采取措施，认为执行裁决才是最重要的出路。因为只有被认定与框架协议不一致的措施已取消，或必须执行仲裁庭建议的缔约方已经做到，或已达成双方满意的解决办法，纠纷才真正算是得到解决（傅晓娟，2007）。

五、亚太经合组织（APEC）贸易争端解决机制

亚太经济合作组织（Asian-Pacific Economic Coperahon，APEC）的贸易争端机制是非强制性机制的组成部分，是一种建立在完全自愿基础上，以协商对话的方式解决贸易和投资自由化的分歧，反对单方面的制裁和威胁的仲裁、调解和协商机制。APEC 在其宣言中没有规定争端解决机制的设立、机构和运行方式，成员也并没有直接赋予 APEC 作为国际组织解决国家之间的经济冲突的权力，APEC 组织各成员的内部立法和对区域合作的承诺又不统一，这就使得成员之间的纠纷在 APEC 之内往往得不到协调和处理，而不得不寻求其他国际经济组织的力量（周彧，2007）。

六、CEPA 贸易争端解决机制

2004年1月1日开始实施的《内地与香港关于建立更紧密经贸关系的安排》（以下简称《安排》）和《内地与澳门关于建立更紧密经贸关系的安排》（*Closer Economic Partnership Arrangement*，CEPA）都是属于在中国主权下，两个WTO成员方之间建立的自由贸易区协定，其意义深远，且已发生实际效用。

香港与中国内地CEPA的争端解决条款，主要规定在其第十九条第五款："双方将本着友好合作的精神，协商解决《安排》在解释或执行过程中出现的问题。委员会采取协商一致的方式作出决定。"根据第十九条其他款项规定，这里肩负争端解决重任的"委员会"是由双方成立的，并由双方高层代表或指定的官员组成的联合指导委员会。联合指导委员会设立联络办公室，并可设立工作组。委员会每年至少召开一次例会，并可在一方提出要求后30天内召开特别会议。委员会的职能包括：监督CEPA的执行，解释CEPA的规定，解决CEPA执行过程中可能产生的争议，拟订CEPA内容的增补及修正，指导工作组的工作，处理与CEPA实施有关的任何其他事宜。

也就是说，CEPA的争端解决机制是由联合委员会设立工作组，采取"协商一致"的方式来解决双方的争议。而这个争端解决机构——联合指导委员会，并不是一个常设机构，而是一个兼具立法、司法、指导功能的混合机构；从其职能来看，其主要的存在价值并非解决争端，而是负责监督、指导CEPA的执行（陈立虎、赵艳敏，2007）。

第二节　中国的政策选择

地区经济一体化在解决贸易摩擦和争端中所起的作用是不容忽视的，一般来说效果较为理想，也能够大大降低和减少区域内部的贸易壁垒，从而避免贸易摩擦。之所以会产生这样的效应，是由以下几方面的因素造成的：首先，地区经济一体化内部成员经济紧密相连，成为一个整体，互为依存而离不开对方。因而，一旦发生贸易摩擦，相互的对抗对于双方的损失都是惨重的，也就是博弈论上说的报复的威胁"大棒"很大，以至于双方都会自觉地遵守规则，相互做出让步，从而不会发生贸易摩擦。其次，地区经济一体化加深了贸易自由化，从根本上消除了贸易摩擦和争端发生的基础。地区经济一体化组织的两个重要效应就是贸易创造和贸易转移，即一体化组织达成的关税减让和非关税措施的消除增加了成员国相互之间的贸易往来，且一体化组织成员都要受约束于一体化的规则，关税和非关税措施的消除本身就使得贸易摩擦丧失存在的基础和可能性，自然争端就不会发生。再次，地区一体化组织是一个多边体系，整体的威胁约束迫使每个成员必然放弃贸易保护，摩擦和争端就容易解决。多边协调的好处在于多边国家形成一个整体，制定公共的规则解决贸易摩擦，一旦某个成员违反规则形成贸易争端，则所有国家的共同制裁形成一个巨大的威胁，单个成员在此威胁下必然选择妥协而解决贸易摩擦和争端。最后，地区一体化组织比世界性组织如WTO优越的地方在于其合作的基础更大，达成一致的可能性更强。由于地区一体化在共同经济基础、风俗习惯、地理位置等方面具有谈判的优势，同时地区一体化所涉及的国家较少，国家之间趋同性和互补性较大，所以达成一致合作较为容易，在解决贸易摩擦和争端时达成一致也较为容易。

然而，通过建立地区经济一体化组织解决贸易摩擦也是存在一定局限性的，并不是必然能够达到理想的效果。首先，对于那些地理位置相距较远，经济基础相差较大且相互依赖性不对称的国家来说，要想建立地区一体化是非常困难的。我们知道，互利双赢是建立合作伙伴及一体化组织的本质经济基础，只有一体化能够给每个成员都带来好处和经济利益时，才能够吸引他们加入经济组织内部，所以对于那些地理位置较远，经济基础差距较大且依赖性并不对称的国家之间是很难建立一体化组织的。其次，国际贸易对于贸易双方的贸易利益总是不对称的，也就是说在贸易中，有些国家获利较多而另一些国家获利较少，那些获利较少的国家必然会产生不满而希望对方做出妥协和让步，这时贸易摩擦就容易发生。一旦该获利的不对称较大，贸易争端就会不可避免，这时即使地区一体化也难以解决贸易摩擦。因为一体化之所以能够形成，也是建立在一体化对于各方基本对称的获利存在的基础上，如果获利并不对称，一体化则难以执行。所以，国际贸易摩擦的解决最根本的还是要基于共同的贸易利益，而不是说仅仅地区经济一体化就能够解决问题。

综上所述，地区经济一体化解决贸易摩擦一般适用于那些地理位置趋近，经济基础差异不大或互补性较强的国家集团之间，而对于那些不具备建立一体化国家之间的贸易摩擦则很难奏效。

第三节 小结

本章分析了应用区域一体化组织来化解国际贸易摩擦的路径。区域一体化能够消除成员内部的相互关税并降低非关税壁垒，加强成员之间的经济联系和贸易投资往来，能够有效地起到化解国际贸易摩擦的作用，是一项重要的贸易摩擦治理路径。

在区域一体化的贸易争端解决机制中，北美自由贸易区、欧盟、东南亚国家联盟、中国—东盟自由贸易区、亚太经济合作组织等都有各自的贸易争端解决机制，有利于化解内部成员相互之间的国际贸易摩擦。

全球金融危机之后的区域一体化发展如火如荼，重要的组织安排主要有跨太平洋战略经济伙伴关系协定（TPP）、跨大西洋贸易投资协定（TTIP）、中日韩自由贸易区、区域全面经济伙伴关系协定（RCEP）等，积极发展和参与这些区域一体化组织，建立国际贸易摩擦和争端协调机制，有利于化解国际贸易摩擦。

通过区域经济一体化组织解决国际贸易摩擦存在一定程度的局限性。第一，对于那些地理位置相距较远，经济基础相差较大且相互依赖性不对称的国家来说，建立区域一体化是困难的。第二，贸易双方的获利是不对称的，有些国家获利较多而另一些国家获利较少，贸易摩擦由此而生。贸易利益的不对称决定了矛盾和摩擦难以避免，如果区域一体化不能够消除获利的不对称性，则难以化解国际贸易摩擦。

第八章 WTO争端解决机制与国际贸易摩擦的治理

本章从WTO的争端解决机制角度分析国际贸易摩擦的化解和治理路径。WTO争端解决机制是多边贸易协调体制下的贸易摩擦化解途径,是目前涉及国家范围最广且最有权威性的多边贸易争端解决机制。以下从WTO争端解决机制的具体措施和程序介绍入手,通过分析争端解决的典型案例进一步认识这一解决机制,最后分析中国的政策选择。

第一节 具体措施和程序

WTO贸易争端解决机制(Dispute Settlement Mechanism,DSM)是目前最为有效和权威的化解国际贸易摩擦的机制,被越来越多的国家所使用,其解决机制也在不断完善之中。但由于WTO争端解决的时间较长、程序复杂等原因,决定了其也并不是非常理想和有效的解决路径。

一、WTO争端解决机制的渊源

WTO争端解决机制的法律渊源,主要涉及《争端解决程序与规则谅解》(*Understanding on Rules and Procedures Governing the Settlement of Disputes*,DSU)(以下简称《谅解》)和除《谅解》外的《WTO协定》其余部分、1947年《关贸及贸易总协定》(*General Agreement on Tariffs and Trade*,GATT)(以下简称《关贸总协定》)管理与解决争端的惯例和有关习惯国际法等。《谅解》是WTO争端解决机制的主要和直接的法律依据。它总共包括27条和4个附件。主要内容涉及WTO争端解决机制的作用、成员(国)的一般义务、适用范围、管理机构、一般原则、基本程序、特殊程序等。《WTO协定》的其余部分、1947年关贸总协定管理与解决争端的惯例和有关习惯国际法,是WTO争端解决机制的重要法律渊源。它们为WTO争端解决机制提供了更加广泛的法律基础。《谅解》第1条第1款规定,"本《谅解》的各项规则及程序适用于根据本《谅解》附件一所列各协定(本《谅解》中称之为"适用协定")的协商和争端解决条款所提起的各项争端。"根据附件一，这些适用协定包括：《建立 WTO 协定》《货物贸易多边协定》《服务贸易多边协定》《与贸易有关的知识产权协定》《谅解》《民用航空器协定》《政府采购协定》《国际奶制品协定》《国际牛肉协定》。因此，《谅解》的各项规则及程序也适用于 WTO 和该《谅解》本身。在乌拉圭回合谈判中，关于《谅解》是否能够适用于《WTO 协定》，各国曾出现过重大的分歧。一些国家的观点是，WTO 是一个政治实体，因此与他有关的任何争端，最好在 WTO 内解决，而不是在争端解决机构的技术或者法律范围内解决。而其他一些国家则持完全相反的态度，认为与 WTO 有关的任何争端均应提交给外部的司法机关（如国际法院）解决，如果不被解决，则应提交给争端解决机构。不过最后各国都承认，国际法院之类的司法机关，在处理与 WTO 有关的争端以及执行解决决定时都将面临非常复杂的问题。最后各方逐渐接受了新西兰等其他一些缔约方提出的方案，即《WTO 协定》成为一个适用协定，服从统一的争端解决机制。

因此，根据上述各"适用协定"的协商和争端解决条款所提起的各项争端，以及根据《WTO 协定》和《谅解》单独采取行动或与其他任何适用协定联合采取行动而引起的 WTO 成员之间有关其权利义务的争端，都适用于《谅解》。但是也有例外，《WTO 协定》附件三贸易政策审议机制就被排除在《谅解》附件一所列的适用协定清单之外。

《谅解》所建立的统一争端解决机制并不排除特殊或另外的争端解决程序。其第 1 条第 2 款规定："本谅解的规则与程序的适用，应按照本《谅解》附件二所指明的载入各适用协定的争端解决特别或另外规则和程序。本《谅解》规则及程序与附件二的特别或另外规则及程序发生冲突是后者应优先。"由此可以看出，《谅解》在争端解决程序上的规定不是一概而论的，而是一般程序与特别规定相结合的原则，体现了 WTO 争端解决机制的灵活性。

习惯国际法不仅是 WTO 争端解决机制的一种法律渊源，而且是 WTO 整体法律的渊源之一。因为 WTO 多边贸易体制不是一个自我封闭的法律体制，而是根据习惯国际法以《WTO 协定》这项多边条约为法律基础的国际法体制（鞠村臻，2006）。

二、WTO 争端解决机制的宗旨、职能和原则

1. 宗旨

WTO 争端解决机制的法律基础《谅解》确定了其宗旨是提供一种有效、可靠和规则取向的制度，以便在多边框架内解决因使用《WTO 协定》所产生

的各种争端。其直接目的在于保证争端获得积极的解决,为多边贸易体制提供安全保障和提高其可预见性。

2. 职能

根据其宗旨和目标,WTO 争端解决机制的主要职能有二:第一,维护 WTO 各成员国依据《WTO 协定》所享有的各项权利和所承担的各项义务;第二,按照国际公法解释的习惯规则,澄清《WTO 协定》的各项现行规定。但在行使职权时,WTO 争端解决机制不得损害各成员根据《WTO 协定》或诸边贸易协定通过决策程序谋求权威解释各该协定条文的权利,而且其作出的各种建议和裁定也不得增加和减损《WTO 协定》所规定的各项权利和义务。

3. 原则

(1) 总原则。和平解决国际争端是现代国际法的一项基本原则,也是贯穿 WTO 争端解决机制整体的一项根本原则。WTO 争端解决机制及其活动不得违背这一基本原则,在对这一基本原则进一步补充和完善的基础上,WTO 争端解决机制逐步形成了一些更加具体明确的一般原则。

(2) 一般原则。

1) 多边主义原则。《谅解》不仅促进使用多边争端解决制度取代解决贸易冲突的单边主义(《谅解》第 23 条第 1 款),而且对自愿协商、友好调解或仲裁这些传统上主要属于争端当事方的双边事务进行多边控制。这种多边制度建立在根据 1947 年《关贸总协定》第 22 条和第 23 条所形成和发展起来的,并经过《谅解》进一步修订和完善管理争端的各项原则基础之上(《谅解》第 3 条第 1 款)。

2) 继续遵守 1947 年《关贸总协定》管理争端解决活动的各项原则(《谅解》第 3 条第 1 款)。这一原则具有重大意义:第一,它确立了 WTO 争端解决机制的基础与 1947 年《关贸总协定》争端解决制度的历史联系;第二,1947 年《关贸总协定》在其第 22 条和第 23 条基础上数年来所形成和建立的争端解决实践和惯例,特别是在这两条基础上形成的各种复杂程序和权利义务,可能继续具有重大指导和参考作用。

3) 解决争端而非通过争端解决过程制定新的法律规则的原则。争端解决机制的目的是确保对争端的积极解决,争端解决机构的建议和裁定不得增加或减损各适用协定所规定的权利和义务。对根据适用协定协商和争端解决条款正式提起的各事项的一切解决办法,包括仲裁裁决,应符合这些适用协定;即不得剥夺或损害任何成员根据这些适用协定享有的利益,又不得阻碍这些适用协定任何目标的实现。

4) 谨慎、善意地使用争端解决机制的原则。和 1947 年《关贸总协定》一样,《谅解》要求成员在诉诸争端解决程序时持谨慎与善意的态度。《谅解》规定,"各成员在投诉前应对这些程序下的行动是否有效作出判断""调解和利用争端解决程序的要求不应旨在作为或视为诉讼行为,而且,如果一项争端发生,所有成员应善意参与这些程序以努力谋求解决该争端,投诉和对截然不同事项的反诉不应有任何联系"(《谅解》第 3 条第 7 款、第 10 款)。

5) 排他适用原则。即 WTO 各项争端解决规则排他适用于与 WTO 有关的各项争端。WTO 的各项争端解决规定包括一套国际公认的规则。WTO 成员只能按照这套规则对 WTO 其他成员违反 WTO 协定的义务,或其他剥夺或损害其根据 WTO 协定所享有的各种利益的行为,或阻碍实现 WTO 协定任何目标的措施来寻求救济,包括遵守并执行 WTO 有关争端解决机关所作出的建议和裁定。(《谅解》第 23 条)。

6) 统一适用原则。即除了某些条件和例外情况外,《谅解》统一适用于与 WTO 协定有关的所有争端。

7) 发展中成员的特殊与差别待遇原则。给予发展中成员特殊与差别待遇是 WTO 多边贸易体制的一项基本原则,在 WTO 争端解决机制方面也有相应规定和具体安排(沈宪贞,2004)。

三、WTO 争端解决机制的基本程序及时间表

世界贸易组织争端解决的程序包括基本程序和特别程序。基本程序包括磋商、专家组审理、上诉机构审理、裁决的执行及监督等。除基本程序外,在当事方自愿的基础上,也可采用仲裁、斡旋、调解和调停等方式解决争端。虽然 WTO 有关协议规定了一些特别程序,如《技术性贸易壁垒协定》(TBT)、《纺织品与服务协定》(ATC)、《倾销与反倾销协定》、《补贴与反补贴措施协议》和《服务贸易总协定》中均有规定。但从整体上说,WTO 的争端解决规则和程序基本上是统一的。因为《建立世界贸易组织协定》和 DSU 所列的"适用协定"包含了绝大多数的多边和诸边贸易协定。

1. 磋商、斡旋、调解和调停

(1) 磋商。DSU 规定,一成员方向另一成员方提出磋商要求后,被要求方应在接到请求后的 10 天内作出答复。如同意举行磋商,则磋商应在接到请求后 30 天内开始。如果被要求方在接到请求后 10 天内没有做出反应,或在 30 天内或相互同意的其他时间内未进行磋商,则要求进行磋商的成员方可以直接向争端解决机构要求成立专家组。如果在接到磋商请求之日后 60 天内磋商未

能解决争端,要求磋商方可以请求设立专家组。在紧急情况下(如涉及容易变质的货物),各成员方应在接到请求之日后10天内进行磋商。如果在接到请求之日后20天内磋商未能解决争端,则申诉方可以请求成立专家组。如果第三方认为与拟议举行的磋商有实质性的贸易利益关系,可在争端解决机构散发该磋商请求后10天内,将加入磋商的意愿通知各磋商成员方和争端解决机构。若磋商成员方认为该第三方要求参与磋商的理由充分,应允许其参加磋商。如加入磋商的请求被拒绝,则第三方可根据有关规定向磋商成员方另行提出直接磋商请求。

(2)斡旋、调解和调停。斡旋(Good Offices)是指第三方促成争端当事方开始谈判或重开谈判的行为。在整个过程中,进行斡旋的一方可以提出建议或转达争端一方的建议,但不直接参加当事方的谈判。调解(Conciliation)是指争端当事方将争端提交一个由若干人组成的委员会,该委员会通过查明事实,提出解决争端的建议,促成当事方达成和解。调停(Mediation)是指第三方以调停者的身份主持或参加谈判,提出谈判的基础方案,调和、折中争端当事方的分歧,促使争端当事方达成协议。

在DSM中,斡旋、调解或调停是争端当事方经协商自愿采用的方式。争端的任何一方均可随时请求进行斡旋、调解或调停。这些程序也可以随时终止。一旦终止,申诉方可请求设立专家组。如斡旋、调解或调停在被诉方收到磋商请求后的60天内已经开始,则申诉方只能在该60天届满后请求设立专家组。但是,如争端当事方均已认为已开始的斡旋、调解或调停不能解决争端,则申诉方可以在该60天内请求设立专家组。在争端进入专家组程序后,如争端当事方同意,斡旋、调解或调停程序也可同时继续进行。WTO总干事可以以其所任职务身份进行斡旋、调解或调停,以协助成员方解决争端。

2. 专家组审理

(1)专家组的成立和授权。

1)专家组的成立。在磋商未果,或经斡旋、调解和调停仍未解决争端的情况下,投诉方可以向争端解决机构提出成立专家组的请求。一旦此项请求被列入争端解决机构会议议程,专家组最迟应在这次会后的争端解决机构会议上予以设立,除非争端解决机构一致决定不成立专家组。由于世界贸易组织争端解决机制实行反向协商一致原则,因此专家组的设立几乎不会成为问题,GATT1947机制下专家组的设立使经常被拖延的问题迎刃而解。

2)专家组的组成。专家组通常由3人组成,除非争端当事方在专家组设立之日起10天内同意设立5人专家组。专家组的成员可以是政府官员,也可以是非政府人士，这些成员均以个人身份工作，不代表任何政府或组织，WTO成员不得对他们作出指示或施加影响。DSU 第 8 条规定，除非争端当事方有令人信服的理由，否则不得反对秘书处向他们提出的专家组成员人选。如果自决定设立专家组之日起 20 天内，争端当事方仍未能就专家组的人员组成达成一致，应任何一个争端当事方的请求，世界贸易组织总干事在与争端解决机构主席、有关理事会或委员会主席及争端各方磋商以后，任命最合适的人选。这些规定避免了当事各方在专家组人员组成问题上可能出现的无休止的争论。

3）专家组的职权范围。DSU 第 7 条第 1 款，用标准格式规定了专家组的职权范围，即根据争端各方所援引协定或协议的规定，对申诉方的请求予以审查，并提交调查报告，以协助争端解决机构提出建议或作出裁决。在专家组成立后 20 天内，若争端各当事方对专家组的职权有特别要求，争端解决机构也可以授权其主席与争端各方磋商，在遵守 DSU 第 7 条第 1 款规定的前提下，确定专家组的职权。

（2）专家组的审理程序。在案件的审理过程中，专家组要调查案件的相关事实，对引起争议的措施是否违反相关协定或协议作出客观评价，就争端的解决办法提出建议。专家组一旦设立，一般应在 6 个月内（紧急情况下 3 个月内）完成全部工作，并提交最终报告。如专家组认为不能如期提交报告，则应书面通知争端解决机构，说明延误的原因和提交报告的预期时间，但最长不得超过 9 个月。应申诉方的请求，专家组可以暂停工作，但期限不得超过 12 个月。如超过 12 个月，设立专家组的授权即告终止。通常情况下，专家组首先听取争端各方陈述和答辩意见。然后，专家组将报告初稿的叙述部分（事实和理由）散发给争端各方。在专家组规定的时间内，争端各方应提交书面意见。待收到各方的书面意见后，专家组应在调查、取证的基础上完成一份中期报告，并向争端各方散发，再听取争端各方的意见和评议。争端各方可以书面要求专家组在提交最终报告前对中期报告进行审查。如有此要求，专家组应与争端各方举行进一步的会谈。如专家组在规定时间内未收到争端各方对中期报告的意见，则中期报告应视为专家组的最终报告，并迅速散发给各成员方。为完成最终报告，专家组有权从他们认为适当的任何个人或机构获取资料和专门意见。对于争端中涉及的科学或技术方面的问题，专家组可以设立专家评审组，并要求他们提供书面咨询报告。如争端当事方以外的成员认为该争端与自身有实质性的利益关系，则在向争端解决机构作出通知后，可以以第三方身份向专家组陈述意见，并有权获得争端各方提交专家组首次会议的陈述材料。

（3）专家组报告的通过。DSU 第 16 条规定，在报告散发给各成员 20 天后，DSB 可考虑审议通过专家组最终报告。对报告有反对意见的成员方，应至少在召开审议报告会议 10 天前，提交供散发的书面反对理由。在最终报告散发给各成员方 60 天内，除非争端当事方正式通知 DSB 他们的上诉决定，或争端解决机构经协商一致决定不通过该报告，否则该报告应在争端解决机构会议上通过。

3. 上诉机构审理

上诉机构的设立，是世界贸易组织较 1947 年关税与贸易总协定在争端解决机制方面的又一个创新，其目的是使当事方有进一步申诉案情的权利，并使世界贸易组织争端解决机制更具有准确性与公正性。

（1）上诉机构的组成及职权范围。DSU 第 17 条规定，争端解决机构设立常设上诉机构，受理对专家组最终报告的上诉。常设上诉机构由 7 人组成，通常由其中的 3 人共同审理上诉案件。上诉机构成员由争端解决机构任命，任期 4 年，可连任一次。为保证上诉机构的权威性和公正性，其成员应是法律、国际贸易和世界贸易组织协定或协议方面的公认权威，并且具有广泛的代表性。上诉机构成员不得从属于任何政府，也不得参与审议可能对他们有直接或间接利益冲突的争端。上诉机构只审理专家组报告所涉及的法律问题和专家组出的法律解释。上诉机构可以维持、修改或推翻专家组的结论。

（2）上诉机构对案件的审理。上诉机构的审议，自争端一方提起上诉之日起到上诉机构散发其报告之日为止，一般不得超过 60 天。如遇有紧急情况，上诉机构应尽可能地缩短这一期限。上诉机构如果认为不能在 60 天内提交报告，则应该将延迟的原因及提交报告的预期时间书面通知争端解决机构，但最长不得超过 90 天。

（3）上诉机构报告的通过。争端解决机构应在上诉机构报告散发后的 30 天内通过该报告，除非争端解决机构经过协商一致决定不予通过。

4. 争端解决机构裁决的执行及其监督

专家组报告或上诉机构报告一经通过，其建议和裁决即对争端各当事方产生约束力，争端当事方应该无条件地接受。

（1）裁决的执行。DSU 第 21 条规定，在专家组或上诉机构报告通过后 30 天内举行的争端解决机构会议上，有关成员应将执行争端解决机构建议和裁决的意愿通知该机构。有关建议和裁决应该迅速执行，如果不能迅速执行，则应该确定一个合理的执行期限。"合理期限"由有关成员提议，并需经过争端解决机构批准；如未能够获得批准，由争端各方在建议和裁决通过后 45 天内协商确定期限；如果经过协商也无法确定时，则由争端各方聘请仲裁员确定。如果被认定违反了 WTO 的有关规定的被诉方未能在合理的期限内执行争端解决机构的建议和裁决，则被诉方应申诉方的请求，必须在合理期限届满前与申诉方进行补偿谈判。补偿是指被诉方在贸易机会、市场准入等方面给予申诉方相当于他所受损失的减让。根据 DSU 第 22 条第 1 款的规定，补偿只是一种临时性的措施，即只有当被诉方未能在合理期限内执行争端解决机构的建议和裁决时，方可采用。

（2）授权报复。如申诉方和被诉方在合理期限届满后 20 天内未能就补偿问题达成一致，申诉方可以要求争端解决机构授权对被诉方进行报复，即中止对被诉方承担的减让或其他义务。争端解决机构应该在合理期限届满后 30 天内给予相应的授权，除非争端解决机构经协商一致拒绝授权。被诉方可以就报复水平的适当性问题提请争端解决机构进行仲裁。报复措施也是临时性的。只要出现以下任何一种情况，报复措施就应终止：①被认定违反世界贸易组织有关协定或协议的措施已被撤销；②被诉方对申诉方所受的利益损害提供了解决办法；③争端当事各方达成了相互满意的解决办法。

（3）监督执行。在建议和裁决通过后，任何成员都可随时向 DSB 提出与执行有关的问题，以监督建议和裁决的执行。除非争端解决机构另有决定。在确定了执行的合理期限 6 个月后，争端解决机构应该将建议和裁决的执行问题列入会议议程，并进行审议，直至该问题得到解决。在争端解决机构每一次会议召开的 10 天前，有关成员应向争端解决机构提交一份关于执行建议和裁决的书面报告。

5. 仲裁

WTO 仲裁机制有三部分内容：首先是 DSU 第 25 条所规定的，作为争端解决一般途径的自愿仲裁机制；其次是 DSU 第 21 条、第 22 条所确定的，就执行争端解决机构（DSB）的裁决和建议过程中的某些具体争执问题所规定的仲裁方法，这是一种辅助性的方式；最后是 DSU 附件 2 列明的各涵盖协定中规定的解决争端特殊或附加规则中蕴涵的仲裁机制，主要见诸《补贴与反补贴协定》及《服务贸易总协定》的相关条款中。

DSU 第 25 条规定，仲裁可以作为争端解决的另一种方式。如果争端当事方同意以仲裁方式解决，则可在共同指定仲裁员并议定相应的程序后，由仲裁员审理当事方提出的争端。在 DSM 中，仲裁可用于不同的目的和争端解决的不同阶段，如审理争端、裁定执行的合理期限、评估报复水平是否适当等。

虽然在 GATT 的体系中已存在强制仲裁，但在实践中很少被采用。1963 年美国、欧共体的鸡肉进口纠纷案是仅有的例子，双方在将争议提交 GATT 理事会，要求建立专家组以提供咨询意见后，预先同意接受该咨询意见为有约束力的终局裁决。该案中，专家组程序实际上被演变为有约束力的终局裁决。相应地，专家组程序实际上被演变为仲裁程序。WTO成立后所受理的300多件贸易争端中，都基本上采用了专家组程序。

对以上WTO争端解决机制程序的分析和时间表，可用表8-1和图8-1做出直观的表达：

表8-1　WTO争端解决时间

程序阶段	时间
磋商、调解	1个月
建立专家组并任命其组员	45天
最终报告提交争端各方	6个月
最终报告提交WTO各个成员	3个星期
DSB通过报告（如无上诉）	1个月
总计（如无上诉）	1年
上诉机构报告	2~3个月
DSB通过上诉机构报告	1个月
总计（如上诉）	1年零3个月

注：表中每一阶段大约时间为目标数字，《谅解》对此的规定比较灵活。

资料来源：WTO, "Trading into the Future", 2nd edition revised, April 1999, p.39.

四、争端解决机制的管辖范围

DSU适用于WTO法律秩序下的所有协定，包括涉及《建立世界贸易组织协定》和DSU自身的争端。WTO法律秩序下的一系列协定包含关于争端解决的特殊规定，这些规定在DSU附件2中再度被复述并在争端案件中优先适用。按照上诉机构的观点，所有《建立世界贸易组织协定》中争端解决的特别规定和DSU构成了一个统一的争端解决机制。上述管辖范围在DSU第1条已做出了详细规定（黄骏，2005）。

第二节　WTO争端解决的典型案例分析

我们选择两个WTO争端解决的典型案例（沈宪贞，2004），通过对其介绍可以从中获得对WTO争端解决机制运行的直观认识。

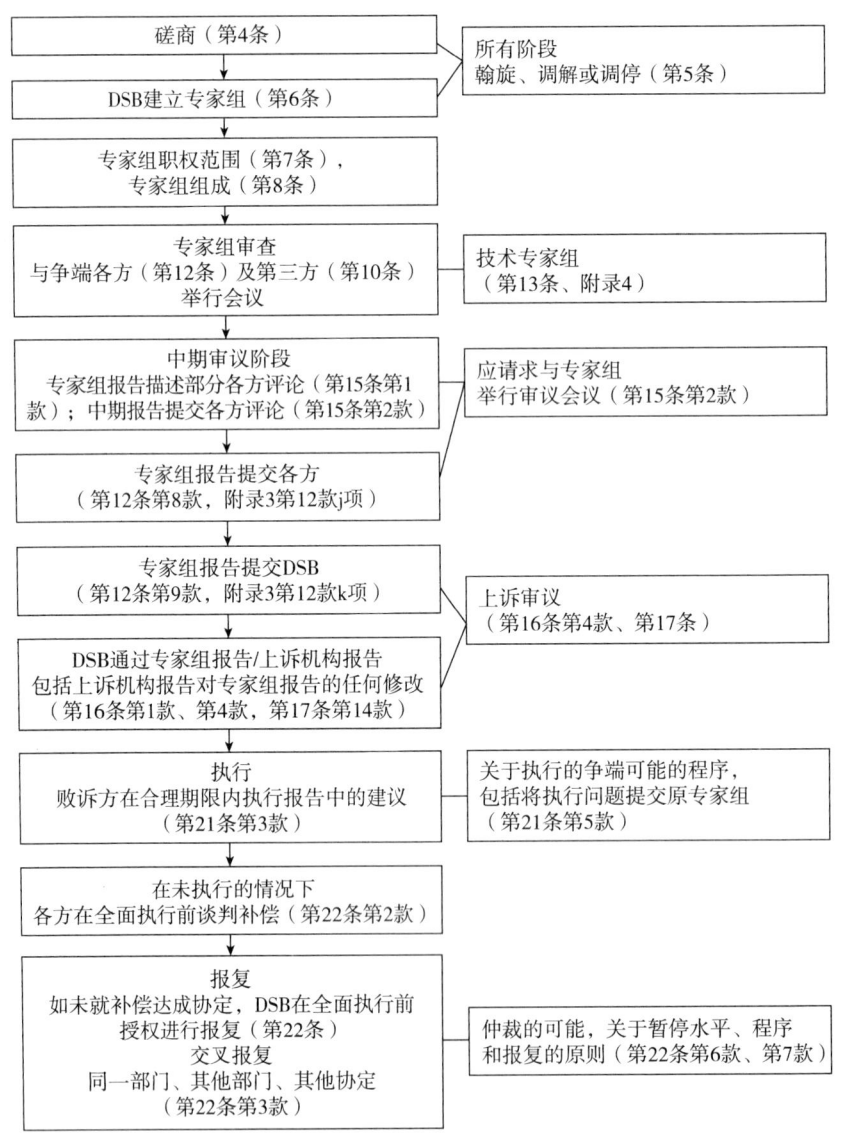

图 8-1　WTO 争端解决示意图

资料来源：WTO, "Trading into the Future", 2nd edition revised, April 1999, p.39.

1. 委内瑞拉诉美国"限制汽油进口"案（WT/DS2）

1995年1月23日，委内瑞拉向WTO争端解决机构（DSB）提出起诉，声称美国正在使用的"汽油规则"违反了GATT第1条、第3条和《技术性贸易壁垒协定》第2条的规定，要求就此事与美国进行磋商。

1995年3月25日，在经过60天磋商未达成协议后，委内瑞拉要求DSB成立专家组审理此案。4月10日，DSB成立专家组。在委内瑞拉提出起诉后，4月10日，巴西也就此事向DSB提出起诉，要求与美国磋商。5月31日，DSB决定两案一并由同一专家组审理。7月10～12日以及7月13～15日，专家组召开了两次实质性会议审理此案。12月11日，专家组将中期报告交三个当事方评议。1996年1月29日，专家组向DSB提交最终报告（WT/DS2/R）。在最终报告中，专家组认为美国正在使用的"汽油规则"违反了世界贸易组织非歧视原则和国民待遇原则，并且判定美国不能在该案件中引用GATT第20条的例外规定。

1996年2月21日，美国提出上诉。4月22日，经过60天的审理，上诉机构向DSB提交了报告（WT/DS2/AB/R），报告中对GATT第20条重新作了解释，并且认为第20条不适用于该案，报告维持了专家组报告的裁定内容，即美国使用的"汽油规则"造成了对进口产品的歧视，建议美国修改国内相关立法，以便符合世界贸易组织的非歧视原则。

在裁定生效后，美国和委内瑞拉就裁定的实施进行了磋商，于1996年12月3日就美国应采取的措施达成了协议，实施期为自1996年5月20日裁定生效之日起15个月。1997年1月9日，美国向DSB提交了关于实施情况的第一份报告。8月19日，美国签署新规则，顺利履行了裁定内容。

此案是WTO争端解决机构处理的第一起完整的案件，经历了争端解决机制规定的所有程序，并且得到了顺利实施，对争端解决机构树立威信具有重大意义，使人们对WTO争端解决机制信心大增。

2. 欧美香蕉贸易案（WT/DS27）

1996年2月5日，厄瓜多尔、危地马拉、洪都拉斯、墨西哥和美国向WTO争端解决机构（DSB）提出起诉，诉称欧盟的香蕉进口政策违反了GATT第1条、第2条、第3条、第10条、第11条、第13条的规定，同时违反《进口许可程序协定》《农产品协定》《与贸易有关的投资措施协定》和《服务贸易总协定》的有关规定，要求与欧盟就其香蕉进口政策进行磋商。

1996年5月8日，DSB设立了专家组处理这一争端。专家组经审查认定欧盟的香蕉进口政策、香蕉进口许可程序不符合GATT的相关规定。1997年5月22日，专家组报告分发给全体成员方。6月11日，欧盟就专家组报告中的某些法律问题及法律解释向DSB提起上诉。上诉机构经审理，基本上维持了专家组的裁决，于9月9日向全体成员方分发了上诉机构的报告。9月25日，在DSB的会议上，通过了上诉机构和专家组的报告。11月17日，起诉方根据

《谅解》第 21 条第 3 款的规定，要求经仲裁确定一个履行裁决的"合理期限"，之后，仲裁机构确定该案履行的期限是 1997 年 9 月 25 日至 1999 年 1 月 1 日（15 个月）。

1998 年 10 月，欧盟公布了香蕉进口政策调整方案，决定于 1999 年 7 月 1 日起正式实施。美国和拉美国家等起诉方认为欧盟的政策调整方案仍带有偏向色彩，不符合世界贸易组织的原则要求。根据《谅解》第 21 条第 5 款的规定，厄瓜多尔和欧盟分别于 12 月 18 日和 15 日要求由原专家小组审查欧盟的香蕉进口新政策是否符合 DSB 的裁决和 GATT 的规定。1999 年 1 月 12 日，DSB 决定同意原专家组审查厄瓜多尔和欧盟的请求。1 月 14 日，美国和厄瓜多尔先后根据《谅解》第 22 条第 2 款的规定，要求 DSB 授权其中止履行对欧盟承诺的总额为 5.2 亿美元的义务。1 月 29 日，在 DSB 的会议上，欧盟根据《谅解》第 22 条第 6 款的规定，要求对美国提起的中止义务的程度予以仲裁，DSB 将此请求也交由原专家组解决。

专家组审议了欧盟和厄瓜多尔的请求后，认为欧盟的香蕉进口新政策仍不符合其在 WTO 项下应履行的义务。同时，专家组经过对美国提出的授权请求进行审查，于 1999 年 4 月 19 日，DSB 作出授权美国中止履行对欧盟总数为 1.914 亿美元义务的决定。由于美国并不是香蕉的主要生产国和出口国，因而根据《谅解》第 22 条第 3 款的规定，美国对欧盟制裁产品的清单中并没有香蕉，而是其他一些产品，如床单床罩、羊绒衫等。

1999 年 11 月 8 日，厄瓜多尔根据《谅解》第 22 条第 2 款的规定，也提出授权中止某些义务的要求，涉及贸易总额为 4.5 亿美元。在 11 月 19 日 DSB 的会议上，欧盟根据《谅解》第 22 条第 6 款的规定，要求对厄瓜多尔请求中止义务的程度予以仲裁。DSB 也将此请求交由原专家组仲裁。2000 年 3 月 24 日，专家组作出裁决并分发给各成员方，裁决厄瓜多尔可以中止义务的程度是 2.016 亿美元，范围包括 GA77 项下的义务、GATS 项下的义务和 TRIPS 部分条款下的义务。裁决同时指出，根据《谅解》第 23 条第 3 款的规定，厄瓜多尔应首先寻求中止与该案有关的同一部分的义务。2000 年 5 月 18 日，DSB 正式授权厄瓜多尔中止履行其对欧盟总额为 2.016 亿美元的义务。

此案是 WTO 争端解决机构处理的一起复杂的案件，它涉及的当事方多、延续时间长、履行过程不顺利。最终，该案不得不以"交叉报复"方式结案，在国际贸易实践中产生了较广泛的影响。

第三节 中国的政策抉择

WTO 争端解决机制有一套完整的程序，对于国际贸易摩擦和争端的解决能够起到化解作用，且由于 WTO 的权威性，贸易争端总是能够得到解决。WTO 的争端解决机制能够具有这样的效力，主要是因为 WTO 是一个聚集着世界大多数国家的超多边体系，每个国家经济的成长和发展都离不开这个体系，所以对于单个成员来说，违背 WTO 规则和违抗其决定，意味着将面临所有其他成员对其制裁的惩罚，该惩罚的力度和威胁对于单个成员来说几乎无法承受，故而他们必然选择妥协和遵从 WTO 的裁决结果。所以单从化解效果看，WTO 争端解决机制可以说是最好的。

然而，WTO 争端解决机制也存在自身的缺陷和不足，表现在以下方面：①机制还不够完善，存在不公正的现象。WTO 争端解决机制是一个在不断发展和完善中的体系，其一致不变的原则必然在具体的单个案件处理中难以适应万变，所以还需要不断改进。同时，争端解决机制存在着发达国家操纵和主导的现象，广大发展中国家往往在争端处理中位于劣势地位，专家小组和上诉机构执法有失公正性。一个重要的案例是印度尼西亚汽车补贴案件。印度尼西亚对使用本国产品提供了一些优惠，这在《补贴协议》中是允许的，但专家小组通过迂回战术认为这不符合《与贸易有关的投资措施协议》，专家小组最后的意见是：尽管这项措施是协议认可的，但因违反另一个协议而不能允许。再如美国 301 条款案件，专家小组发现美国贸易法的这种条款与《WTO 协议》是不符的，但没有提出任何纠正措施。《马拉喀什建立世界贸易组织协定》第 16 条第 4 款明确规定："每个成员应确保其法律、法规、行政措施与附加条款的义务一致。"成员方被要求在 1995 年 1 月 1 日成为 WTO 成员前修正自己的法律、法规和行政措施，但专家小组并没有要求美国执行这项强制性义务（胡北平，2003）。这一正反两方面的案例说明了 WTO 的争端解决机制确实存在一定程度的不公正性。②WTO 争端解决机制的效率较低，成本较高。机制在解决贸易争端中程序较为复杂，需要支付较高的法律服务费用，还需要耗费很长的时间。按照正常程序，WTO 争端解决机制启动到结束需要近 30 个月的时间。这个时间限制还有赖于各成员、专家小组、上诉机构的诚意遵守，如果存在拖延执法的情况，则需要更长的时间。如此低下的效率大大削弱了解决贸易摩擦的时效性和良好时机。③制裁手段的有效性不强。贸易争端最终的解决方案是对败诉方进行制裁，但对于劣势位置的国家来说，其威胁和制裁的力量是有限的，这时 WTO 的裁决只能是有名无实，并不能够解决贸易摩擦和争端。

正是以上的一些原因，导致和决定了 WTO 争端解决机制在化解国际贸易摩擦中效果有限，并不是一个很好的解决贸易摩擦的途径。只有那些双边谈判无果，地区一体化又难以实现，并且确实会给受害国造成较大损失的争端，一般才会上诉 WTO 争端解决机构（DSB）。而能够通过谈判解决，或者争端并没有给受害国带来较大损失的案件，一般通过 DSB 解决是得不偿失的。

第四节 小结

本章全面分析了 WTO 的国际贸易争端解决机制，以及如何运用这一机制化解国际贸易摩擦。可以说，WTO 的争端解决机制是多边体系下最有权威和效力的争端解决机制，也是绝大多数国家在争端无法通过双边谈判解决时的有效选择。

以上分析包含三个方面：一是 WTO 争端解决机制的渊源、宗旨、职能和原则以及基本程序和管辖范围等；二是分析 WTO 争端解决机制的典型案例，进一步了解这一机制的运行程序和作用；三是中国的应对策略。

WTO 争端解决机制有一套完整的程序，对于国际贸易摩擦和争端的解决能够起到化解作用，且由于 WTO 的权威性，贸易争端通常能够有效地解决。但 WTO 争端解决机制也存在自身的缺陷和不足。第一，机制还不够完善，存在不公正的现象；第二，效率较低，成本较高，所需时间长；第三，制裁手段的有效性不强。

WTO 争端解决机制由于效率低、成本高等原因导致应用性不强。一般情况下，只有在双边谈判无果，地区一体化又难以实现，并且确实会给受害国造成较大损失的情况下，才会上诉 WTO 争端解决机构（DSB）。

第九章 国际贸易摩擦治理路径有效性的评价及中国对策

本章全面分析中国国际贸易摩擦治理机制的现状、治理机制的有效性评价以及中国的应对策略;重点比较分析和总结单边、双边、区域和 WTO 机制四种治理路径的效果。主要研究内容包括:一是中国国际贸易摩擦治理机制的现状;二是三种贸易摩擦治理方式的效率比较;三是实证评估中国国际贸易摩擦治理的效果和作用;四是应对国际贸易摩擦的路径选择。

第一节 中国国际贸易摩擦治理机制的现状

一、中国的对外贸易预警机制

在经济全球化不断深化,区域经济合作不断加强的大背景下,各国之间的经济交往更加频繁,使得发生贸易摩擦的可能性大大提高。与此同时,进入 21 世纪后世界经济政治格局发生巨大变化,中国的经济发展令世界瞩目,然而世界经济的总体结构出现严重失衡,作为世界上最大的发展中国家的中国出现巨额的贸易盈余,世界最强经济体的美国贸易赤字不断扩大,中美两国由贸易引发的摩擦不断。而且,各国出于自身利益考虑制定的各种贸易政策也使得贸易摩擦的数量不断增加。当前,我国是世界上反倾销和保障、特保措施的最大受害国,反补贴和知识产权保护措施对我国的威胁不断增大,我国已经步入对外贸易摩擦的高发期。

当国外对我国某种产品实行产业损害立案调查时,企业固然可以积极地应诉,但难以改变被动的局面,调查的结果一般都是产业损害存在,最终造成企业市场份额的丧失。因此,我国的当务之急是建立一套完善的对外贸易预警机制,以便对国内外市场进行有效的监测,并在预测到可能遭受产业损害调查时迅速做出反应。由于本书主要讨论的是我国所遭受的贸易摩擦,因此,我们所研究的对外贸易预警机制仅指出口贸易的预警机制,不包括进口贸易的预警机制。这一机制可以对我国出口产品的价格、数量、贸易伙伴国的同类产业部门、贸易伙伴国的贸易政策等进行实时监测,并对监测的数据进行分析,发现异常后及时通知国内企业做出调整。目前,世界上一些国家已经建立了很完善的反倾销预警机制,例如美国的"扣动扳机"机制、欧盟的"进口检测快速反应"机制、印度的"重点商品进口监测"机制等①。我国作为一个深受贸易摩擦之苦的贸易大国,建立出口贸易摩擦预警机制更显必要。

从目前实际情况来看,我国已经建立了中央和地方两个层面的对外贸易预警机制。在中央层面上,商务部进出口公平贸易局在工作中初步形成了商务部和驻外使领馆经商处、地方政府主管部门、中介组织和涉案企业"四体联动"的工作机制和信息传递机制。该机制就是商务部进出口公平贸易局收到驻外使领馆经商处报告的国外准备对中国产品采取反倾销等相关贸易保护措施的信息并经核实后,在第一时间公布在商务部的网站上,并通知相关商会,由商会通过媒体公示、电话沟通等方式通知企业和地方政府主管部门②。贸易信息的收集对于预警机制的构建至关重要,而收集信息最直接、最可靠的渠道就是国内外的海关系统。2003年6月1日,中国海关开始在全国范围内推行"口岸电子执法系统",这是海关总署等国务院12个部委在电信公网上联合建立的公共数据中心。该系统利用现代信息技术,将国家各个行政管理机关分别管理的进出口业务信息流、货物流、资金流等电子底账数据集中存放在公共数据中心,在统一、安全、高效的计算机平台上实现数据的共享。

在地方层面上,部分地区(上海、北京、深圳等)已经根据本地对外贸易情况建立了针对重点产品或贸易政策的监测预警机制。在此,我们重点介绍上海地区建立的我国第一个贸易救济措施监控预警系统。2001年10月,上海WTO事务咨询中心向上海市人民政府提出建设"反倾销措施监控预警系统",为中国的出口企业提供反倾销措施等内容的监控预警和咨询服务。2003年7月,由上海WTO事务咨询中心主持建设的中国首个贸易救济措施监控预警系统——美国对华贸易救济措施监控预警系统V1.0版投入试运行。该预警系统是根据WTO的《反倾销协议》和美国反倾销方面的法律、法规,通过收集美国海关数据,政府和行业协会的数据,密切跟踪美国各类潜在的反倾销措施信息,及时地向政府、企业和行业协会提供各类信息。其所实行监控的范围涵盖了纺织品、家电、钢材等六大行业,总计189种出口产品,主要提供的是中国输往美国产品出口数量和出口价格走势、产品倾销幅度、产业损害程度等内容在内的动态监控预警服务。2003年7月下旬,在美国6个主要纺织品制造商

---

① 王厚双:《直面贸易摩擦:对外贸易摩擦预警机制的构建》,辽海出版社2004年版,第343页。
② 裴月:《预警机制开启应变之门》,《国际商报》,2004年11月22日。

协会向美国商务部提起对原产于中国的 5 类（TC 码）进口纺织品适用过渡期纺织品保障措施申请前，系统对其中 4 类准确发出预警报告。2004 年 6 月 5 日，贸易救济措施监控预警系统正式投入使用。

中央和地方两个层面贸易预警机制的存在，为我国企业及时地了解进口国贸易政策的变化、进口国立案调查的情况，进而调整自身的出口和营销策略以及积极应诉发挥了重要作用。但是，我国目前的贸易预警机制还存在很多问题：

第一，从中央层面的贸易预警机制来看，商务部进出口公平贸易局所发布的预警信息多是进口国贸易政策的变化、进口国对我国提起产业损害立案调查以及进口国对我国产品发出消费者警告等提示性的公告。而企业应对调查或调整出口策略所需要的重要信息却很少提及，这些信息包括中国产品在进口国的价格、数量、所占市场份额以及进口国相关产业失业率等。

第二，中央和地方各自建立自己的贸易预警机制，各贸易预警机制之间缺乏统一的协调和指挥，造成信息的重复收集，人力、物力和财力的浪费。

考虑到现有贸易预警机制存在的问题，我们认为商务部作为中国对外贸易的主管部门，承担监督和指导对外贸易的责任，因此也应该在建立贸易预警机制方面承担起主导和协调作用。商务部可以进一步扩大其预警系统——全口径进出口监控预警系统的数据库，通过国外海关数据库和驻外使领馆经商处收集我国出口产品在进口国市场的数量、价格走势、市场份额的变化、进口国相关产业的失业率、产品库存以及进口国的产业和贸易政策等信息。并结合海关的"口岸电子执法系统"，详细分析所采集到的数据是否发生异常变化，比如出口到进口国的中国产品是否急剧增加，中国产品在进口国市场上的份额是否不断变大，中国产品在进口国的价格是否长期低于进口国国内生产的同类产品的价格，进口国同类产业的失业率是否不断变大，进口国是否采用了新的贸易法规、政策等。如果这些数据并没有发生异常的变化，不必发出预警信息，数据存档处理；如果数据出现异常变动，商务部应根据 WTO《反倾销协议》《保障措施协议》《补贴与反补贴措施协议》和进口国相关的法律、法规，计算出倾销幅度、补贴幅度和产业损害程度，及时地向企业和行业协会发布预警报告。企业在得到预警报告后，在行业协会的协调下调整其出口和营销策略，如果被提起调查时应积极地配合调查、提交调查所需的资料并做好应诉的准备。

二、政府、企业和行业协会在解决贸易摩擦中的作用

对外贸易预警机制的建立和完善，提供了一个有效应对贸易摩擦的平台，在这一平台上，商务部行业协会和企业通力合作共同应对贸易摩擦。商务部提出了"四体联动"的贸易摩擦应对机制，突出政府的指导作用，企业的主体

作用和行业协会的桥梁作用，贸易摩擦应对工作取得显著效果。

首先，企业是应对贸易摩擦的主体。面对层出不穷的贸易摩擦，从最初的不知所措，甚至无人应诉，到逐步学会应用世贸规则，结成联盟应对贸易摩擦，我国企业的观念发生根本性改变。过去大多数企业认为国际贸易官司是政府之争，现在则认为企业才是应对贸易摩擦真正的主体。只有积极应诉，与竞争对手面对面的较量，才有可能胜诉，进而保住来之不易的市场。更重要的是，要想从根本上解决贸易摩擦问题，必须提高产品的质量，坚持以质取胜战略。我国经常遭受反倾销调查的一个重要原因是，部分出口产品的同质性太强，产品具有高度的替代性，这使得出口企业以价格为竞争手段开拓市场，给人以"价格歧视"的口实。出口企业必须尽快转换竞争战略，努力增强企业技术创新和培育自主品牌的能力。积极运用商标、包装、广告等多种非价格竞争手段开拓国际市场，实现出口方式由数量扩张型向技术扩张型的转变。

同时，随着经济发展水平的提高，人们对健康、安全和环境等方面的要求也越来越高，越来越多的国家以法律的形式确定了对进口产品的技术标准，产品质量问题更加凸显，过去几个月一连串的中国出口产品安全问题已使"中国制造"背负了"有毒""威胁"的污名。要提高"中国制造"的声誉，首先是中国能够拿出一些独特的质量响当当的名牌和几个知名企业。三四件质量事故可以让一个国家的商品蒙难，一两种驰名产品也可以立国。英国政府对"疯牛病"的遮遮掩掩，导致英国失去70%以上的欧盟牛肉市场，英国食品从最安全沦落到不可信，其农业自此一蹶不振。同样，一个诺基亚支撑着芬兰的国家和经济声誉。索尼、丰田、本田把"日本制造"从劣势产品扭转为优质产品。要让"中国制造"闪光并且为全球所信赖，必须通过技术创新树立人见人爱的名牌。

其次，应对贸易摩擦是政府义不容辞的责任。应对贸易摩擦是一项长期而复杂的工作，不管遇到什么麻烦，政府都不能回避，不应回避也无法回避。商务部作为我国进出口贸易的主管部门，主要负责规范和指导、监督全国出口反倾销应对工作，统一规划各项工作的全面开展，依法开展对外交涉工作，在必要时代表中国政府行使世界贸易组织成员权利，维护公平贸易环境。

事实上，中国产品在国际市场上所出现的很多问题，都是国内市场已经存在并延伸到国际市场上的反应。因此，我们在解决贸易摩擦时，应当多一点自我反省。当前一起起涉及中国产品安全问题的丑闻，充分反映了我国在经济增长战略以及管理体制上所存在的问题。自20世纪90年代初以来，我国一直执行的一项战略就是：依赖快速的经济增长维持稳定，然而对于经济增长速度的过度追求，大大削弱了管理部门的能力，使之难以管理更具活力、更复杂的经济，而且也无法监督自己的代理人。更为糟糕的是,管理模式也存在很大问题,地方官员拥有太多的权力,而一些关键性管理机构中的重要人员都是由地方官员任命的,因此他们必然要服从于地方上的利益要求。而 GDP 作为评价地方官员政绩的最重要标准,使得地方官员更可能对其所管辖范围内存在的污染或生产假冒产品的企业睁一只眼闭一只眼。所以,要真正提升中国制造的产品形象,减少由产品质量问题引起的贸易摩擦,政府需要采取大刀阔斧的措施,大胆改革管理模式,使市场监管真正有效,重塑消费者对中国产品的信心。

最后,行业协会应转变职能,强化沟通协调功能。与发达国家的行业协会相比,我国的行业协会在应对贸易摩擦方面所起的作用非常有限。这是因为我国的行业协会不是由企业自发组成,而是一种官办协会,行业协会与企业之间是一种管理与被管理的关系,而不是服务与被服务的关系,两者之间很难形成利益共同体。因此,要有效地发挥行业协会在应对贸易摩擦中的作用,必须转变其职能,强化其沟通协调功能,使行业协会真正成为企业的利益代言人。在发生贸易摩擦时,行业协会应积极与商务部配合并及时了解贸易摩擦具体情况,向涉案企业提供咨询服务,协调企业参加应诉。此外,行业协会应具备有效的对外协调能力,加强与国外贸易伙伴的对话和沟通,及时地发现贸易中存在的问题,这也是避免贸易摩擦的有效途径。

第二节　三种治理方式效果比较的理论模型分析

现有解决国际贸易争端的机制和途径主要有:一是双边之间的谈判和协商,即贸易争端双方政府或者企业以谈判的形式,相互妥协来解决贸易争端;二是诸边的区域一体化,即通过建立地区经济一体化组织,消除一体化成员内部之间的关税和非关税壁垒,达到贸易自由化和经济一体化的目标,从而化解成员之间的贸易争端,该项措施仅限于贸易争端双方属于同一地区的情形;三是多边的 WTO 争端解决机制,即 WTO 成员国利用 WTO 的贸易争端解决机制(Dispute Settlement Mechanism, DSM)来化解贸易争端和摩擦。

这些化解国际贸易争端的措施各有其优势和局限性,对于一个遭受贸易争端侵害的国家来说,到底应该选择何种有效的策略解决贸易争端,是一个值得深入研究和分析的问题。一般性的常识告诉我们,对于不同的争端情况和不同的国家类型来说,其选择是不尽相同的,也就是说贸易争端解决机制的有效性和效果在不同的情形下会有差异。

国外文献中,对于贸易谈判和协商的研究较为丰富,主要集中于四个方面。第一个方面是研究 WTO 贸易争端解决机制的作用和有效性,如 Hungerford（1991）、Kovenock 和 Thursby（1992）以及 Maggi（1999），这些文献认为 WTO 的作用在于信息搜集，对成员违反规则的制裁以维持合作和贸易自由。第二个方面是从两国博弈视角研究双边贸易谈判的均衡，结论显示双边谈判的均衡往往是无效率的，WTO 谈判能够达到更优的均衡，文献有 Dixit（1987）、Bagwell 和 Staiger（1990）以及 Riezman（1991）等。第三个方面是分析私人信息在贸易谈判和政策制定中的作用，典型文献如 Bac 和 Raff（1997）以及 McCalman（2002）。第四个方面是研究对称国家之间的贸易谈判，结果认为越有耐心的国家往往在谈判中获利越多，文献如 McLaren（1997）、Park（2000）以及 Kim（2004）等。国内文献主要集中于实际问题的分析，研究谈判和 WTO 争端解决机制对于我国的作用和启示，只有较少的文献从理论角度分析争端解决机制，如唐凌和李春杰（2005）、田丰（2006）等。

从国内外文献可以看出，对于不同类型国家的应有贸易争端解决机制选择及其有效性问题，现有文献尚未有专门研究。鉴于此，本章将从已有的文献模型出发，从国家和企业的市场势力差异等角度来探究不同类型国家对于争端解决机制的选择以及不同的选择对于世界总福利的影响效应，从而为企业和国家贸易争端化解机制选择提供一个一般性的结论。

一、模型设定

我们的模型以 Kim（2004）为基础，不过该文献的研究主题是多哈回合中最优的谈判议价策略，而我们分析的是几类贸易争端解决机制的选择和效率，所以对于模型均衡的关注视角和求解结果会有差异，同时我们对于模型将会进行扩展分析，以探求相关结论。

假设整个世界只由四个国家组成，分别为 1、2、3、4，其中 1 国的市场势力较强，可以看作是一个大国，而其余三国则是市场势力相对较弱的小国。假定每个国家都是对称的，其市场反需求函数为：$Pi = \alpha - \beta Q_i$，这里 i 代表国家 1、2、3、4，Q_i 为 i 市场的总需求量，再假设每个国家 i 都有一个代表性厂商 i，生产同质产品，则对于 1 国来说，其国内市场反需求函数是：

$$P_1 = \alpha - \beta(q_{11} + q_{21} + q_{31} + q_{41}) \tag{9-1}$$

其中，q_{ij} 表示 i 国企业生产的在 j 国销售的产量，再根据对称性，假设四个国家的边际生产成本相同，设为 0，则企业 1 的利润函数为：

$$\begin{aligned}\prod_1 &= P_1 q_{11} + (P_2 - \tau_2) q_{12} + (P_3 - \tau_3) q_{13} + (P_4 - \tau_4) q_{14} \\ &= P_1 q_{11} + \sum_{j=2}^{4}(P_j - \tau_j) q_{1j}\end{aligned} \tag{9-2}$$

其中，τ_j 表示 j 国的进口关税率（从量税）。对称地，其他三国 2、3、4 的需求函数和企业利润函数与此相同。由此，我们的模型构成一个两阶段博弈，第一阶段，每个国家决定其贸易政策，也就是关税率 τ_j；第二阶段，每个企业在关税率既定的情况下决定其最优产量。求解该博弈，需要用反向推导法。

再来定义三种贸易争端解决机制。要解决贸易争端，就是要在贸易谈判中达成一致，而达成一致的基础必定是能给参与国带来收益。所以，双边贸易争端解决机制有效就是两国能够达成一致，组成同盟，取消或降低贸易壁垒；地区经济一体化组织机制，可以假定是三国达成一致，组成同盟，开展自由贸易或设定相同的壁垒水平，而国家 4 是独立同盟之外的，这其中大国 1 是必须参与的，否则贸易争端依然存在；而 WTO 争端解决机制是要求所有的国家都能够达成一致而相互合作，实现自由贸易或设定相同关税水平，解决贸易争端。

二、模型均衡结果

以下我们将从四种情况来分析模型的均衡结果，即无合作的均衡、双边合作均衡、诸边合作均衡以及多边世界合作均衡。先来分析第一种情况，即无合作情况下的博弈均衡。设定各国企业生产的技术相同，即生产函数相同，需求函数的截距 α 代表了市场势力的强弱，令 1 国的市场势力为 α>1，为大国；其他国家的 α=1，为小国。在无合作的均衡条件下，各国独立决定自己的关税水平。由逆向推导法，各国企业首先决定自己的产量。对企业 1 来说：

$$\max \prod_1 = \left[P_1 q_{11} + \sum_{j=2}^{4} (P_j - \tau_j) q_{1j} \right]$$

$$\text{s.t. } P_j = \alpha - \beta (q_{1j} + q_{2j} + q_{3j} + q_{4j}) \tag{9-3}$$

由一阶条件，可以求得其均衡产量：

$$q_{11} = \frac{\alpha + 3\tau_1}{5\beta}, \quad q_{21} = q_{31} = q_{41} = \frac{\alpha - 2\tau_1}{5\beta} \tag{9-4}$$

由对称性，其他国家企业 2、3、4 的均衡结果是：

$$\begin{cases} q_{22} = \frac{\alpha + 3\tau_2}{5\beta}; \quad q_{12} = q_{32} = q_{42} = \frac{\alpha - 2\tau_2}{5\beta} \\ q_{33} = \frac{\alpha + 3\tau_3}{5\beta}; \quad q_{13} = q_{23} = q_{43} = \frac{\alpha - 2\tau_3}{5\beta} \\ q_{44} = \frac{\alpha + 3\tau_4}{5\beta}; \quad q_{14} = q_{24} = q_{34} = \frac{\alpha - 2\tau_4}{5\beta} \end{cases} \tag{9-5}$$

以上结果看似每个国家的均衡产量都相同，但由于在不同国家的 α 大小存在差别，所以实际的产量是有差别的。企业产量决定后，国家再根据福利最大化决定其最优贸易壁垒水平,也就是选择关税率。这里假定政府是没有政策偏向的,即没有加权福利存在,所以对于国家 i 来说,其福利最大化规划是:

$$\max W_i = CS_i + PS_i + GS_i = \int_{P^*}^{\alpha} D(P) dP + \prod_i + \tau_i \sum_{j=1, i \neq j}^{4} q_{ji} \quad (9-6)$$

将式(9-5)以及模型设定的结果代入上式,并由一阶条件,可以求得:

$$\tau_i^* = \frac{3\alpha}{11} \Rightarrow \tau_1^* = \frac{3\alpha}{11}, \ \tau_2^* = \tau_3^* = \tau_4^* = \frac{3}{11} \quad (9-7)$$

再将式(9-7)结果代入各国的福利函数,能够计算出:

$$\begin{cases} W_1^* = \dfrac{3(2+33\alpha^2)}{242\beta} \\ W_2^* = W_3^* = W_4^* = \dfrac{103+2\alpha^2}{242\beta} \end{cases} \quad (9-8)$$

将各国的福利加总,得到整个世界的总福利水平:

$$W^* = W_1^* + W_2^* + W_3^* + W_4^* = \frac{315+105\alpha^2}{242\beta} \approx \frac{1.3+0.43\alpha^2}{\beta} \quad (9-9)$$

再来分析第二种情况,即双边谈判达成协议,采取自由贸易或设定一致的关税水平,贸易争端和争端得到解决。一般来说,贸易争端和争端总是发生在市场势力不对称的国家之间,而市场势力对称的国家之间是不会有摩擦的。那就是说,双边的谈判中肯定有国家1,由于国家2、3、4是对称的,所以不妨令贸易争端发生在国家1、2之间。双边谈判解决贸易争端,也即双方合作协议达成。再由逆向推导法,首先解出各国企业的产量,再由国家福利最大化解出最优关税率,我们得到最后的结果为:

$$\tau_1^{**} = \tau_2^{**} = \frac{\alpha+1}{10}, \ \tau_3^{**} = \tau_4^{**} = \frac{1}{5} \quad (9-10)$$

将结果代入各国的福利函数式,求解各国的总福利和世界总福利,得到:

$$\begin{cases} W_1^{**} = \dfrac{4299+1210\alpha+47311\alpha^2}{121000\beta} \\ W_2^{**} = \dfrac{49311+1210\alpha+2299\alpha^2}{121000\beta} \\ W_3^{**} = W_4^{**} = \dfrac{67239-3872\alpha+4114\alpha^2}{151250\beta} \end{cases} \quad (9-11)$$

$$W^{**} = \frac{53610+2420\alpha+49610\alpha^2}{121000\beta} + \frac{134478-7744\alpha+8228\alpha^2}{151250\beta}$$

$$\approx \frac{1.33-0.03\alpha+0.46\alpha^2}{\beta} \quad (9-12)$$

第三种情况下，地区一体化的诸边谈判达成一致，解决了贸易争端，一体化集团内部实现自由贸易，集团对外的壁垒并不取消。同样地，贸易争端还是发生在大国与小国之间，也就是国家 1 必须在其中，可以假设 1 国、2 国和 3 国达成一致，依赖地区一体化解决了贸易争端。国家 4 独立在一体化之外，独立决定其关税率。同样的反向推导法，解出各国企业的产量，在代入国家总福利最大化式中，得到最优的均衡关税率为：

$$\tau_1^{***} = \tau_2^{***} = \tau_3^{***} = \frac{\alpha+2}{51}, \quad \tau_4^{***} = \frac{3}{11} \tag{9-13}$$

结果式（9-13）代入各国福利函数式，求得：

$$\begin{cases} W_1^{***} = \dfrac{69602+6776\alpha+339647\alpha^2}{925650\beta} \\ W_2^{***} = W_3^{***} = \dfrac{384686-2662\alpha+34001\alpha^2}{925650\beta} \\ W_4^{***} = \dfrac{227591-5632\alpha+17666\alpha^2}{1748450\beta} \end{cases} \tag{9-14}$$

将上式中结果相加，得到全世界的总福利是：

$$W^{***} = \frac{838974+1452\alpha+407649\alpha^2}{925650\beta} + \frac{227591-5632\alpha+17666\alpha^2}{1748450\beta}$$

$$\approx \frac{1.03-0.0016\alpha+0.45\alpha^2}{\beta} \tag{9-15}$$

第四种情况，贸易双方通过 WTO 争端解决机制解决了贸易争端，贸易各方达成一致，取消或降低贸易壁垒，建立完全一致的关税水平。由逆向推导，首先求解出各国一致的关税水平是：

$$\tau_1^{****} = \tau_2^{****} = \tau_3^{****} = \tau_4^{****} = -\frac{\alpha+3}{12} \tag{9-16}$$

这里，关税税率为负，表明在全体合作的情形下，各国对于进口不再征收关税，而是采取进口补贴，也就是说各国都鼓励进口。之所以会出现这样的结果，可能是由于一致合作时，关税对于本国生产者的保护效应丧失，这时消费者剩余被提到重要位置，所以会鼓励进口。将该进口补贴值代入各国福利函数，求得：

$$\begin{cases} W_1^{*****} = \dfrac{183-46\alpha+263\alpha^2}{800\beta} \\ W_2^{*****} = W_3^{*****} = W_4^{*****} = \dfrac{201+14\alpha+25\alpha^2}{480\beta} \end{cases} \tag{9-17}$$

则世界总福利的水平是：

$$W^{****} = \frac{183-46\alpha+263\alpha^2}{800\beta} + \frac{603+42\alpha+75\alpha^2}{480\beta} \approx \frac{1.49+0.03\alpha+0.49\alpha^2}{\beta} \quad (9-18)$$

以上四种情况下的均衡结果如表9-1所示。

表9-1 四种情形下的各国均衡福利结果

类型	贸易争端	双边谈判解决	多边地区一体化解决	WTO争端解决
国家1	$\dfrac{3(2+33\alpha^2)}{242\beta}$	$\dfrac{4299+1210\alpha+47311\alpha^2}{121000\beta}$	$\dfrac{69602+6776\alpha+339647\alpha^2}{925650\beta}$	$\dfrac{183-46\alpha+263\alpha^2}{800\beta}$
国家2	$\dfrac{103+2\alpha^2}{242\beta}$	$\dfrac{49311+1210\alpha+2299\alpha^2}{121000\beta}$	$\dfrac{384686-2662\alpha+34001\alpha^2}{925650\beta}$	$\dfrac{201+14\alpha+25\alpha^2}{480\beta}$
国家3	$\dfrac{103+2\alpha^2}{242\beta}$	$\dfrac{67239-3872\alpha+4114\alpha^2}{151250\beta}$	$\dfrac{384686-2662\alpha+34001\alpha^2}{925650\beta}$	$\dfrac{201+14\alpha+25\alpha^2}{480\beta}$
国家4	$\dfrac{103+2\alpha^2}{242\beta}$	$\dfrac{67239-3872\alpha+4114\alpha^2}{151250\beta}$	$\dfrac{227591-5632\alpha+17666\alpha^2}{1748450\beta}$	$\dfrac{201+14\alpha+25\alpha^2}{480\beta}$
世界总福利	$\dfrac{1.3+0.43\alpha^2}{\beta}$	$\dfrac{1.33-0.03\alpha+0.46\alpha^2}{\beta}$	$\dfrac{1.03-0.0016\alpha+0.45\alpha^2}{\beta}$	$\dfrac{1.49+0.03\alpha+0.49\alpha^2}{\beta}$

资料来源：根据以上均衡结果整理。

三、模型结果分析及结论

由以上模型的均衡结果，可以比较分析四种情况下各国的福利变化情况。我们分大国、小国和世界总福利三个方面进行比较。先看大国情形，通过比较我们发现，在大国的市场势力系数α较大时，不谈判而维持摩擦对于大国是有利的；而如果大国的市场势力较小，则谈判解决摩擦是有利的。在谈判类型中，双边谈判总是优于多边一体化。在双边谈判与WTO争端解决机制的福利比较中，如果大国的市场势力很大，则其偏向于用双边机制解决摩擦；如果大国市场势力不大，则WTO争端解决机制更为有利。再比较多边一体化与WTO机制，同样地，市场势力α较大时，多边一体化较优；而α较小时，WTO机制较优。由此，我们能够得到结论1。

结论1：对于具有一定市场势力的大国来说，如果其市场势力很大，则其最优的争端解决机制选择是继续维持争端，以此改善贸易条件，获取贸易利益，也就是说此时的贸易争端是不可化解的；如果非要解决贸易争端，则在市场势力较大时，双边谈判对大国是最有利的，其次是多边一体化，而WTO机制的福利效应是最劣的；相反，如果大国市场势力较弱，并不明显，则使用WTO争端解决机制对其最为有利，其次是双边谈判，最劣是地区一体化；同时，无论在何种情况下，双边谈判都是比地区一体化更优的化解贸易争端路径。

再来分析小国情形。由表9-1能够得出，在四种不同的情况下，经受贸易争端的效果福利分别是：

$$\begin{cases} \dfrac{103+2\alpha^2}{242\beta}（贸易争端）; \dfrac{49311+1210\alpha+2299\alpha^2}{121000\beta}（双边谈判） \\ \dfrac{384686-2662\alpha+34001\alpha^2}{925650\beta}（地区一体化）; \dfrac{201+14\alpha+25\alpha^2}{480\beta}（WTO机制) \end{cases}$$

(9-19)

可以看出，无论在何种情况下，WTO争端解决机制总是优于维持贸易争端，就是说解决贸易争端是有利的。在三种解决途径中，WTO机制是最优的，其次是地区一体化组织机制，而双边谈判的结果并不利于争端中的小国。出现这样的结果，是因为缺乏市场势力的小国在谈判中处于劣势地位，争取越多的成员参与，能够增强其整体谈判力，所以更加有利。分析结果可以得到结论2。

结论2：对于贸易争端中没有市场势力的小国来说，想方设法解决贸易争端总是对其有利的；而在化解贸易争端的路径中，争取越多的成员参与对其越有利，也就是说WTO争端解决机制对其最有利，而地区一体化解决次之，最后才是双边谈判解决。

最后来看世界总福利的变化情况。我们以小国情形 $\alpha=1$ 为例，有下式成立：

$$\dfrac{1.49+0.03\alpha+0.49\alpha^2}{\beta} > \dfrac{1.33-0.03\alpha+0.46\alpha^2}{\beta} >$$

$$\dfrac{1.03-0.0016\alpha+0.45\alpha^2}{\beta} > \dfrac{1.3+0.43\alpha^2}{\beta}$$

(9-20)

则用WTO争端解决机制解决贸易争端对于世界总福利是最有利的，其次是双边谈判解决，再次是地区一体化机制解决路径，而不能够解决贸易争端是最不利的。出现这样的结果，不是说这些路径存在优劣，主要是因为不同路径对于贸易争端的解决程度和结果不同，这样最后的世界总福利均衡就不同。至此得到结论3。

结论3：对于世界总福利来说，解决贸易争端总是比不能解决更好。在这些解决路径中，用WTO机制解决得到的总福利最高；用双边解决的福利次之；用地区一体化机制解决达到的均衡世界福利最低。

四、对中国的启示

近年来，中国出口产品和企业所遭遇的国际贸易摩擦和争端不断增加，反倾销、反补贴、技术性贸易壁垒、知识产权保护以及人民币汇率等一系列争端措施和形式层出不穷，给我国出口企业和对外贸易造成巨大损失和危害。所以贸易争端解决机制的选择和有效性探索对于我国的实际指导价值是巨大的，由以上模型的结论，我们可以得到以下的几点启示：

第一，我国与发达国家之间的贸易争端经常难以调解和协调，这有其必然性。从我国与发达国家之间的贸易关系看，发达国家是一个大国，具有较强的市场势力，而我国属于一个小国，市场势力较弱，这种情况下，发达国家从其自身福利最大化出发，必然会选择贸易争端从而获取贸易条件改善的收益。所以无论我国做出怎样的努力，贸易争端总是难以化解，此时必须以较大的让步才能够化解该贸易争端。所以，南北国家之间贸易商品的市场结构和特点决定了南北贸易争端是不可避免的。

第二，在选择国际贸易争端的化解路径时，我国应该根据不同的出口商品类型选择最优的争端解决方式。对于我国具有一定市场势力的较高产业层次出口商品，如果发生贸易争端，首先应该选择双边谈判的方式解决，如果双边谈判无效，则再选择多边一体化，最后没有办法才诉诸 WTO 争端解决机制。相反，我国与发达国家之间的贸易商品，一般我国是没有什么市场势力的，此时最优的选择是 WTO 争端解决机制，其次是通过诸边地区经济一体化解决，最后才选择双边谈判。

第三，现实当中，由于我国与发达国家发生贸易争端时，双方在争端解决机制的选择上存在矛盾，所以对于机制选择也存在博弈，最后到底什么样的路径才能够化解贸易争端，还要取决于双方之间的博弈均衡结果。另外，从我国来说，最优机制选择应该是 WTO 争端解决机制，此机制具有强制性和约束性，本应该是必然能够化解贸易争端的，但由于此机制的化解需要较长的时间，所以导致效率并不高，在一定条件下可能还不如双边和诸边一体化方式。

第四，从表面来看，虽然我国与发达国家之间的贸易争端存在一定程度的不可调和性。但理论模型的结果告诉我们，贸易争端的化解是能够增加社会总福利的，尤其是采用 WTO 争端解决方式，能够最大化世界的总福利。从这个角度看，只要我们和发达国家之间充分协调和合作，合理分享争端化解带来的福利增加收益，是能够解决贸易争端的。

总之，国际贸易争端的发生和化解是贸易双方重新分配和争夺贸易利益的过程，而争端解决机制的选择只是其中的一个博弈策略选择，我们从单方面福利最大化角度给出了每一方的最优选择,但最后的均衡结果还是有赖于不同的情形,而不存在一个放之四海皆准的策略选择。

第三节 中国国际贸易摩擦治理效果的实证评估:以反倾销为例

中国发起反倾销指控并采取措施的原因主要有这样两个方面:第一,随着我国进口贸易的发展和进口量的增加,国外出口中的倾销行为对我国相关产业造成了损害,按照WTO的原则,我国采取反倾销措施保护贸易公平和国内受损产业。我国的进口贸易近年来增长较快,基于合理需求的反倾销措施自然逐步增加。第二,"中国制造"遭遇到来自别国的保护主义行为措施的侵害,出于反击和自我保护,"以牙还牙"式的反倾销需求也有所增加。这种类型的反倾销措施虽然在实质上不符合WTO的规则,但在规则本身存在灰色区域且被广泛滥用的情况下,作为一种报复手段也是必不可少的无奈选择。无论是出于怎样的目标,反倾销措施的主要目的在于救济贸易和相关产业。那么,我国的反倾销措施是否起到了应有的作用,能否对我国产业形成救济效果,是一个十分重要且需认真研究的问题。

现有文献对中国反倾销的研究多数集中在国外对华措施的领域,而对中国主动发起反倾销的分析,随着近年来措施和案例的不断增加,正逐步被相关文献所关注并已经形成了为数不少的研究成果。而在这一领域的研究中,对外措施的产业救济效应和效果测度是一个重要的方向,当前文献较多关注贸易效应或者就某一方面的影响作深入分析,进行全面解析的研究并不多见。而这一问题的研究对我国政策制定和调整具有重要现实指导价值;尤其在后金融危机时代,全球贸易保护主义盛行,中国将越来越多地需要采用反倾销措施进行产业救济或者作为一种报复手段抵制别国侵害,正确地测度措施的救济效果意义重大。

一、计量方法和数据

以下实证分析所用的是分行业的企业加总数据,按照中国的《国民经济行业分类》细分39个行业,属于2位码的行业划分;具体的反倾销措施一般会针对更加细分的产品,通常是7~8位码的行业,在行业分类上会更加细致。这里,我们之所以没有选择更加细分的行业,原因主要是数据获取的约束。粗略的大类行业分析可能存在的问题是研究不够直接,并且对外反倾销的救济效应可能会表现不明显。

但我们采用了跨行业和跨时间的面板数据方法,并且搜集了样本期间

(1997~2007年)的所有反倾销案件,以探索和测度对外反倾销措施在大类行业上形成的救济效果。我们认为大类行业分析有效的理由是：虽然反倾销直接针对更加细分的行业,但细分行业是大类行业的组成部分,细分行业受到的影响会直接表现在大类行业中,所以只要我国对外反倾销的措施对于细分行业的救济作用显著和确实有效或较为突出,则必然会在大类行业中体现,从而我们能够从中分离出反倾销措施的作用效果。反过来,如果说大类行业的分析结果显著,则在一定程度上可以推理认为,措施对于细分行业的救济作用实际上更加突出和显著。本章以下部分估计结果的显著性和稳健性已经证明了大类行业分析是可行的。

1. 计量方法

整个实证研究的步骤和过程大致如下：选取所有企业加总的行业数据、国有企业加总的行业数据、外资企业加总的行业数据三个样本,目的是对比反倾销措施对于不同企业总体的行业救济效果；再将反倾销措施细分为反倾销调查、反倾销措施、裁定有效措施、裁定没有措施等不同变量,用动态面板系统GMM方法分析这些反倾销行为对于不同企业类型加总行业的保护效果。根据实证分析的具体目标和需要,我们设定回归方程如下：

$$\ln(Y_{i,t}) = \alpha + \beta_1 \ln(Y_{i,t-1}) + \beta_2 AD_{i,t-1} + \beta_3 AD_{i,t} + \beta_4 AD1_{i,t-1} + \beta_5 AD1_{i,t} + \beta_6 AD2_{i,t} + \beta_7 AD3_{i,t} + \beta_8 AD4_{i,t} + \beta_9 Time_{i,t} + \beta_{10} Control_{i,t} + \varepsilon_i + \upsilon_{i,t}$$

(9-21)

其中,Y是被解释变量,在具体实证中包括出口值、工业总产值、企业数目、利润、就业人数以及劳动生产率(工业增加值/就业人数),之所以包含了6个方面,是希望能够全面地分析中国的反倾销措施对于相关产业各个方面的保护和救济作用。解释变量中,$Y_{i,t-1}$是被解释变量的1阶滞后项,$AD_{i,t-1}$和$AD1_{i,t-1}$分别是$AD_{i,t}$和$AD1_{i,t}$的1阶滞后项,时间趋势项Time取年份值以控制时间趋势。控制变量我们只选择了行业虚拟变量以控制特定行业的差异,之所以没有多选择其他的控制变量,主要原因是被解释变量包含了6个具体的变量,每个变量的影响因素各不相同,无法选择同一的控制变量。我们在回归方程中对被解释变量都取了对数,一是为了消除异方差的影响；二是使结果更加工整而不至于回归系数差异过大；这样的结果直接表示反倾销对于产业变量增长的影响程度,符合我们对于研究结果的需要。

需要说明的是,这里的解释变量都是取值为0或1的哑变量,如果某行业当年的反倾销符合变量描述,则取值为1,否则为0。这里,反倾销调查和措施是存在差异的,首先,在时间上反倾销措施一般发生在反倾销调查1~2年后；其次，反倾销调查的结果可能会采取实质性的措施，如反倾销税等，但也有可能不会采取任何措施；所以有必要对反倾销调查和措施进行区分。又由于反倾销效应具有滞后性，所以需要进一步分析1年前的有效反倾销措施和无措施对于行业救济效果的差异。同时，多项反倾销措施与单项措施的效应也是会存在差别的，故同样必须将多项措施单独列出分析。另外为了考察反倾销调查和措施的滞后效应，我们进一步取了这两个变量的滞后项作为解释变量。具体各个变量的内涵和数据来源如表9-2所示。

表9-2 回归变量说明及数据来源

变量类型	变量	缩写	描述	数据来源
因变量	出口值	EX	行业出口总值	《中国海关统计年鉴》（1998~2007）
	工业总产值	Output	企业加总的行业总产出	《中国统计年鉴》（1997~2008）
	企业数目	Firm_no	加总的行业中企业总数	《中国统计年鉴》（1997~2008）
	利润	Profit	企业加总的行业总利润	《中国统计年鉴》（1997~2008）
	就业人数	Employee	企业加总的就业总人数	《中国统计年鉴》（1997~2008）
	劳动生产率	LP	工业增加值除以就业人数	《中国统计年鉴》（1997~2008）
自变量	反倾销调查当年	AD	反倾销调查当年的虚拟变量	全球反倾销数据库（2010）
	反倾销措施当年	AD1	反倾销措施当年的虚拟变量	全球反倾销数据库（2010）
	1年前采取了有效措施	AD2	1年前采取了有效措施的虚拟变量	全球反倾销数据库（2010）
	1年前没有采取措施	AD3	1年前没有采取措施的虚拟变量	全球反倾销数据库（2010）
	1年前超过1项措施	AD4	1年前超1项措施的虚拟变量	全球反倾销数据库（2010）
控制变量	行业控制变量	Industry	对每个行业取虚拟变量以控制行业的效应	根据行业分类名称

在式（9-21）中，存在解释变量和被解释变量的滞后项，用通常的固定或随机效应面板数据估计方法会存在偏误，因此我们采用 Arellano 和 Bover（1995）以及 Blundell 和 Bond（1998）提出的一般矩估计方法（Generalized Method of Moments，GMM）。动态面板 GMM 估计方法的好处是它通过差分或者使用工具变量能控制未观察到的时间和个体效应，同时还使用前期的解释变量和滞后的被解释变量作为工具变量克服内生性问题。考虑本章计量方程以及解释变量多数为哑变量的特征，本章采用系统 GMM 估计方法。

关于滞后阶数的选择，在动态时间序列模型中是根据 AIC、BIC 等信息准则来确定的，但动态面板数据模型尚没有类似准则。本章采用 Hendry 和 Clements（2004）提出的从"一般到特殊"的动态建模方法，先选择各变量的一个较大的滞后阶数进行回归，如果系数显著并且能通过各项整体有效性检验，则保留该滞后项，否则剔除。另外，我们对回归残差进行平稳性检验和二阶序列自相关检验，以辅助说明滞后阶数选择的稳健性和参数估计的一致性。我们检验的结果是滞后 1 期具有更好的稳健性，故而计量模型中被解释变量和解释变量的滞后期阶数，在以下分析中都选择为 1。

2. 数据

本文数据包括三个样本，分别是所有企业加总的行业样本、国有企业加总的行业样本、外资企业加总的行业样本[①]，每个样本包含了 39 个工业行业[②] 1997～2007 年的面板数据[③]。被解释变量中出口值数据来自于各年《中国海关统计年鉴》。其他所有变量数据来自于各年《中国统计年鉴》；解释变量数据全部来自于全球反倾销数据库（2010）[④]（Bown，2010）。这里，海关统计的

---

① 这里的企业类型按照《中国统计年鉴》中工业统计的分类划分，国有企业包括国有及国有控股企业，外资企业包括外商投资企业和港澳台商投资工业企业，该两类之外是私营企业。对私营企业加总的行业样本进行分析实际上具有重要价值，但由于现有统计数据最多只能找到 3 年的私营企业数据样本，在我们的模型中无法通过各项检验，所以必须剔除；但私营企业的变动情况，在得到全体企业以及国有和外资企业的变动后，实际上可以间接地推出。

② 按照《国民经济行业分类方法》收集了 39 个主要工业行业的数据，其统计对象是规模以上工业法人企业，包括全部国有和年主营业务收入 500 万元及以上的非国有工业法人企业，是基于国家统计局进行的"规模以上工业统计报表统计"得到的分行业加总数据，数据来源于《中国统计年鉴》工业部分。

③ 需要说明的是，企业加总的行业数据并非单个的企业统计数据，而是将该类型所有企业的某个变量加总后的数据，如 2007 年国有企业加总的利润值数据是将 2007 年国内所有国有企业的利润加总后得到的结果。

④ 该数据库由 Chad P. Bown 于 2010 年开发完成，链接地址为：http：//people. brandeis. edu/~cbown/global_ ad/，收集了世界各主要国家各年份反倾销的所有案例信息，包含反倾销指控时间、采取措施时间、裁定结果以及所指控的行业、企业和产品等。

出口值数据是按照 HS 编码商品分类进行行业划分，但国家统计年鉴的行业是按照《国民经济行业分类》进行的行业划分，两者存在差异，目前还没有可以直接合并的方法，本章根据 HS 编码得到的商品名称，对照《国民经济行业分类》详细 4 位数商品名称表进行逐一归并。另外，实证分析中出口值、工业总产值、利润以及劳动生产率计算中用到的工业增加值，我们用来自 1985 年的《中国统计年鉴》为基期的工业品出厂价格指数进行价格平减。被解释变量的总体描述性统计见表 9-3，劳动生产率的计算方法是用价格平减后的年度工业增加值除以年度就业总人数，并取对数而得到。

表 9-3 因变量的总体描述性统计

变量	观测值	均值	标准误	最小值	最大值
所有企业加总行业样本					
出口值	207	123.000	191.000	301.895	124.000
工业总产值	380	4236.672	5721.392	5.2	39223.770
企业数目	419	6245.854	6385.441	13	58662.000
就业人数	419	144.209	129.184	0.080	626.260
利润	380	262.355	447.766	−312.240	3652.120
劳动生产率	419	5.790	2.505	−7.247	10.547
外资企业加总行业样本					
出口值	0				
工业总产值	337	1383.648	3040.615	0.01	32966.710
企业数目	375	1133.571	1229.529	1	6047.000
就业人数	193	47.015	64.406	0.010	442.720
利润	336	84.907	142.914	−1.943	1114.470
劳动生产率	193	2.809	4.016	−13.456	9.968
国有企业加总行业样本					
出口值	0				
工业总产值	343	1591.523	2816.035	0.14	24025.610
企业数目	382	1083.466	1196.929	1.000	8057.000
就业人数	195	49.400	65.779	0.010	335.300

续表

变量	观测值	均值	标准误	最小值	最大值
利润	342	126.954	382.132	-417.890	3642.230
劳动生产率	195	3.095	3.866	-13.831	9.529

资料来源：根据各统计年鉴、数据库统计得到。

解释变量在我们的实证研究中都是哑变量，如果当年某行业遭受了变量所描述的反倾销行为，则其值为1，否则为0。变量中，反倾销调查当年取反倾销调查的年度时间，如果某年度某行业遭受了反倾销调查，则取值为1，否则为0；反倾销措施当年取反倾销措施实施的年度时间，如果某年度某行业遭受了反倾销措施，则取值为1，否则为0；1年前采取了有效措施是指反倾销调查发现倾销行为成立，采取了反倾销税或者禁止进口等措施；1年前没有采取措施是指反倾销调查发现倾销行为不成立，从而没有采取任何措施。这里取反倾销1年前作为变量，是因为反倾销调查和措施具有滞后效应，当年的调查和措施作用效果可能还未能表现出来，而1年前的调查和措施效应更加显著和符合现实。对于为何选择了滞后1年，而不是2年或者3年，以下将详细说明。表9-4列示了自变量的所有描述性统计情况。

表9-4 自变量的描述性统计

变量		均值	标准误	最小值	最大值	观测值
反倾销调查当年	总体	0.0525	0.2233	0	1	N=419
	组间		0.1486	0	0.8182	n=39
	组内		0.1668	-0.7657	0.9616	T-bar=10.74
反倾销措施当年	总体	0.0430	0.2030	0	1	N=419
	组间		0.1249	0	0.6364	n=39
	组内		0.1602	-0.5934	0.9521	T-bar=10.74
1年前采取了有效措施	总体	0.0406	0.1975	0	1	N=419
	组间		0.1248	0	0.6364	n=39
	组内		0.1533	-0.5958	0.9497	T-bar=10.74
1年前没有采取措施	总体	0.0048	0.0690	0	1	N=419
	组间		0.0203	0	0.0909	n=39
	组内		0.0660	-0.0861	0.9139	T-bar=10.74

续表

变量		均值	标准误	最小值	最大值	观测值
1年前超过 1项措施	总体	0.0382	0.1919	0	1	N=419
	组间		0.1156	0	0.6364	n=39
	组内		0.1533	-0.5982	0.9473	T-bar=10.74

资料来源：根据各统计年鉴、数据库统计得到。

3. 模型的内生性和稳健性

实证模型中包含被解释变量的滞后项，内生性是一个重要问题，但我们采用动态面板的系统GMM估计方法，用前期的解释变量和滞后1期的被解释变量作为工具变量，能够较好地克服内生性。在参数估计的有效性检验中，依据两种方法来识别模型设定是否有效：①采用Sargan过度识别检验来分析工具变量的有效性，如果不能拒绝零假设就意味着工具变量的设定是恰当的；②检验残差项非自相关，即检验残差项是否存在二阶序列自相关，所用方法是AR（2）检验，如果不能拒绝零假设则不存在残差项的二阶序列自相关。从实证部分的结果看，所有的回归都能够通过Sargan过度可识别检验以及AR（2）残差非自相关检验。

除了以上的总体有效性检验外，动态面板模型的稳健性检验通常的方法还包括：第一，增加或者减少一些解释变量，看回归结果是否有较大变化，如果基本一致，则说明模型结果稳健；第二，使用不同的估计方法，对比模型结果是否有较大差异，如果变化方向和差别不大，则结果是稳健的。本章的估计结果主要作了以下几种稳健性检验：首先，增加时间趋势项重新估计，发现结果没有实质变化；其次，增加我国遭受反倾销措施的变量数据重新估计，同样未发现较大差别的结果；最后，计量经济学理论研究证实，在动态一阶自回归模型中，被解释变量的一阶滞后项的一致估计量会介于采用混合OLS估计和固定效应估计而得到的估计量之间（Nickell，1981；Hisao，1986；Bond，2002）。由此，我们用混合OLS和固定效应模型重新估计了结果，发现被解释变量的一阶滞后项估计值正好介于其他两种方法的中间。所以，本章模型的估计结果都是稳健的。

二、实证结果

表9-5至表9-6列示了所有估计结果，Sargan过度识别检验和AR（2）残差二阶自相关检验都表明工具变量选择和模型设定良好，无残差自相关。总

体来看,中国的反倾销措施起到了较好的产业救济效果。以下我们逐一分析。

表9-5 企业数和行业总产值估计结果

因变量: ln(Y)	行业中企业数目			行业总产出		
	所有企业	外资企业	国有企业	所有企业	外资企业	国有企业
ln(Y)(−1)	0.662***	0.975***	1.020***	0.752***	1.018***	1.032***
AD	0.119**	−0.002	−0.089***	0.088	0.015	−0.106***
AD1	0.156**	0.155	0.007			
AD(−1)	0.011**	0.045**	−0.096***	0.019	0.163	−0.002
AD1(−1)	0.072*	0.064**	−0.005	0.259***	0.060	−0.021
AD2	0.283***	−0.245	0.052	0.226***	0.081	−0.121
AD3	−0.174***	−0.139***	−0.188***	−0.238***	−0.004	−0.041***
AD4	0.279***	0.149*	−0.058	0.299***	−0.053	0.046
Time	0.068***	0.015***	−0.002	0.057***	0.032**	0.019**
Industry	控制	控制	控制	控制	控制	控制
Cons.	−133.448***	−30.682***	3.687	−113.603***	−63.391**	−38.899**
Obs.	378	296	304	300	220	226
AR(2)-P value	0.2537	0.4121	0.3219	0.5613	0.4652	0.6318
Sargan test-P value	0.1525	0.3273	0.1324	0.1625	0.2222	0.2652

注:*、**和***分别表示在10%、5%和1%的显著性水平下通过检验。

1. 反倾销与行业中企业数目的变动

从所有企业样本看,反倾销调查当年及其滞后项、反倾销措施当年及其滞后项、1年前采取有效措施等都对企业数目有显著的正效应,且正效应随着时间推延越发显著、系数更大,尤其是1年前的有效措施最为突出。而如果1年前没有采取有效措施,反倾销具有负面效应。外资企业样本的变动较少,仅有1年前的反倾销调查和措施,以及1年前超过1项措施变量具有显著正效应,且正效应的系数大都小于所有企业;同样地,调查1年后如果没有采取措施,则具有负效应,这符合一般逻辑和预期。国有企业样本中,反倾销调查前1年以及反倾销调查当年具有负效应,这可能是我国国有企业的合并和改革趋向,数目上在不断减少；而1年前没有采取措施同样具有负面效应。可见，中国的反倾销措施对行业总体的企业数目具有保护和救济作用，但对外资和国有企业的救济效果很小，由此推理，对于私营企业的救济效果可能较强。

2. 反倾销与行业总产值的变动

从所有企业样本的行业总产出估计系数及显著性看，1年前的反倾销措施、1年前采取的有效措施以及1年前超过一项措施都对行业的产量和生产具有显著的救济效果，且措施的滞后效应很明显；但1年前没有采取有效措施则有负面作用，说明国内企业确实被国外的倾销行为损害。反倾销对于外资企业和国有企业的产出基本没有显著效应，简单的推理是，私营企业受到的救济效果可能是最强的。具体统计结果如表9-5所示。

3. 反倾销与行业劳动生产率的变动

反倾销措施对于本国生产率的影响一般包含两个方面：一方面反倾销对于发起国来说属于一种保护主义措施，对于国内企业的生产率应具有负面效应；另一方面作为一种救济措施，帮助企业渡过难关和促进其技术升级，往往也具有积极效应。从我国所有企业加总的行业样本看，1年前反倾销措施、1年前采取了有效措施以及1年前超过1项措施具有积极正效应，由此推理中国发起的反倾销不具有贸易保护主义性质，而更多的是一种救济措施。而1年前没有采取措施具有显著负面影响，说明无实际措施的反倾销调查对于行业生产率提升具有一定的不利效应。从外资企业加总的样本看，和所有企业类似，基本没有显著的救济效应存在，仅有变量1年前没有采取措施存在一定的负面影响。这些结果说明，总体上反倾销措施对劳动生产率具有推动作用，但存在滞后性。总体估计结果如表9-6所示。

表9-6 劳动生产率和就业人数估计结果

因变量：ln（Y）	行业劳动生产率			行业就业人数		
	所有企业	外资企业	国有企业	所有企业	外资企业	国有企业
ln（Y）（−1）	0.729***	0.830***	0.693***	0.915***	0.878***	0.995***
AD	0.104	0.174	−0.096	−0.040	−0.056	0.068
AD1	−0.664	−0.053	−0.419	0.061	0.145	−0.144
AD（−1）	−0.035	−0.495	−0.891	0.082***	0.126	−0.010
AD1（−1）	0.666***	0.426	0.179	0.134***	0.025	0.092***

续表

因变量：ln（Y）	行业劳动生产率			行业就业人数		
	所有企业	外资企业	国有企业	所有企业	外资企业	国有企业
AD2	2.027***	1.671	1.390	0.143***	-0.326	0.053
AD3	-1.562***	-1.405*	-1.927*	-0.196***	-0.234*	0.117
AD4	1.192***	-1.031	-1.586	0.082	0.137**	-0.043
Time	0.0826***	-0.075***	-0.231***	0.028***	0.003	0.008
Industry	控制	控制	控制	控制	控制	控制
Cons.	-163.861***	150.937***	463.822***	-56.603***	-4.582	-15.122
Obs.	323	291	255	378	154	156
AR（2）-P value	0.6314	0.4217	0.1817	0.2335	0.1716	0.3229
Sargan test-P value	0.2141	0.3524	0.1926	0.4723	0.1825	0.1715

注：*、**和***分别表示在10%、5%和1%的统计显著性水平下通过检验。

4. 反倾销与行业就业人数的变动

在所有企业的行业样本中，1年前的反倾销调查和措施、1年前采取了有效措施以及1年前超过1项措施都对行业的就业产生了积极的救济作用，且效应在1年后最为明显；但1年前没有采取措施的系数显著为负，说明中国产业存在损害，不采取措施会进一步损害产业就业。同样，外资企业就业人数对于反倾销措施的反应较小，只有1年前超过1项措施才具有显著效应。反倾销对于国有企业就业的救济效果比外资企业强，但弱于所有企业，1年前的反倾销措施具有显著的正效应。简单推断的结果是，反倾销的就业救济效果同样主要体现在私营企业上。

5. 反倾销与行业利润的变动

反倾销措施对于所有企业加总的行业利润具有显著而良好的保护与救济效果，反倾销措施当年、1年前的反倾销措施、1年前采取了有效措施以及1年前采取了超过1项反倾销措施都具有显著正效应，且随着时间变化愈加突出。反倾销直接影响的实际上是进口的价格，进口价格提高不仅减少了国内进口，也会提高国内相关产品的价格，如此国内企业的市场份额以及销售价格都有所提高，自然利润增加很显著；而其他变量如企业数目、就业等不仅存在调整黏性，所受到的积极促进作用也较小，故而出现这样的结果。但观察外资企业总体，仅1年前的有效措施具有正效应；国有企业总体也是仅仅1年前有效措施具有正效应。由此可见，反倾销对于中国行业利润的救济效果可能同样主要作用在私营企业。

6. 反倾销与行业出口的变动

我们只有所有企业加总的行业出口值数据，从结果看，反倾销对于出口的救济效果不够显著和突出，仅变量1年前超过1项措施具有一定的正效应，但回归系数并不大。说明中国反倾销措施对本国出口贸易的激励效果并不突出，原因是对外反倾销救济的对象是国内相关产业，作用手段是抑制进口，所以对于进口的影响应该最为突出，但由于我们无法搜集到行业进口的数据，所以无法直接估计贸易救济效果。另外，这一结果也间接证明了，中国的反倾销措施多数为受到国外倾销损害的情形下采取的救济行为，不具有激励出口的贸易保护主义性质，同时受救济的产业不一定是出口产业，故而对于出口的激励作用自然有限。其详细估计结果见表9-7。

表9-7 利润和出口值估计结果

因变量：ln（Y）	行业利润			行业出口值
	所有企业	外资企业	国有企业	所有企业
ln（Y）（-1）	0.865***	0.642***	0.589***	1.012***
AD	-0.009	-0.039	0.144	0.017
AD1	0.346**	0.551	0.461	0.165
AD（-1）	-0.013	0.207	0.597	-0.031
AD1（-1）	0.174*	0.054	0.564	0.014
AD2	0.335***	0.142***	0.118*	-0.045
AD3	0.059	0.028	0.010	-0.124
AD4	0.139**	0.154	-0.652	0.195*
Time	0.0148***	0.096***	0.076***	0.0155***
Industry	控制	控制	控制	控制
Cons.	-29.351***	-192.322***	-152.229***	-30.956***
Obs.	378	154	156	184

续表

因变量：ln（Y）	行业利润		行业出口值	
	所有企业	外资企业	国有企业	所有企业
AR（2）-Pvalue	0.2015	0.2131	0.5684	0.8834
Sargan test-P value	0.1528	0.1763	0.2138	0.3214

注：*、**和***分别表示在10%、5%和1%的显著性水平下通过检验。

三、结论与政策启示

以上用1997~2007年的企业加总分行业面板数据实证检验了中国反倾销措施的产业救济效果，得到的结论主要有：第一，总体来看，中国反倾销措施的产业救济效果显著，对于企业数目、总产值、就业、利润、出口都具有正向推动作用，而反倾销措施也有利于提高行业和企业整体的劳动生产率。第二，比较而言，反倾销措施对于行业出口的激励效果低于产值、就业、利润以及劳动生产率，主要原因是反倾销救济的手段主要在于抑制进口，对出口没有直接作用，也间接地说明了中国对外反倾销不具有激励出口的保护主义性质。第三，从方程估计出的系数看，中国反倾销措施对于生产率和产业利润的积极效应最为突出，对就业、产值、企业数目的作用其次，对于出口的影响系数最小，说明反倾销措施提高了进口品价格，国内相关产品的价格随之提升，从而有利于增加利润，利润的增加促进研发投入，从而劳动生产率提高。第四，从反倾销措施对于不同类型企业总体的行业影响看，私营企业受到的救济作用最强，外资和国有企业受到的救济作用微弱；而外资和国有企业比较而言，外资企业受到的保护作用基本不显著。

以上结果对中国反倾销政策和措施的制定具有重要指导价值和政策启示。其一，作为全球最大的反倾销受害国，在面对贸易保护主义的危害下，我国应该积极建立健全和完善国内反倾销申诉机制，在WTO规则下合理灵活地运用反倾销手段，保护国内受害产业，同时在必要的情况下也可以作为一种反击手段，保证国内相关产业不受国外不合理的保护行为的损害。其二，由我们的推理，中国反倾销措施的产业救济效果可能主要作用在私营企业，对国有和外资企业的作用微弱，这不仅与我国出口贸易的主体是私营企业的现实直接相关，同时也符合反倾销措施救济目标的需要，说明中国的反倾销措施达到了政策目的，应该尽快建立反倾销常规申诉机制，积极合理地运用该措施。其三，我国反倾销措施在总体上提高了行业总利润、就业、产值、企业数目以及劳动生产率,且不具有出口促进的保护主义作用,说明中国的反倾销措施多数是合理且合规的,并没有因为保护目标而滥用措施,有关研究和谈判中对于中国反倾销的保护主义指责都是不合理的,应该给予坚决驳斥和抵制。

第四节 中国主动措施的生产率促进效应:来自反倾销的证据

后金融危机时代的国际贸易格局将会出现巨大变化。随着美国、欧洲提出经济"重新实体化"战略、贸易保护主义的重新抬头,及各国对中国贸易顺差的普遍关注,倾销与反倾销的"战争"将不可避免地成为未来国际贸易的关键主题之一。而中国,也将不可避免地成为这个主题的聚焦点之一。历史地看,中国可能是受到其他国家以"反倾销[①]"为名的伤害最多、最深的国家。但是,从21世纪初,特别是加入WTO以来,中国的策略发生了很大的改变,中国主动发起反倾销调查并采取措施的案例正日益增加,反倾销也正成为我国国际贸易自主救济的重要手段[②]。而且,随着我国进口贸易量的增长及其在整个对外贸易中的地位持续增强,中国将来无疑还会继续使用主动反倾销的"武器"。站在这个历史和未来的交接点上,同时面临着未来可能更多的倾销—反倾销争端,我们必须客观地测量过去采用的反倾销策略的经济效果,以便为政策设计提供参考。为此,本章以生产率这个新—新贸易理论中使用最多、描述企业微观本质特性的指标为核心[③],系统而细致地实证估计我国过去十年(1998~2008年)内采取的主动反倾销措施的经济效果。我们得到的关键结论认为,我国主动发起的反倾销通过提升技术效率起到了促进生产率增长的作用。

此前以"中国、反倾销"为关键词的研究主要讨论中国遭受反倾销的损害,而采用合适的经济计量方法全面估计中国主动反倾销经济效果的文献并不

[①] 反倾销是WTO体制允许的一项常用的贸易救济措施。反倾销的一个普遍接受的定义是:当一国的商品以低于生产成本的价格在他国倾销并试图占领市场,给他国国内相关产业造成了实质性损害时,他国采取征收反倾销税等形式保护和救济国内产业的行为(Horlick和Shea,1995)。

[②] 我国发起反倾销的原因主要有两个方面:其一,随着我国进口贸易的发展和进口量的增加,国外出口中的低价倾销行为给我国相关产业造成了损害,按照WTO原则,我国可以用反倾销措施保护贸易公平和国内受损产业。其二,近年来,"中国制造"经常遭遇他国贸易保护主义的侵害,在反倾销、反补贴和一些特殊保障措施被严重滥用的形势下,出于反击和自我保护的目的,反倾销也被用作"以牙还牙"的反击手段。

[③] 以往一些反倾销效应的研究文献中,多数关注贸易效应以及对产出、价格、利润等的影响,而对反倾销的生产率效应的分析比较薄弱,直到近年才被一些研究所逐步重视。实际上,生产率是国际竞争力的重要决定因素,也是经济发展、行业和企业成长的基础及可持续要素。因此,如果能从生产率角度定量地测度中国对外反倾销的救济效应,也许能够更本质地回答上述问题。

多见。鉴于此，本章在行业层次上运用动态面板系统 GMM 方法估计了我国对外反倾销的生产率效应。使用的数据是 1998~2008 年中国 39 个行业的企业加总数据。全要素生产率计算与分解采用的是非参数标准方法——DEA - Malmquist 指数方法。

为了更好地揭示丰富的政策含义，我们进行了细致的实证处理。首先，为了揭示不同类型的反倾销措施的经济效果，我们将反倾销措施按照实施的实质性细分为反倾销调查和反倾销措施。其次，为了揭示反倾销措施对不同类型企业的作用，我们分别采用了所有企业、国有企业和外资企业三个行业样本进行模型的估计。实证研究结果表明，我国的主动反倾销对国内相关行业整体的生产率存在显著的正向激励作用。反倾销措施对国有和私营企业的生产率激励效应显著，而对外资企业的行业整体生产率激励强度较小。更进一步，通过生产率分解的细致分析，发现反倾销主要是通过技术效率的提升来实现生产率的促进作用。

以下实证研究发现的主动反倾销对生产率的促进作用，是中国背景下的结果，它与现有文献中一些发达国家反倾销措施会降低其国内企业生产率的结论不同。这就需要我们做出进一步的理论解释。为此，我们在 Zigic（2000）的南北贸易模型基础上进行了改进，利用此改进模型对本章的实证结果做出了合理的理论解释，并揭示了其中的作用机制。

我们的贡献在于揭示了主动反倾销对中国行业的生产率促进作用。这个发现大大区别于针对发达国家的研究结果。基于中国在全球国际贸易中的重要地位，这个发现对中国的政策制定具有重要参考价值。而在学术研究上，与国际同类文献相比，本章采用了改进的 Zigic（2000）的南北贸易模型对中国的实证结果做出了合理的理论解释，同时也揭示了其中的作用机制。而其他的相关文献中鲜有理论解释。

同时，值得特别指出的是，应防止一种对本章实证结果的可能误读：认为中国只要采用主动反倾销的手段就能推动和激励相关行业生产率的提高。这个解读是片面的。理论模型和机理分析说明，只有在国外倾销行为确实引致国内行业的危机和压力之时，反倾销作为一种救济手段，才能够促使企业增加研发投入和管理激励的投入，从而达到提高企业以至整个行业生产率的作用；而以"反倾销"为名的保护主义滥用往往只会滋生惰性而损害生产率。因此不能认为对外反倾销是一种提高相关行业生产率的常规手段和途径，而只有在其作为抵制不正当外部竞争的救济措施使用时，才能够在客观上起到激励行业生产率的效果。

一、中国对外反倾销的实践

从具体实践来看,我国反倾销的立法和实施均起步较晚,直到1997年3月25日,国务院颁布了《中华人民共和国反倾销和反补贴条例》。该条例遵循《WTO反倾销协议》的原则和精神,借鉴了西方反倾销立法完备的发达国家的经验,将实体法和程序法有机结合,形成一套粗线条、相对容易操作的反倾销法律机制,为我国企业运用反倾销这一合理手段抵制国外进口产品低价倾销对我国产业的损害和威胁,提供了法律保障。随着我国反倾销实践的不断深入,反倾销立法得到了进一步完善。2001年11月26日,国务院公布了新的《中华人民共和国反倾销条例》,对1997年条例进行了相应的修改和补充,加强了我国反倾销立法的科学性和可操作性。

新条例颁布后,原外经贸部、原国家经贸委、最高人民法院等机关陆续出台了多个配套规则和规章。2002年,原外经贸部颁布了《反倾销调查听证会暂行规则》《反倾销调查立案暂行规则》《反倾销调查公开信息查阅暂行规则》《反倾销价格承诺暂行规则》等12项配套规则。原国家经贸委先后颁布了《产业损害调查听证规则》《反倾销产业损害调查与裁决规定》等规章[①]。商务部成立后,这些规则都成为我国实施对外反倾销的具体规则。

目前我国的反倾销体系包括了从提出反倾销申请、初步审查、公告立案、实地调查到做出初裁、采取临时反倾销措施、做出终裁以及此后的行政复审和司法复审,可谓是较为完备和具有可操作性。这里我们可以看出,反倾销调查和采取反倾销措施是两个不同阶段的行为,我们在实证中将两者进行区分是合理的。

二、主动反倾销生产率效应的理论分析

我们构建一个简单的南北贸易模型,分析主动反倾销对于生产率的作用机制和影响效应。以下的模型是对Zigic(1998,2000)的一个改进。Zigic(1998,2000)的模型原本不是处理生产率问题的。我们在这个模型中引入从价反倾销税表示主动反倾销。特别对二阶条件进行了新的解释,获得了反倾销对生产率促进作用的条件。

设定一个两国经济,南方和北方,南方国家代表中国,北方国家代表对我国进行倾销的发达国家。每个国家都有一个代表性的厂商S(南方)和N(北

[①] 武新丽等:《我国对外反倾销调查现状及经济学分析》,《山西财政税务专科学校学报》2005年第4期。

方），这里我们分别以一个代表性的企业来代表南北国家的相应行业，所以以下对于企业的分析结果实际是对于行业的效应，因而行业总是由众多的代表性企业的总和形成的。北方企业 N 处于出口地位，其产品不仅供应国内市场，还供应南方国家 S；而南方企业的产品只供应国内市场 S；此时南方企业 S 和北方企业 N 在南方国家的市场上竞争。由于中国发起反倾销的行业一般是国内具有一定市场份额的发展中优势企业，故假设南方国家的市场竞争结构是古诺寡头垄断情形。参考 Zigic（1998，2000）的方法，设南北企业的单位生产成本为：

$$C_i = \lambda_i - A_i(r_i) \quad i = S, N \quad (9-22)$$

其中，λ 是没有技术创新情形下的企业单位生产成本，$A(r)$ 是企业的生产率，r 是企业为提高生产率所做出的研发等投入。生产率越高单位成本就越低。$A(r) \leq \lambda$，保证成本不是负的。$A(0) = 0$，不进行生产率提高的投入，生产率就不会减少单位成本。

关键的假设是：$A'(r) > 0$。这个假设意味着，生产率的提高还有空间，只要加大投入来提高努力程度，生产率就能提高。这个假设体现了中国的情形，反映了上面的三条解释中的核心内容。虽然我们没有充分的证据证明，中国行业的投入增加必然能够提高生产率，但这一假设是符合一般逻辑的，同时实证部分的结论也揭示了我国对外反倾销能够提高对应行业的生产率，所以我们进行这样的假设是合理的。但是，这个假设对前沿企业、夕阳行业的企业是不成立的。同时，也假设生产率提高随着投入增加是边际递减的，即 $A''(r) < 0$。

模型中两个企业的竞争主要在南方市场。假设南方国家对北方企业的出口发起反倾销并征收税率为 t 的单位从价反倾销税，且 $0 \leq t \leq 1$，该税收主要影响北方企业在南方市场的份额以及南方市场的价格，不会影响北方市场，故而无须考虑北方市场的均衡。假设南方市场的反需求函数是价格需求弹性为 1，如式（9-23）所示：

$$P = F - Q, \quad (Q = q_S + q_N) \quad (9-23)$$

其中，F 是南方国家的市场规模，且 $F > \lambda$；而 q_S 和 q_N 分别是南方企业和北方企业的产量。在古诺竞争的双寡头竞争结构下，南方企业的利润最大化模型是：

$$\text{Max}\left[\prod\nolimits_S\right] = (F - Q)q_S - C_S q_S - r_S \quad (9-24)$$

即南方企业利润等于总销售收入减去生产成本支出，再扣除用于提高生产率的研发和管理激励支出。将式（9-23）中的 Q 表达式代入式（9-24）中，把 q_N 看作固定常数，并由一阶条件的利润对产量导数等于 0，求得：

$$F-2q_S-q_N-C_S=0 \tag{9-25}$$

同理，北方企业利润最大化的规划是：

$$\text{Max}[\prod_N] = (1-t)(F-Q)q_N - C_N q_N - r_N \tag{9-26}$$

由于北方企业被征收了反倾销税，故其利润等于销售收入减去生产成本，减去提高生产率的支出，还要扣除反倾销税收支出。将式（9-25）中的 Q 表达式代入式（9-26）中，把 q_S 看作固定常数，由一阶条件的利润对产量导数等于 0，得到：

$$(1-t)(F-q_S) - 2(1-t)q_N - C_N = 0 \tag{9-27}$$

联立式（9-25）和式（9-27）中两个企业的反应函数，求得南北企业在南方市场竞争的均衡产量为：

$$\begin{cases} q_S^* = [F-2C_S+C_N/(1-t)]/3 \\ q_N^* = [F-2C_N/(1-t)+C_S]/3 \end{cases} \tag{9-28}$$

可见，南方国家征收反倾销税能够提高其国内企业的市场份额和产量，而减少了北方企业的产量和市场份额。将式（9-28）的均衡结果代入南方企业的利润函数，结果是：

$$\prod\nolimits_S^* = \frac{1}{9}\left[F - 2C_S + \frac{C_N}{1-t}\right]^2 - r_S \tag{9-29}$$

将式（9-28）中的成本函数代入式（9-29）中，可以进一步得到南方企业的利润函数：

$$\prod\nolimits_S^* = \frac{1}{9}\left[F - 2\lambda_S + 2A_S(r_S) + \frac{C_N}{1-t}\right]^2 - r_S \tag{9-30}$$

对于南方企业来说，在确定了产量后，还需要选择最优的生产率投入水平 r_S 以最大化利润。如果二阶条件满足：

$$2[A'_S(r_S^*)]^2 + A''_S(r_S^*)\left[F-2\lambda_S+2A_S(r_S^*)+\frac{C_N}{1-t}\right] \leq 0 \tag{9-31}$$

则可以由一阶条件的利润对用于提高生产率的支出的导数等于 0，可以求得均衡的投入等式：

$$\frac{4}{9}A'_S(r_S)\left[F-2\lambda_S+2A_S(r_S)+\frac{C_N}{1-t}\right] - 1 = 0 \tag{9-32}$$

从式（9-32）的结果还很难直接看出反倾销税 t 和企业生产率的关系，我们采用间接求导法求出反倾销税和用于提高生产率的投入 r_S 的导数：

$$\frac{\partial r_S^*}{\partial t} = -\frac{\partial F/\partial t}{\partial F/\partial r_S^*} = \frac{-A'_S(r_S^*)}{A''_S(r_S^*)[F-2\lambda_S+2A_S(r_S^*)+C_N/(1-t)] + 2[A'_S(r_S^*)]^2}$$

$$\tag{9-33}$$

已知 $A'(r)>0$，如果式(9-32)成立，可知式(9-33)的分母小于0，则：

$$\frac{\partial r_S^*}{\partial t}>0 \tag{9-34}$$

所以，南方国家的反倾销措施(用反倾销税体现)有利于激励南方企业增加用于生产率提高的投入。

而投入的增加和生产率是增函数的关系，所以：$\frac{\partial A_S(r_S^*)}{\partial t}>0 \tag{9-35}$

令 $\eta_S=\frac{(A'_S)^2}{-A''_S}$ 表示效率函数的特性。那么，式(9-35)可以重新表述为：

$$A_S \geq \lambda_S+\eta_S-\frac{1}{2}\left[F+\frac{C_N}{1-t}\right] \tag{9-36}$$

式(9-36)意味着 S 厂商的效率必须要大于一个阈值，$\lambda_S+\eta_S-\frac{1}{2}[F+C_N/(1-t)]$，此时，反倾销才有可能对它产生生产率的激励效应。同时，还要满足条件：$A'_S(r_S)>0$，也就是还有效率提高的余地。第二个条件如果不满足，比如是处于效率前沿的企业 A，那么，$A'_S=0$，式(9-36)天然满足，但是，式(9-32)也等于 0。也就是，主动反倾销对这类企业的生产率没有正向激励效应。这两个条件合在一起就得到：当 S 厂商效率较高但又非前沿效率厂商时，S 国实施的主动反倾销能够激励该国厂商加大旨在提高效率的投入水平，从而能够促进生产率的提高。

根据上面的理论模型，有以下性质：

在双边寡头垄断的市场上，如果本国企业的效率高于一个临界水平但是又不处于效率前沿，那么，该国实施主动反倾销能够起到激励企业加大旨在提高效率的投入力度，从而促进企业以及相应行业整体的生产率提高。但是，如果本国相应行业中企业的效率很低，属于夕阳产业，或者本国行业中企业是世界领先的效率前沿企业，主动反倾销反而会带来企业和行业效率的降低。

以上的理论分析建立在企业层面，似乎与本章在行业层面的分析存在一些差异。我们的解释是，这里模型中的企业是同质性的代表性企业，与异质性企业模型的差异是，代表性企业在一定条件下反映的是整个行业甚至整个国家的状况，而不仅仅局限于企业层面的解读。另外，纵使模型结果只在企业层面成立，但行业是由一系列的企业组成，代表性企业的生产率得到提高或者损害会直接反映在行业层面。所以我们从代表性企业角度对主动反倾销的生产率效应进行分析，与我们在行业层面进行的实证研究结果是能够相互对照和相互解释的。

三、数据与实证模型

1. 数据

本章在行业层面上对反倾销与生产率关系展开实证研究。需要解释的是，反倾销措施往往针对的是细分的产品，故而从产品角度对其效应进行探究在一定程度上可能更加具有针对性。诚然，如果能够获取大样本的产品层面数据并将反倾销措施与其对应起来进行实证研究，理论上可能会更加理想。但我们需要指出的是，本章研究目的是在 2 位数行业代码的大类行业范围内观察和探寻我国针对细分产品发起的主动反倾销措施对于这些大类行业的生产率是否起到了显著救济作用，我们认为针对大类的结果从政策角度具有更加重要的价值。另外，大类行业是由细分行业组成，在细分行业上的变动和反应也会体现在大类行业上，所以只要我们能够找到大类行业显著变动的充分证据，这样的实证研究就是合理可信的。

本章用于实证分析的行业数据来源于《中国统计年鉴》(1997~2009)，共分 37 个工业行业(见表 9-8)[①]，所取年份为 1997~2009。反倾销数据来源于全球反倾销数据库(2010)[②](Bown，2010)。实证模型中控制变量数据来源于各年《中国统计年鉴》和《中国海关统计年鉴》。需要说明的是，反倾销数据统计按照 HS 编码商品分类进行行业划分，但国家统计年鉴的行业是按照《国民经济行业分类》进行的行业划分，两者存在差异，目前还没有可以直接合并的方法，本章根据中国发起反倾销的产品名称，对照《国民经济行业分类》4 位数商品名称表进行逐一归并。

2. 实证模型

我们关心的核心问题是：反倾销对行业生产率的提高有促进作用吗？因此，实证模型的因变量是生产率，而主要的回归变量是反倾销措施。全要素生产率的计算将在下文讨论。反倾销变量均设为二元哑变量，如果某年度内的某行业采用了反倾销措施，则取值为 1，反之为 0。

[①] 按照《国民经济行业分类方法》收集了 39 个主要工业行业的数据，其统计对象是规模以上工业法人企业，包括全部国有和年主营业务收入 500 万元及以上的非国有工业法人企业，是基于国家统计局进行的"规模以上工业统计报表统计"得到的分行业加总数据，数据来源于《中国统计年鉴》工业部分。

[②] 该数据库由 Chad P. Bown 于 2010 年开发完成，链接地址为：http://people.brandeis.edu/~cbown/global_ad/，收集了世界各主要国家各年份反倾销的所有案例信息，包含反倾销指控时间、采取措施时间、裁定结果以及所指控的行业、企业和产品等。

表9-8 行业名称及其代码情况

代码	行业名称	代码	行业名称	代码	行业名称
1	煤炭开采和洗选业	14	木材加工及草制品业	27	有色金属冶炼及压延加工业
2	石油和天然气开采业	15	家具制造业	28	金属制品业
3	黑色金属矿采选业	16	造纸及纸制品业	29	通用设备制造业
4	有色金属矿采选业	17	印刷业和记录媒介的复制业	30	专用设备制造业
5	非金属矿采选业	18	文教体育用品制造业	31	交通运输设备制造业
6	其他采矿业	19	石油和炼焦及核燃料加工业	32	电气机械及器材制造业
7	农副食品加工业	20	化学原料及化学制品制造业	33	通信设备、计算机及其他
8	食品制造业	21	医药制造业	34	电子设备制造业等
9	饮料制造业	22	化学纤维制造业	35	电力、热力的生产和供应业
10	烟草制品业	23	橡胶制品业	36	燃气生产和供应业
11	纺织业	24	塑料制品业	37	水的生产和供应业
12	纺织服装、鞋、帽制造业	25	非金属矿物制品业	—	
13	皮革、毛皮和羽毛及其制品业	26	黑色金属冶炼及压延加工业	—	

考虑到反倾销对生产率影响可能存在时滞效应,我们采用动态面板的模型设定。对滞后阶数的选择,在动态时间序列模型中是根据AIC、BIC等信息准则来确定的,但动态面板数据模型尚没有类似准则。本章采用Hendry和Clements(2004)提出的从"一般到特殊"的动态建模方法,先选择各变量较大的滞后阶数进行回归,如果系数显著并且能通过各项整体有效性检验,则保留该滞后项,否则剔除。另外,我们对回归残差进行平稳性检验和二阶序列自相关检验,以辅助说明滞后阶数选择的稳健性和参数估计的一致性。经过实际检验,我们发现滞后1年具有较好的稳健性。因此,以下实证中取生产率的1阶滞后变量进入模型。同时,为了反映和比较反倾销不同滞后期的效应,我们在实际回归模型中分别取了反倾销救济措施的当期、一阶和二阶滞后变量进入回归方程。

对于控制变量,我们选择了那些反倾销之外、对生产率可能有影响的因素,主要包括：研发（R&D）投入、人力资本投资、行业规模、行业盈利状况、进出口贸易、利用外资以及对外直接投资等（何元庆，2007；李小平等，2008）。根据数据的可获得性，本章采用的控制变量有：①行业规模。用工业总产值和行业中企业数目表示。②行业盈利状况。用行业的利润总额表示。③行业资金和融资情况。用行业中的流动资本规模表示。④出口贸易。用以控制贸易对于生产率的影响，用行业的出口贸易总值除以行业总产值表示。⑤对外直接投资。用行业的年度对外直接投资总额除以行业总产值表示。⑥研发（R&D）投入。用行业的年度R&D投入表示。⑦税收支出。控制税收对于生产率的影响，用行业的年度增值税支出表示。⑧行业虚拟变量。加入了这个虚拟变量是为了更好地控制行业生产率异质性（Heterogeneity）对估计结果的影响。⑨时间趋势项。不同年份的国内政策和国际环境可能有很大的不同，这些背景因素都可能会对生产率产生影响。加入时间趋势项可以部分捕捉这些不易观察的背景因素。这样，控制了时间趋势的生产率影响后，可以更好地剔除不易观察的背景变量的影响，从而可以更有说服力地揭示反倾销对生产率的因果作用。该变量的取值规则是：1998年取值1，1999年取值2，依次类推。变量说明及数据来源如表9-9所示。

表9-9 变量说明及数据来源

变量类型	变量	缩写	描述	数据来源
因变量	全要素生产率	tfpch	行业的全要素生产率	根据《中国统计年鉴》各年数据计算
	技术效率	effch	行业的技术效率	根据《中国统计年鉴》各年数据计算
	技术进步	techch	行业的技术进步率	根据《中国统计年鉴》各年数据计算
	规模效率	sech	行业的规模效率	根据《中国统计年鉴》各年数据计算
	纯技术效率	pech	行业的纯技术效率	根据《中国统计年鉴》各年数据计算
自变量	反倾销措施	AD	当年反倾销措施为1，否则为0	全球反倾销数据库（2010）
控制变量	行业总产出	output	用工业总产值表示	《中国统计年鉴》各年数据
	行业中企业数目	firmnum	行业中企业数量	《中国统计年鉴》各年数据
	行业盈利状况	profit	用行业利润总额表示	《中国统计年鉴》各年数据

续表

变量类型	变量	缩写	描述	数据来源
控制变量	出口贸易依存度	export	行业的出口贸易总值除以行业产出获得	《中国海关统计年鉴》各年数据
	对外直接投资依存度	FDI	行业对外直接投资总值除以行业产出获得	《中国统计年鉴》各年数据
	研发投入	r&d	行业研发投入	《中国统计年鉴》各年数据
	增值税支出	vat	行业的税收支出	《中国统计年鉴》各年数据
	时间趋势项	Time	控制时间趋势上的影响	取值 Time = Year - 1997，即 1998 年取值 1，依次类推
	行业虚拟变量	INDU	控制行业层面差异带来的影响	分行业设定虚拟变量

资料来源：作者整理。

行业总产出、行业盈利状况、出口贸易、对外直接投资、研发投入、增值税支出等变量都用来自于 1991 年的《中国统计年鉴》为基期的工业品出厂价格指数进行了价格平减。对于部分行业的出口贸易、对外直接投资和研发投入的数据，统计年鉴中有缺失的情况，我们以年度的平均数据填补这些缺失，这虽然会损失行业层面差异的信息，但时间维度的信息是完整的。另外，为了消除异方差，回归中对行业规模变量、行业盈利、行业资本规模、出口贸易、对外直接投资、研发支出以及增值税支出等控制变量都取了对数值。

综上可得本章的基本模型：

$$TFP_{i,t} = \alpha + \beta_1 TFP_{i,t-1} + \beta_2 AD_{i,t} + \beta_3 AD_{i,t-1} + \beta_4 AD_{i,t-2} + \beta_6 X_{i,t} + \varepsilon_i + \upsilon_{i,t} \quad (9-37)$$

其中，$TFP_{i,t}$ 是全要素生产率；$TFP_{i,t-1}$ 是被解释变量的 1 阶滞后项，用以控制生产率的自身变动趋势和惯性；$AD_{i,t}$ 表示反倾销措施当年，$AD_{i,t-1}$ 是 $AD_{i,t}$ 的 1 阶滞后项，表示 1 年前的反倾销措施；$AD_{i,t-2}$ 是 $AD_{i,t}$ 的 2 阶滞后项，表示 2 年前的反倾销措施；$X_{i,t}$ 代表所有的控制变量。表 9-9 给出了各个变量的描述和数据来源。

3. 全要素生产率的计算

考虑本章样本的特点，采用全要素生产率的非参数计量的标准方法 DEA-Malmquist 指数法。这个方法在国内文献中已经有很广泛的使用，本章对其技术不再做详细介绍。该方法的一个重要优势是便于分解，可以方便地得到行业的年度全要素生产率变化率（TFPCH），以及分解出来的纯技术效率（PECH）、规模效率(SECH)、技术效率(EFFCH)和技术进步(TECHCH)。其中，技术效率等于纯技术效率和规模效率的乘积，即 EFFCH = PECH×SECH；TFP 变化率等于技术效率与技术进步的乘积，即 TFPCH = EFFCH×TECHCH。实际计算时，我们使用的是 DEAP 2.1 软件。由于 Malmquist 指数计算的是 TFP 增长率，所以会去除一个基期年份，计算出的 TFP 起止年份为 1998~2009。

生产率计算中用到的主要指标是产出、资本和劳动投入。我们用从业人员年均人数表示当年劳动投入量，用年度工业增加值表示行业的总产值，用固定资产净值年平均余额①表示当年资本投入。与此同时，我们用 1991 年为基期的工业品出厂价格指数对工业增加值进行价格平减，用 1991 年为基期的固定资产投资价格指数对固定资产净值年平均余额进行价格平减。全要素生产率计算的部分结果见图 9-1、图 9-2，而表 9-10 给出了本章使用的所有变量的描述性统计。

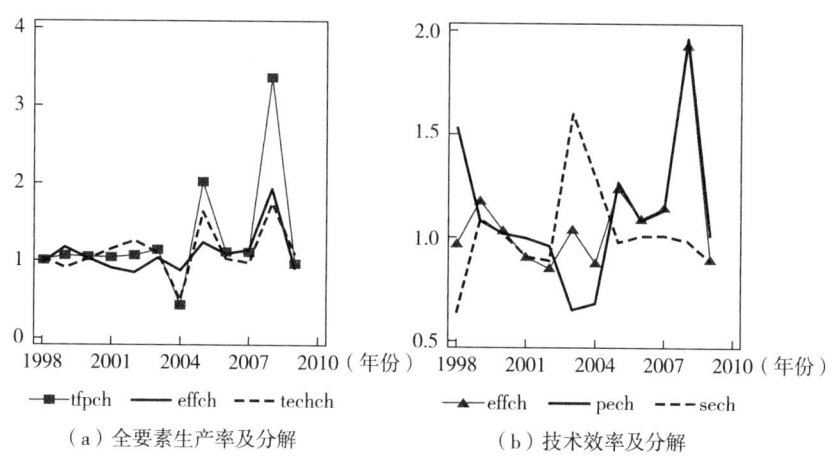

(a) 全要素生产率及分解　　　　(b) 技术效率及分解

图 9-1　按年度划分的全要素生产率及其分解

资料来源：作者根据 DEAP 软件生产率计算结果整理。

表 9-10　所有变量的总体描述性统计

变量		均值	标准差	最小值	最大值	观察值
tfpch	全要素生产率	1.3190	0.8322	0.1970	5.8400	N = 444
effch	技术效率	1.1258	0.4225	0.2390	4.1200	N = 444

① 对于 TFP 计算中的资产，通常用永续盘存法来处理，基本公式为：$K_t = (-\sigma)K_{t-1} + \Delta K$，即当期存量等于去除折旧后的上期存量和当期新增量之和，这里 σ 为折旧率。由于我们无法得到最初时期的资本存量值，加上折旧率的选取会存在不合理，所以直接采用固定资产净值年平均余额表示当年资本投入。

续表

变量		均值	标准差	最小值	最大值	观察值
techch	技术进步	1.1216	0.3246	0.4600	2.4870	N=444
pech	纯技术效率	1.1972	0.8032	0.1870	11.9460	N=444
sech	规模效率	1.0868	0.5996	0.0940	6.8430	N=444
AD	反倾销措施	0.0541	0.2264	0	1	N=444
firmnum	企业数目	6674.158	6758.757	13	37374	N=444
output	产出	6220.773	8287.224	1.96	44727.96	N=444
profit	利润	368.6514	584.4282	-1003.14	4601.23	N=444
capital	流动资本	6693.485	8669.768	1.95	69086.99	N=444
vat	增值税支出	219.1731	283.375	0.11	1704.09	N=444
r&d	研发投入	33.4598	70.6427	0.0212	549.6059	N=444
export	出口占总产出比	0.2648	0.0649	0.1802	0.3587	N=444
FDI	FDI占总产出比	0.0256	0.0055	0.0181	0.0368	N=444

资料来源：根据各统计年鉴、数据库统计得到。

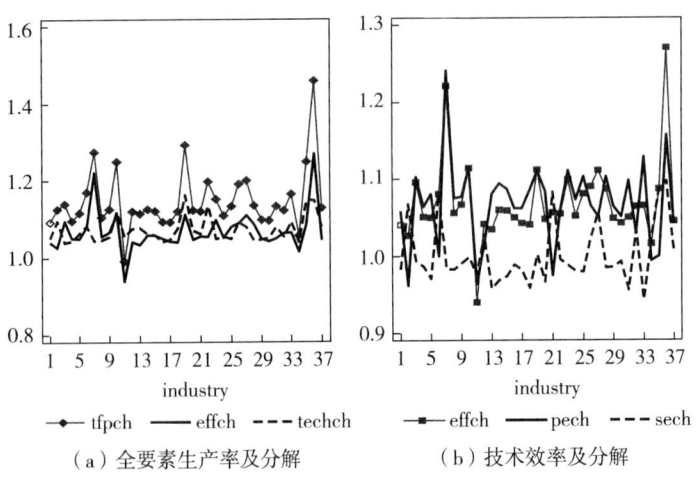

（a）全要素生产率及分解　　　　（b）技术效率及分解

图9-2　按行业划分的全要素生产率及其分解

资料来源：作者根据DEAP软件生产率计算结果整理。

从计算结果可以看出：①1998~2009年中国行业平均全要素生产率、技术效率、技术进步、规模效率和纯技术效率都呈增长趋势，其中全要素生产率和技术进步增长率稍快于技术效率,全要素生产率增长率又高于技术进步率;在这些年份中,2005年和2008年的生产率增长较快。②在对技术效率进行分解后发现,纯技术效率的变动趋势和技术效率的变动趋势更加接近和趋同,而规模效率的变动幅度较大。从年份看,2003年、2005年和2008年技术效率和纯技术效率增长较快;而规模效率在1999年和2003年增长较快。③从行业的全要素生产率及其分解的结果看,全要素生产率增长最快、其次是技术进步率,而技术效率相对最慢,说明我国行业的全要素生产率增长主要是靠技术进步实现的,而技术效率相对较低,提升的空间较大。④进一步按照行业划分对技术效率进行分解,发现技术效率的增长主要是靠纯技术效率的增长实现的,且技术效率和纯技术效率的变动较为同步;但规模效率却相对较低,与技术效率的变动趋势不一致。

4. 估计方法及模型设定

由于生产率的变化受到很多因素的影响,一个考虑不细致的回归模型的估计结果很难有说服力地证明反倾销对生产率的促进作用。因此,要保证本章实证结果的可信性,必须较好地解决解释变量内生性、不可观察变量影响以及可能的行业异质性(Heterogeneity)影响等模型设定问题。

首要的一个担忧是因变量"生产率"与核心解释变量"反倾销"之间可能存在互为因果的内生问题。生产率高的行业往往是一国的优势行业,这类行业是一国经济的重要组成部分,通常更受重视也更加具有谈判力和话语权,所以更容易受到保护而更多地发起对外反倾销。采用工具变量是有效处理这种内生问题的一种方法。在估计动态面板模型时,我们采用 Arellano 和 Bover(1995)以及 Blundell 和 Bond(1998)提出的两步系统一般矩估计方法(Two-step Systematic Generalized Method of Moments,SYS-GMM)。这个估计方法不仅采用水平方程还采用了差分方程进行估计。它在处理内生问题方面的重要优势是利用自变量的多阶滞后变量及其差分变量作为工具变量构建水平方程。由于有足够多的工具变量,本章采用的 SYS-GMM 估计方法能够较好地应对内生问题。

模型估计的偏倚性的另外一个常见来源是未观察变量(Unobservable Variables)。而这个担忧对本章的情形而言尤其重要,因为中国的制度环境等显然也是中国行业生产率变迁的关键原因,但这些抽象的制度环境不易观察、不易测量。对这个棘手问题,没有完全的解答。我们采取了三个重要的手段:

第一,在模型中引入了背景变量:时间趋势项。这个背景变量可以部分解释不同年份的制度环境等不易观察变量对生产率的影响。同时也能控制生产率变迁的趋势。

第二，根据影响生产率增长的理论，加入了主要的控制变量。这些控制变量能够很好地消除未观察变量的影响。从后面的模型估计结果和稳健性检验结果的对比看，考虑了背景变量时反倾销对生产率促进作用的估计结果与未考虑背景变量时的估计结果相差不大。这有力地打消了因未包括不可观察变量而可能带来估计偏倚的担忧。

第三，可能存在的行业异质性导致估计偏倚的担忧。应对这个问题，我们采用了引入行业哑变量表示行业固定效应的方法。如果大多数哑变量都显著，表明行业异质性有较大影响，通过哑变量控制行业的固定效应，可以大大地减少因异质性导致的估计偏倚。反之，如果行业哑变量基本不显著，表明行业异质性不大。本章的估计结果表明，绝大多数的行业哑变量均不显著，这说明中国的行业异质性还不甚明显。显然，对行业的固定效应进行控制是我们的计量模型分析中必不可少的。

通过以上模型设定的细致处理，再加上对其他一些文献中比较认同的影响生产率的主要因素的控制，我们的估计结果能够最大限度地凸显出反倾销与生产率之间的作用关系。证明了反倾销与我国相关行业的生产率之间存在着稳定的、稳健的、可信的正向统计关联。

四、实证结果分析解释

1. 动态 Panel 模型估计结果分析

表 9-11 给出了动态 Panel 模型的系统——GMM 估计结果。Sargan 过度识别检验和 AR(2) 残差二阶自相关检验都表明工具变量选择和模型设定良好，无残差自相关。

表 9-11　动态 Panel 模型的系统——GMM 估计结果

变量	tfpch	effch	techch	sech	pech
L.(−1)	−0.641***	−0.255***	−0.592***	−0.247***	−0.328***
	(0.012)	(0.025)	(0.009)	(0.020)	(0.013)
AD	0.054	0.045	0.028	−0.171	0.047
	(0.116)	(0.045)	(0.070)	(0.109)	(0.056)
AD(−1)	0.190***	0.134***	0.045	−0.322***	0.204***
	(0.070)	(0.032)	(0.055)	(0.077)	(0.047)
AD(−2)	0.084	0.063	0.034	−0.202	0.068
	(0.101)	(0.048)	(0.057)	(0.143)	(0.077)

续表

变量	tfpch	effch	techch	sech	pech
Time	0.231***	0.015	0.118***	0.036	-0.006
	(0.053)	(0.023)	(0.033)	(0.027)	(0.035)
ln(firmnum)	1.334***	0.497***	0.575***	-0.781***	1.075***
	(0.272)	(0.085)	(0.120)	(0.172)	(0.213)
ln(output)	-1.497***	-0.425***	-0.939***	2.235***	-1.505***
	(0.414)	(0.157)	(0.208)	(0.436)	(0.193)
ln(profit)	-0.289***	-0.242***	0.040***	-0.075***	-0.180***
	(0.033)	(0.017)	(0.013)	(0.024)	(0.022)
ln(capital)	-2.107***	-1.724***	-0.013	-1.231***	-1.087***
	(0.181)	(0.081)	(0.192)	(0.325)	(0.192)
ln(vat)	2.495***	1.261***	0.964***	-1.017***	1.700***
	(0.189)	(0.118)	(0.086)	(0.173)	(0.177)
ln(r&d)	-0.695***	-0.267***	-0.225	-0.089	-0.088
	(0.241)	(0.082)	(0.144)	(0.076)	(0.133)
ln(export)	0.132	1.068***	-0.492***	0.194	0.699***
	(0.087)	(0.070)	(0.052)	(0.129)	(0.069)
ln(FDI)	1.492***	1.051***	0.327***	1.340***	0.570***
	(0.197)	(0.113)	(0.092)	(0.362)	(0.200)
Indu.	YES	YES	YES	YES	YES
Cons.	10.170***	8.009***	0.577	10.806***	2.868***
	(1.706)	(0.394)	(0.576)	(1.861)	(0.954)
Obs.	362	362	362	362	362
AR(2)-P value	0.184	0.292	0.234	0.292	0.203
Sargan test-P	0.331	0.271	0.187	0.191	0.214

注：*、**和***分别表示在10%、5%和1%的统计显著性水平下通过检验。括号中数值为标准误(SE)。Indu.表示行业虚拟变量，YES表示控制了行业虚拟变量的影响效应。由于行业的数量较多，行业哑变量系数的估计结果未详细列出。

资料来源：作者根据DEAP软件生产率计算结果整理。

第一，从主动反倾销措施的生产率效应看，存在显著的正向激励作用，即中国主动发起的对外反倾销贸易救济措施促进了国内相关行业的生产率提高。具体从估计结果看，反倾销的生产率促进效应具有滞后性，当年的反倾销措施效应不显著，1年后的效应显著，但2年后效应又不显著，说明对外反倾销的效果大约在1年后显现。从各个生产率变量的结果看，全要素生产率显著提高，技术效率和纯技术效率也显著提高，规模效率却显著下降，而技术进步的变动不显著；但无论怎样，整体的全要素生产率得到了显著的提高。1年滞后期反倾销对全要素生产率的回归系数为0.19且在1%的统计水平下显著，说明我国主动发起的对外反倾销在1年后能够显著提高相关行业整体的全要素生产率。当年反倾销和2年滞后期反倾销对全要素生产率的回归系数不仅较小（分别为0.054和0.084）且不显著，说明反倾销措施的效应在1年后会最充分地显现出来。

第二，从具体的全要素生产率分解回归结果看，主动反倾销促进生产率提高的机制主要是通过技术效率的提升实现的，技术进步没有显著变化。这一方面是由于我国行业的技术效率相对较低，进一步提升的空间较大，当遭遇外部的竞争压力时，国内的反倾销救济就为其提高提供了动力和机会，从而能够提升技术效率；另一方面技术进步涉及技术革新，相对于技术效率来说，提高的难度较大，在短期内很难有显著变化，而技术效率涉及内部管理和利用的效率，能够在短期内实现提高。从技术效率的进一步分解回归结果看，技术效率的提高是通过纯技术效率的提升来实现的；规模效率却受到了损害，原因可能是反倾销的贸易救济主要保护了中小企业，而对大企业的作用较小，同时救济的主要是企业数量而并没有对企业规模的扩大形成正向激励，结果规模效率反而下降。

第三，观察控制变量的估计结果。行业中企业数目（Firmnum）对生产率有显著正面影响。这一方面可能是企业数目越多带来的竞争越激烈，行业生产率就会越高；另一方面，企业数目多说明该行业是我国的优势行业，从而生产率会更高。行业产出（Output）规模对生产率有负面影响，这与一般逻辑不太一致，可能是因为产出大的行业在中国多数属于劳动密集型行业，这类行业的整体生产率状况反而不佳。但行业产出对规模效率的影响是显著正向的，说明规模经济效应是存在的。行业利润（Profit）除了对技术进步有显著正向影响外，对其他生产率都具有负向作用，说明利润大的行业有更多的资金投入研发而提高技术进步，对其他生产率的影响为负可能也是因为利润额大的行业在中国大多是劳动密集型行业，这类行业整体上的生产率较低。行业资本（Capital）对生产率的影响结果与利润和产出基本一致。行业税收支出（Vat）除了对规模效率产生显著负面影响外，对其他的生产率反而产生了正向作用，另外研发投入（R&D）对于全要素生产率的影响为负，这与一般逻辑都是不相符的，说明研发的效率可能不高。出口贸易（Export）和对外直接投资（FDI）对行业生产率的影响整体上显著为正,说明中国的对外开放战略提高了行业的生产率,这一结果是符合一般逻辑和预期的。

第四,背景变量:行业哑变量和时间趋势变量的系数估计结果表明,绝大部分行业哑变量都不显著,而时间趋势变量基本显著为正。这表明,中国行业的生产率异质性没有那么大,不会对估计结果产生实质影响。也表明,在本章的考察期(1998~2009年)之中,中国行业生产率呈现了逐步提高的态势。同时,从模型设定的角度看,由于可以有效地控制政策环境等不易观察变量的影响,本文实证推断的结果能够更有力地证明主动反倾销与生产率促进之间的因果关系。详细结果见表9-11。

2. 估计结果的稳健性

为了对模型估计结果的稳健性进行分析,我们进行了以下实验:首先,在基础动态Panel模型(1)的基础上去除背景变量时间趋势Time,以及控制行业固定效应的行业哑变量。目的是放松一些控制变量,以检验模型结果的可靠性。其次,通过逐步减少回归变量,并比较不同模型的估计结果中主要变量的估计系数正负方向和显著性是否发生剧烈的变化。如果上述实验中主要变量的系数估计结果保持稳定,且与表9-12的结果相比没有特别大的差异,表明我们的结果是稳健可靠的。

表9-12 稳健性检验Ⅰ

变量	tfpch	effch	techch	sech	pech
L.(-1)	-0.524***	-0.280***	-0.551***	-0.179***	-0.310***
AD	-0.023	0.037	0.004	-0.226***	0.080**
AD(-1)	0.090*	0.096***	0.076	-0.246***	0.138***
AD(-2)	-0.047	0.028	0.074	-0.033	0.021
ln(firmnum)	0.882***	0.379***	0.355***	-0.429***	0.586***
ln(output)	-0.116	-0.303***	-0.943***	1.041***	-0.741***
ln(profit)	-0.318***	-0.219***	0.102***	-0.107***	-0.170***
ln(capital)	-2.558***	-1.616***	0.128*	-0.712***	-0.754***
ln(vat)	1.564***	1.112***	1.505***	-0.690***	1.036***
ln(r&d)	0.262***	-0.071***	0.029	-0.083***	-0.083***
ln(export)	0.231***	0.909***	-0.658***	0.778***	0.665***
ln(FDI)	2.328***	1.197***	0.284***	0.755***	0.942***

续表

变量	tfpch	effch	techch	sech	pech
Cons.	9.594***	8.657***	-0.259	8.306***	3.279***
Obs.	362	362	362	362	362
AR(2)-P value	0.182	0.191	0.231	0.398	0.171
Sargan test-P	0.221	0.223	0.352	0.277	0.213

注：*、**和***分别表示在10%、5%和1%的统计显著性水平下通过检验。由于行业的数量较多，行业哑变量系数的估计结果未详细列出。

资料来源：作者根据DEAP软件生产率计算结果整理。

表9-12给出了第一个检验实验的结果，表9-13给出了全样本情况下6种实验的结果。Sargan过度识别检验和AR(2)残差二阶自相关检验都表明工具变量选择和模型设定良好，无残差自相关。比较主要变量（反倾销措施变量）的估计结果：第一，反倾销措施的所有估计系数中，显著性和正负方向与表9-12的估计结果基本是一致的，仅系数值的大小存在差异但变化也不大；第二，反倾销措施对于生产率的影响存在滞后性，且滞后期为1年，这与表9-12的结果同样是一致的；第三，我国主动发起的反倾销措施对生产率的正向激励作用是通过提高技术效率实现的，这与表9-12的结果也是一致的。以上表明，我们的实证结果是稳健可靠的。其详细结果见表9-13：

表9-13 稳健性检验 II

变量	(1) tfpch	(2) tfpch	(3) tfpch	(4) tfpch	(5) tfpch	(6) tfpch
L.(-1)	-0.641***	-0.491***	-0.606***	-0.569***	-0.561***	-0.598***
AD	0.054	-0.026	0.038	0.063	-0.025	-0.054
AD(-1)	0.190***	0.106***	0.182***	0.216***	0.178***	0.105**
AD(-2)	0.084	-0.02	0.09	0.115*	0.049	-0.063***
Time	0.231***	-0.04	-0.061**	-0.092***	-0.035**	-0.011*
ln(firmnum)	1.334***	0.870***	0.741***	0.716***	0.635***	0.239***
ln(output)	-1.497***	-0.071	-0.306**	-0.370***	-0.236**	0.891***
ln(profit)	-0.289***	-0.348***	-0.271***	-0.305***	-0.319***	-0.405***
ln(capital)	-2.107***	-2.718***	-2.231***	-2.239***	-2.428***	-2.097***

续表

变量	(1) tfpch	(2) tfpch	(3) tfpch	(4) tfpch	(5) tfpch	(6) tfpch
ln(vat)	2.495***	1.635***	1.589***	1.570***	1.631***	
ln(r&d)	-0.695***	0.299***	0.242**	0.271***		
ln(export)	0.132	0.431***	-0.317***			
ln(FDI)	1.492***	2.363***				
Indu.	YES					
Cons.	10.170***	10.178***	1.595***	2.067***	2.907***	1.311***
Obs.	362	362	362	362	362	362
AR(2)-P value	0.181	0.293	0.203	0.287	0.261	0.253
Sargan test-P	0.325	0.219	0.162	0.191	0.197	0.207

注：*、**和***分别表示在10%、5%和1%的统计显著性水平下通过检验。Indu.表示行业虚拟变量，YES表示控制了行业虚拟变量的影响效应。由于行业的数量较多，行业哑变量系数的估计结果未详细列出。

资料来源：作者根据DEAP软件生产率计算结果整理。

由于主要控制变量与生产率之间同样可能存在内生性问题，这会导致估计结果的偏误。为了检验和克服这一问题，我们对主要控制变量取1阶滞后项作为其代理变量进行重新估计，以进一步检验实证结果的稳健性。表9-14报告了这一稳健性检验的结果，Sarga过度识别检验和AR(2)残差二阶自相关检验都表明工具变量选择和模型设定良好，无残差自相关。比较主要反倾销变量的估计结果，显著性和正向激励效应基本无变化，说明表9-12的估计结果是稳健可靠的。其详细结果如表9-14所示。

表9-14 稳健性检验Ⅲ

Variable	tfpch	effch	techch	sech	pech
L.(-1)	-0.975***	-0.520***	-0.653***	-0.112***	-0.241***
AD	0.246*	0.095	0.066	0.035	0.16
AD(-1)	0.179*	0.101**	0.055	-0.160**	0.126**
AD(-2)	0.087	-0.029	0.04	0.022	-0.076
Time	-0.03	-0.151***	0.017	0.209***	-0.399***

续表

Variable	tfpch	effch	techch	sech	pech
ln(firmnum)(−1)	−0.287	−0.696***	0.057	0.225**	−0.899***
ln(output)(−1)	0.361	0.315	0.284**	−1.652***	2.167***
ln(profit)(−1)	−0.521***	−0.329***	−0.035***	0.039	−0.268***
ln(capital)(−1)	−2.372***	−1.150***	−0.336***	0.851***	−1.746***
ln(vat)(−1)	0.886***	0.375**	−0.047	0.481***	−0.382
ln(r&d)(−1)	0.768	0.595***	0.207*	−0.311***	1.307***
ln(export)(−1)	1.079***	1.883***	−0.438***	0.687***	1.271***
ln(FDI)(−1)	2.244***	1.743***	0.334***	0.970***	1.834***
Indu.	YES	YES	YES	YES	YES
Cons.	14.773***	13.501***	2.856***	5.818***	13.202***
Obs.	360	360	360	360	360
AR(2)−Pvalue	0.213	0.194	0.219	0.353	0.173
Sargan test−P	0.233	0.236	0.331	0.212	0.275

注：*、**和***分别表示在10%、5%和1%的统计显著性水平下通过检验。Indu.表示行业虚拟变量，YES表示控制了行业虚拟变量的影响效应。由于行业的数量较多，行业哑变量系数的估计结果未详细列出。

资料来源：作者根据DEAP软件生产率计算结果整理。

五、"反倾销—生产率"正向效应的经济解释

发达国家关于"反倾销—生产率"的实证证据倾向于认为，反倾销不会带来显著的生产率促进效应。但是，本章的实证研究给出了支持"反倾销促进行业生产率增长"，并在统计上给出稳健的中国证据。对于这样一个区别于发达国家实证结果的中国故事，需要给出理论解释。

第一，发达国家进口产品的特点决定了反倾销保护的对象多数是国内夕阳产业和竞争力比较弱的企业，这些行业和企业本身濒临退出市场的窘境，对其进行反倾销保护往往会让他们滋生更多的惰性而并不能激励其提高效率和技术革新。但中国的情况有所不同，我们对外反倾销措施救济的对象基本是国内优势产业，或者是高端的、发展中的"幼稚产业"，对这些产业和企业进行保护，往往能激励其技术效率提高甚至技术革新；尤其是当这些行业受到外部倾销行为的冲击时，进行适当的救济，能够很好地激励他们提高效率，从而进行主动

的反倾销,技术效率也就能得到发挥和提高。

第二,我们的一个猜想是,中国对外反倾销措施可能大多是在国内相关产业受到严重损害时的贸易救济或"反击"手段,是基于合理而且合规的目标采取的措施,从而及时的救济能够为行业的发展创造空间和环境。同时,行业实际已经受到了外部冲击,外部恶劣环境的形成迫使行业中企业提高效率的动力。此时国内反倾销保护及时为国内企业提供了空间和支持,从而有利于提高行业的效率。国外一些发达国家的反倾销措施目标可能是一种贸易、产业或就业的保护行为,其国内行业可能本身并没有受到冲击,或这些行业处于即将淘汰的地位,此时进行保护往往只会滋生惰性,而不利于行业生产效率的提高。虽然我们无法提供证据进行证实,但这一解释是有现实可能性的。

第三,Miyagiwa 和 Ohno(1995)发现关税保护会促进企业提前进行技术革新,所以落后企业能够在反倾销税等保护下尽快革新技术,从而提高生产率,而"前沿企业"由于本身没有进行技术革新的空间,故而反倾销等税收保护并不能够提高生产率,反而形成保护主义的惰性结果(Konings 和 Vandenbussche,2004)。对于中国行业中的企业来说,和发达国家的企业比较,属于"前沿企业"的类型较少;从第三章的生产率计算结果比较可以看出,中国行业和国有企业的技术效率水平显著低于外资企业,也就是说受反倾销生产率激励作用最大的私营企业的技术效率也显著低于外资企业,因而他们的技术效率提高的空间较大,反倾销可以起到促进其技术效率提高甚至技术革新、采用新技术的作用。对于发达国家处于技术效率前沿的企业,面对反倾销税收保护,这些企业的生产率并不能够得到提高,进而相关行业的生产率也无法提高。

第四,本章以上理论部分得到的性质可以解释中国情形的实证研究结果。首先,从企业的大类来看,外资企业的技术效率最高,外资处于效率的前沿,那么,根据上面的性质,反倾销对这类企业的生产率激励作用不会很明显。我们的实证结果证实了这一点。其次,从整个国际视野来看,中国企业处于上升的阶段,既不属于特别落后的无效率区间企业,也不属于效率的前沿企业。根据上面的性质,在这种情况下,反倾销能够起到生产率激励作用,尤其对效率处于中间带的企业类型更能发挥作用。在中国,这类企业就是私营企业。

更进一步,图9-3描绘了中国对外反倾销激励对国内行业生产率提高的具体可能途径:其一是行业规模扩大带来规模经济和规模效率提升;其二是行业利润增加会提高管理和激励投入,从而提高纯技术效率,而规模效率和纯技术效率的共同作用是提高了技术效率,且这是激励我国行业生产率提升的主要路径;其三是利润提高会增加行业的研发投入,从而推动技术进步,技术进步的加快会提高生产率。

实证结果表明，我国对外反倾销对国内行业的生产率产生了正向激励效应，主要是由于中国反倾销救济的行业对象基本是具有一定市场份额的优势产业，而发达国家反倾销救济的行业对象多数属于淘汰的落后夕阳产业，且市场的占有份额较小；另外，中国对外反倾销往往是一种面对国外压力下的救济行为，故而不会产生保护的惰性。由此，本章理论部分在 Zigic（2000）的模型基础上构建了理论模型，证明和揭示了中国对外反倾销的正向生产率效应作用机理和途径，并给出了主动反倾销对生产率促进作用的发生条件。

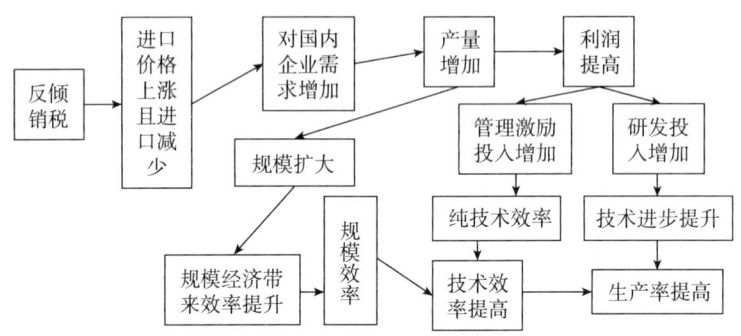

图 9-3　中国对外反倾销激励国内企业生产率提高的机理

具体地，本章的实证结果的要点如下：①我国主动发起的对外反倾销救济措施有效和显著地提高了相关行业的全要素生产率。②分解回归结果显示，全要素生产率的提高主要是通过技术效率的提高实现的，而技术效率的提高又是通过纯技术效率的提高实现的。说明了对外反倾销主要激励了行业的技术效率和纯技术效率提升。

这些结论对于我国今后的反倾销政策设计具有重要的启示意义。第一，中国对外反倾销显著提高了我国行业的生产率，存在着效率激励效应，这表明反倾销措施是一种行之有效的贸易救济手段。因此，在"后危机时代"我国进口贸易将逐步深化而对外反倾销体制仍不健全的背景下，应该进一步加强和完善对外反倾销的调查、预警以及措施体制和机制建设，建立及时有效的行动机制，在国外倾销行为损害到我国产业时，能够及时采取救济措施。第二，我国行业生产率的提升主要依赖于技术效率的提高，技术进步总体较低，反倾销的生产率效应也主要作用于技术效率。故而政策上需要进一步关注技术效率的提升，增强企业的内部管理和现代企业制度的建设，尽可能地提高行业的整体生产率水平。

第五节 中国的路径选择及适用条件

以上从单边行动、双边谈判、地区一体化以及 WTO 争端解决机制四个方面分析了国际贸易摩擦的化解对策及途径。这四个方面基本上从一般性角度涵盖了所有解决国际贸易摩擦的途径，不过在具体分析每个方面的主要途径时，我们并没有囊括所有的措施，而只是根据一般性、常用性和多数性原则分析介绍了主要的解决措施。这四个方面的策略各有其优点和缺点，对于具体争端来说，到底采取何种策略来化解，则应该根据具体的情况来决定。不过一个一般性的原则是，能够单边解决的应该首选单边解决，单边无法化解的应该首先采用双边谈判解决，如果都不奏效，才考虑地区一体化内部的解决机制，最后才考虑上诉 WTO。之所以有这样的顺序，主要是这些化解途径所带来的化解成本不同，涉及对象越多的路径就意味着将会耗费越多的时间成本和谈判协商成本。

对于单边行动来说，其是解决贸易摩擦的最根本途径，并且最有针对性和彻底性，且不需要浪费谈判成本和协商所需要的时间；但难点在于单边行动往往不能够解决贸易摩擦，或者单边行动难以在短期内实现，这就使得贸易摩擦难以解决；对于那些本源性和经济结构原因的摩擦形式，一般只有单边行动才能够最终解决。

对于双边谈判措施，其是解决贸易摩擦的最直接方法，能够找到摩擦的根本原因，有针对性地协商解决，并且解决效率较高、时间较快、手续和成本较低；不利的地方在于双方往往缺乏合作的基础和共同利益，谈判难以达成结果；一般来说，任何贸易摩擦的解决都需要经过双边谈判这一步骤，对于任何摩擦都是适用的。

对于地区一体化组织贸易争端解决措施，其集合了双边谈判的相对效率高的优势以及多边体系带来的强制性约束对摩擦解决的效力优势；不过摩擦的双方不一定属于同一地区，一体化组织难以组建，决定了地区一体化措施的适用性较差。

对于 WTO 争端解决机制，其优点是效果较好，能够充分发挥多边体系的权威性约束力作用，从而解决贸易争端；但缺点是效率太低，耗时太长且成本太高，其结果也不一定非常理想和公正；所以一般能够通过其他方式解决的贸易争端都不会上诉 WTO，而只有那些难以解决的摩擦才会依赖于 WTO 机制来解决。我们用表 9-15 来总结和归纳各种摩擦化解措施的优劣势和适用性。

表 9-15　贸易摩擦化解措施的效果和适用性

措施	优势	劣势	适用性
单边行动	解决贸易摩擦的最根本途径，有针对性和彻底性，不需要浪费谈判成本和协商所需要的时间	不能够解决贸易摩擦，且难以在短期内实现	那些本源性和经济结构原因的摩擦形式，一般只有单边行动才能够最终解决
双边谈判	解决贸易摩擦的最直接方法，能够找到摩擦的根本原因，有针对性地协商解决，并且效率较高、时间较快、手续和成本较低	双方往往缺乏合作的基础和共同利益，谈判难以达成结果	任何贸易摩擦的解决都需要经过双边谈判这一步骤，对于任何摩擦都是适用的
区域一体化	集合了双边谈判的相对效率高的优势以及多边体系带来的强制性约束对摩擦解决的效力优势	双方不一定属于同一地区，一体化组织难以组建	同属一体化内部成员之间的摩擦才能够通过该途径解决
WTO 争端解决机制	效果较好，能够充分发挥多边体系的权威性约束力作用	效率太低，耗时太长且成本太高，其结果也不一定非常理想和公正	其他措施都难以解决的摩擦才会依赖于 WTO 机制解决

资料来源：根据以上分析整理。

第六节　小结

本章分析了中国国际贸易摩擦治理的机制现状，比较了三种贸易摩擦治理路径的效果，实证评估了中国国际贸易摩擦治理的效果，并分析了中国在后危机时代治理贸易摩擦的路径选择。

中国国际贸易摩擦治理的机制现状主要有建立了对外贸易预警机制，建立了政府、企业、行业协会三位一体的贸易摩擦应对机制。

比较双边谈判、区域一体化和 WTO 多边争端解决机制三种化解贸易摩擦的途径，结果发现：第一，对具有一定市场势力的大国来说，双边谈判对大国最有利，其次是区域一体化，而 WTO 机制的福利效应是最劣的；如果大国的市场势力较弱且不明显，则使用 WTO 的争端解决机制对其最有利，其次是双边谈判，最劣是区域一体化；同时，无论在何种情况下，双边谈判都是比区域经济一体化更优的贸易摩擦治理路径。第二，对没有市场势力的小国来说，想方设法解决贸易争端是有利的；而在治理贸易摩擦的路径中，争取越多的成员参与对其越有利，即 WTO 争端解决机制最有利，区域一体化次之，最后是双边谈判措施。第三,对世界总福利来说,解决贸易争端总是比不解决好。在这些解决路径中,WTO 机制解决的总福利最高,区域一体化机制的福利次之,双边谈判均衡时的世界福利最低。

中国国际贸易摩擦治理的有效性评估结果发现:中国的贸易救济措施效果显著,对于企业数目、总产值、就业、利润和出口都具有正向推动作用,并提高了行业生产率。比较而言,中国贸易救济对行业生产率和利润的积极效应最为突出,对就业、产值的作用其次,而对出口的效应最小。从不同的企业类型看,私营企业受到的救济作用最显著,外资和国有企业受到的救济作用较弱。针对生产率的分解分析发现,中国的主动贸易救济措施对国内相关行业的整体生产率存在显著的正向激励作用,主要是通过技术效率的提升来实现的。

对于具体的争端来说,到底采取何种策略来化解,应根据具体的情况决定。一般性的原则是,能够单边解决的应该首选单边解决,单边无法化解时应首选双边谈判解决,如果都不奏效,才考虑区域一体化内部的解决机制,最后才考虑上诉 WTO。原因主要是这些化解途径所带来的化解成本是不同的,涉及对象越多的路径就意味着将会耗费越多的时间成本和谈判协商成本。

第十章 总　结

　　本书系统研究了全球金融危机之后中国国际贸易摩擦治理路径的有效性和对策。贸易摩擦的治理路径主要包括单边的贸易受害行动、双边的贸易摩擦方谈判协商、诸边的区域一体化组织以及多边的 WTO 争端解决。按照这样的划分，本书在分析中国国际贸易摩擦发展趋势及影响的背景基础上，分别讨论了四类贸易摩擦治理路径的内容、适用条件、中国的选择等，最后评估了中国国际贸易摩擦治理路径的有效性以及应对策略。

　　(1) 中国的国际贸易摩擦发展趋势及影响方面。在国际贸易摩擦的发展趋势上，国家援助措施替代了传统的贸易限制措施成为国际贸易摩擦的新手段，新兴产业和稀缺资源成为国际贸易摩擦的新目标，全球治理成为国际贸易的新保护伞，国家安全成为贸易摩擦的重要借口，发展中国家发起的贸易摩擦和贸易救济数量不断增加。

　　中国遭遇国际贸易摩擦的主要原因包括：国际贸易摩擦的发起国希望获取贸易利益、贸易摩擦的发起国企图保护国内产业和就业、政治因素与压力、国际贸易失衡以及相互依赖性的不对称、国际产业结构的不协调、经济和社会制度的差异、文化的差异与冲突等。

　　国外对华贸易摩擦的影响效应上。发达国家发起的国际贸易摩擦对中国产业的损害显著并且冲击较大，产业中企业数目、工业总产出、利润、从业人数以及出口都受到了显著的负面影响，但劳动生产率在一定程度上获得提高。比较发现，出口受到的损害最强，其次是利润和产出，再次是就业。生产率提高的原因可能是企业在竞争压力下，激励了生产效率的提升。发展中国家对华发起的国际贸易摩擦对产业利润和企业数目的损害较大，对产出、就业和出口的影响较小，对生产率同样具有正向激励作用。比较而言，发达国家的贸易摩擦对中国的影响大于发展中国家的贸易摩擦。进一步分析国外贸易摩擦对于中国行业生产率的分解影响。结果发现，国外贸易摩擦对中国行业的整体生产率具有积极效应，但过度激烈和反复的贸易摩擦冲击会形成损害；比较而言，效应对于私营企业的影响最为突出和显著，对外资企业的影响较弱，而对国有企业基本无显著影响；同时，发达国家的影响大于发展中国家；从不同类型的生产率看，技术效率的激励效应最强，其次是全要素生产率，最后是技术进步。

（2）单边行动与国际贸易摩擦的治理方面。主要的政策措施有：提升出口产品竞争力、促进产业结构转型升级、对外直接投资缓解贸易摩擦、建立贸易摩擦救济和预警体系、第三方力量的使用等。单边行动的措施中，最为重要的是促进贸易平衡，以及国民经济需求结构调整。

中国的对外贸易存在不平衡，长期处于贸易顺差国地位，且顺差额不断增加，很容易招致国外的贸易摩擦。促进贸易平衡，不仅符合出口可持续原则，而且是缓解国际贸易摩擦的重要单边行动之一。中国的国民经济需求结构中，消费所占比重相对较低，投资和出口所占比重相对较高，经济增长较多依赖外需和出口，过高的出口比重决定了贸易量大且贸易不平衡，从而贸易摩擦多。调整国民经济的需求结构，促进消费，提高消费和内需比重，能够从根本上化解国际贸易摩擦。

国际贸易摩擦的发生都是由两国之间内部经济结构矛盾或者一国的单方面非公平做法所引起的，任何的谈判协商和多边行动实际上只是一个讨价还价的过程，或者是借助多边的体系迫使争端一方放弃非公平做法，而最终解决贸易摩擦的途径还是单边行动。中国应该更多地在单边行动上促进贸易平衡、提高中国制造的竞争力、促进需求结构的转型，逐步化解国际贸易摩擦。

（3）双边谈判与国际贸易摩擦的治理方面。在双边谈判的具体措施上，谈判策略的使用非常重要，对国际贸易摩擦发起国开展政治游说，贸易安抚措施的使用，政府和企业配合可增强谈判效果等。

理论分析发现，国家之间的谈判措施解决国际贸易摩擦的效果取决于双方国家之间相互依赖的程度状况，以及竞争性企业之间成本差异的大小和进口国消费者对本国产品的偏好程度。当出口企业具有可置信的威胁，同时出口企业的成本优势足够明显时，"大棒加胡萝卜"的威胁策略有效。因此，加强贸易摩擦国之间的谈判协商有利于直接化解贸易摩擦，对贸易伙伴国政府的游说策略同样可以起到缓解国际贸易摩擦的作用。

双边谈判是解决国际贸易摩擦最直接也是最有效率的路径，只要贸易双方具有共同的利益，并且国际贸易使得双方都获益，则通过一定的妥协让步或安抚措施，国际贸易摩擦通常能够有效化解。

（4）诸边的区域一体化与国际贸易摩擦的治理方面。区域一体化的贸易争端解决机制中，北美自由贸易区、欧盟、东南亚国家联盟、中国—东盟自由贸易区、亚太经济合作组织等都有各自的贸易争端解决机制，这有利于化解内部成员相互之间的国际贸易摩擦。

全球金融危机之后的区域一体化发展如火如荼，重要的组织安排主要有跨太平洋战略经济伙伴关系协定（TPP）、跨大西洋贸易投资协定（TTIP）、中日韩自由贸易区、区域全面经济伙伴关系协定（RCEP）等，积极发展和参与这些区域一体化组织，建立国际贸易摩擦和争端协调机制，有利于化解国际贸易摩擦。

通过区域经济一体化组织解决国际贸易摩擦存在一定程度的局限性。第一，对于那些地理位置相距较远，经济基础相差较大且相互依赖性不对称的国家来说，建立区域一体化是困难的。第二，贸易双方的获利是不对称的，有些国家获利较多而另一些国家获利较少，贸易摩擦由此而生。贸易利益的不对称决定了矛盾和摩擦难以避免，如果区域一体化不能够消除获利的不对称性，则难以化解国际贸易摩擦。

（5）多边的WTO争端解决机制与国际贸易摩擦的治理方面。WTO争端解决机制是多边体系下最有权威和效力的争端解决机制，也是绝大多数国家在争端无法通过双边谈判解决时的有效选择。

以上分析包含三个方面：一是WTO争端解决机制的渊源、宗旨、职能和原则以及基本程序和管辖范围等；二是分析WTO争端解决机制的典型案例，进一步了解这一机制的运行程序和作用；三是中国的应对策略。

WTO争端解决机制有一套完整的程序，对于国际贸易摩擦和争端的解决能够起到化解作用，且由于WTO的权威性，贸易争端通常能够有效地解决。但WTO争端解决机制也存在自身的缺陷和不足。第一，机制还不够完善，存在不公正的现象；第二，效率较低，成本较高，所需时间长；第三，制裁手段的有效性不强。

WTO争端解决机制由于效率低、成本高等原因导致应用性不强。一般情况下，只有在双边谈判无果，地区一体化又难以实现，并且确实会给受害国造成较大损失的情况下，才会上诉WTO争端解决机构（DSB）。

（6）国际贸易摩擦治理路径有效性评价及中国对策方面。对具有一定市场势力的大国来说，双边谈判对大国最有利，其次是区域一体化，而WTO机制的福利效应是最劣的；如果大国的市场势力较弱且不明显，则使用WTO的争端解决机制对其最有利，其次是双边谈判，最劣是区域一体化；同时，无论在何种情况下，双边谈判都是比区域一体化更优的贸易摩擦治理路径。对没有市场势力的小国来说，想方设法解决贸易争端是有利的；而在治理贸易摩擦的路径中，争取越多的成员参与对其越有利，即WTO争端解决机制最有利，区域一体化次之，最后是双边谈判措施。对世界总福利来说，解决贸易争端总是比不解决好。在这些解决路径中，WTO机制解决的总福利最高，区域一体化机制的福利次之，双边谈判均衡时的世界福利最低。

中国国际贸易摩擦治理的有效性评估结果发现：中国的贸易救济措施效果

显著，对于企业数目、总产值、就业、利润和出口都具有正向推动作用，并提高了行业生产率。比较而言，中国贸易救济对行业生产率和利润的积极效应最为突出，对就业、产值的作用其次，而对出口的效应最小。从不同的企业类型看，私营企业受到的救济作用最显著，外资和国有企业受到的救济作用较弱。针对生产率的分解分析发现，中国的主动贸易救济措施对国内相关行业的整体生产率存在显著的正向激励作用，主要是通过技术效率的提升来实现的。

对于具体的争端来说，到底采取何种策略来化解，应根据具体的情况决定。一般性的原则是，能够单边解决的应该首选单边解决，单边无法化解时应首选双边谈判解决，如果都不奏效，才考虑区域一体化内部的解决机制，最后才考虑上诉WTO。原因主要是这些化解途径所带来的化解成本是不同的，涉及对象越多的路径就意味着将会耗费越多的时间成本和谈判协商成本。

参考文献

[1] 包小忠：《我国对外贸易摩擦前瞻》，《华南师范大学学报》(社会科学版)，2006年第1期。

[2] 鲍晓华：《反倾销措施的贸易救济效果评估》，《经济研究》，2007年第2期。

[3] 宾建成：《中国首次反倾销措施执行效果评估》，《世界经济》，2003年第9期。

[4] 陈立虎、赵艳敏：《中国参与建立的区域贸易争端解决机制》，《当代法学》，2007年第3期。

[5] 陈立鹏：《应对贸易摩擦演义之第三回：贸易摩擦武器探秘》，《大经贸》，2006年第3期。

[6] 邓德雄：《析欧盟反倾销中产业状况评估的实践》，《国际贸易》，2008年第9期。

[7] 丁黎：《从贸易角度探讨我国的贸易摩擦与对策》，《国际贸易问题》，2005年第11期。

[8] 方勇、张二震：《出口产品反倾销预警的经济学研究》，《经济研究》，2004年第1期。

[9] 冯宗宪、向洪金、柯孔林：《出口反倾销立案申请预警：基于面板数据Logit模型的研究》，《世界经济》，2008年第9期。

[10] 付娟：《贸易摩擦日益频繁的原因及对策分析》，《东北财经大学学报》，2003年第7期。

[11] 傅晓娟：《简述C-ASEAN争端解决机制》，《法制与社会》，2007年第2期。

[12] 龚柏华：《区域贸易安排争端解决机制比较研究》，《世界贸易组织动态与研究》，2005年第8期。

[13] 何元庆：《对外开放与TFP增长：基于中国省际面板数据的经验研究》，《经济学(季刊)》，2007年第4期。

[14] 侯明、王洪会：《应对贸易摩擦多发的政府路径选择》，《当代经济研

究》，2007年第1期。

[15]胡北平：《WTO争端解决机制公平性分析》，《世界经济研究》，2003年第1期。

[16]黄弢：《WTO争端解决机制研究》，哈尔滨工程大学硕士学位论文，2005年。

[17]贾海基、李春顶：《我国对外贸易摩擦频繁爆发之合理性研究及对策》，《国际贸易问题》，2006年第7期。

[18]金沙：《外贸谈判的策略与技巧初探》，《科技信息》，2006年第4期。

[19]鞠村臻：《WTO争端解决机制程序规则的法律分析》，哈尔滨工程大学硕士学位论文，2006年。

[20]鞠真：《入世以来的贸易摩擦：现状、原因与对策》，《市场周刊(管理探索)》，2005年第6期。

[21]雷达、于春海：《内外均衡、结构调整和贸易摩擦》，《世界经济与政治》，2004年第8期。

[22]李成钢：《当前贸易摩擦呈现四大特点》，《当代经济》，2005年第9期。

[23]李春顶：《新—新贸易理论文献综述》，《世界经济文汇》，2010年第1期。

[24]李计广：《美国政府贸易摩擦预警机制及启示》，《国际贸易》，2007年第6期。

[25]李磊、漆鑫：《我国对外反倾销威慑力能否有效抑制国际对华反倾销》，《财贸经济》，2010年第7期。

[26]李丽：《中美贸易摩擦的政治经济分析》，《世界经济研究》，2005年第1期。

[27]李小平、卢现祥、朱钟棣：《国际贸易、技术进步和中国工业行业的生产率增长》，《经济学(季刊)》，2008年第2期。

[28]梁军：《中美贸易摩擦的经济学困惑及其政治经济学解释》，《国际观察》，2005年第4期。

[29]刘小玄、李利英：《企业产权变革的效率分析》，《中国社会科学》，2005年第2期。

[30]路红艳、王保伦：《基于市场开放和贸易摩擦的产业安全形势分析及对策研究》，《北京工商大学学报》(社会科学版)，2006年第1期。

[31]马常娥：《论我国应对贸易摩擦的策略与技巧》，《财贸经济》，2005年第10期。

[32] 苗迎春：《中美贸易摩擦及其影响》，《当代亚太》，2004年第3期。

[33] 聂文慧：《应对贸易摩擦改善贸易环境》，《中国经贸》，2006年第4期。

[34] 裴长洪：《我们应该如何看待和应对贸易摩擦》，《学习与实践》，2005年第8期。

[35] 彭羽：《我国企业对欧盟反倾销规避措施的有效性分析》，《中央财经大学学报》，2009年第1期。

[36] 钱学锋：《经济全球化下中国的贸易摩擦问题及其解决机制》，《亚太经济》，2004年第6期。

[37] 沈国兵：《美国对中国反倾销的宏观决定因素及其影响效应》，《世界经济》，2007年第11期。

[38] 沈宪贞：《WTO争端解决机制研究》，武汉大学硕士学位论文，2004年。

[39] 沈瑶、王继柯：《中国反倾销实施中的贸易转向研究：以丙烯酸酯为例》，《国际贸易问题》，2004年第3期。

[40] 苏振东、刘芳：《中国对外反倾销措施的产业救济效应评估》，《财贸经济》，2009年第10期。

[41] 唐凌、李春杰：《国际贸易争端策略选择的进化博弈分析》，《世界经济研究》，2005年第5期。

[42] 田丰：《WTO成员处理多边贸易摩擦选择行为研究》，《当代亚太》，2006年第10期。

[43] 王厚双：《公关在日本处理日美贸易摩擦中的作用》，《国际贸易问题》，2003年第1期。

[44] 王庆新：《产业国际转移视角下的中美贸易摩擦研究》，《国际经济合作》，2007年第8期。

[45] 王晰、宗毅君：《欧盟反倾销、反补贴运作维护产业国际竞争力的效果实证研究》，《世界经济研究》，2009年第1期。

[46] 王孝松、谢申祥：《中国究竟为何遭遇反倾销——基于跨国跨行业数据的经验分析》，《管理世界》，2009年第12期。

[47] 王雪峰、王平利：《反倾销：当代显性贸易摩擦主要表现形式的原因分析》，《财贸经济》，2005年第8期。

[48] 魏国学、熊启泉：《美中贸易摩擦不断的原因》，《世界经济研究》，2006年第3期。

[49] 谢建国：《经济影响、政治分歧与制度摩擦——美国对华贸易反倾销

实证研究》,《管理世界》,2006 年第 12 期。

[50]谢申详、张林霞、王孝松:《美国对华反倾销的新动向:2002-2008》,《财贸经济》,2010 年第 4 期。

[51]杨仕辉:《对华反倾销的国际比较》,《管理世界》,2000 年第 4 期。

[52]杨仕辉、熊艳:《国际反倾销趋势、特点、成因与我国对策研究》,《管理世界》,2002 年第 3 期。

[53]尹翔硕:《中美贸易摩擦的影响及我们的政策重点》,《世界经济研究》,2006 年第 8 期。

[54]于铁流、李秉祥:《中美贸易摩擦的原因及其解决对策》,《管理世界》,2004 年第 9 期。

[55]余晓泓:《贸易摩擦预警:日本的经验》,《国际经贸探索》,2004 年第 6 期。

[56]张辉:《NAFTA 争端解决机制的内容和特点》,《甘肃政法成人教育学院学报》,2007 年第 1 期。

[57]赵建:《国际贸易摩擦背后的产业结构和政治因素》,《世界经济与政治论坛》,2004 年第 3 期。

[58]赵瑾:《日美贸易摩擦的历史演变及其在经济全球化下的特点》,《世界经济》,2002 年第 2 期。

[59]周俊玲:《中国、美国、欧盟反倾销法的差异比较和借鉴》,《国际贸易问题》,2005 年第 1 期。

[60]周彧:《试析中国—东盟自由贸易区争端解决机制》,《云南大学学报(法学版)》,2007 年第 4 期。

[61]朱庆华:《中国企业在欧盟反倾销中的待遇》,《中央财经大学学报》,2005 年第 9 期。

[62]朱宪辰、李玉连:《领导、追随于社群合作的集体行动——行业协会反倾销诉讼的案例分析》,《经济学(季刊)》,2007 年第 2 期。

[63]朱允卫、易开刚:《我国对外反倾销的特点、存在问题及其完善》,《国际贸易问题》,2005 年第 3 期。

[64]朱钟棣、鲍晓华:《反倾销措施对产业的关联影响》,《经济研究》,2004 年第 1 期。

[65]Anderson, Elizabeth L. and Catherine St. Hilaire, "The Contrast Between Risk Assessment and Rules of Evidence in the Context of International Trade Disputes: Can the U. S. Experience Inform the Process", *Risk Analysis*, Vol. 24, No. 2, 2004, pp. 449-459.

[66] Arellano, M. and O. Bover, "Another Look at the Instrumental-variable Estimation of Error Components Models", *Journal of Econometrics*, Vol. 68, 1995, pp. 29-52.

[67] Bac, Mehmet and Horst Raff, "A Theory of Trade Concessions", *Journal of International Economics*, Vol. 42, 1997, pp. 483-504.

[68] Bagwell, Kyle and Robert W. Staiger, "Strategic Trade, Competitive Industries and Agricultural Trade Disputes", *Economics and Politics*, Vol. 13, No. 2, 2001, pp. 113-128.

[69] Bagwell K. and Staiger R., "A Theory of Managed Trade", *American Economic Review*, Vol. 80, 1990, pp. 779-795.

[70] Balistreri, E. J. and R. H. Hillberry, "Trade Friction and Welfare in the Gravity Model: How Much of the Iceberg Melts?", *Canadian Journal of Economics*, Vol. 39, No. 1, 2006, pp. 247-265.

[71] Baron, D. P., "Integrated Strategy and International Trade Dispute: The Kodark-Fujifilm Case", *Journal of Economics & Management Strategy*, Vol. 6, No. 2, 1997, pp. 291-346.

[72] Baylis, K., N. Malhotra and H. Rus., "The Effect of Antidumping in Agriculture: A Cross-border Comparison", *University of Illinois Working Paper*, July 2009.

[73] Beghin, John C. and Jean-Christophe Bureau, "Quantification of Sanitary, Phytosanitary, and Technical Barriers to Trade for Trade Policy Analysis", *SSRN Working Paper*, 01-WP 291, 2001, pp. 1-35.

[74] Bernstein J. and D. Skully, "Calculating Trade Damages in the Context of the World Trade Organization's Dispute Settlement Process", *Review of Agricultural Economics*, Vol. 25, No. 2, 2004, pp. 385-398.

[75] Bhagwati J. N., "Protectionism: Old Wine in New Bottles", *Journal of Policy Modeling*, Vol. 7, No. 1, 1985, pp. 23-33.

[76] Bown, C. P., "The Economics of Trade Disputes, The GATT's Article XXIII, And the WTO's Dispute Settlement Understanding", *Economics and Politics*, Vol. 14, No. 3, 2002, pp. 283-323.

[77] Bown, C. P., "Trade Dispute and the Implementation of Protection under the GATT: An Empirical Assessment", *Journal of International Economics*, Vol. 62, 2004, pp. 263-294.

[78] Brander, J. A and B. J. Spencer, "Export Subsidies and International Mar-

ket Share Rivalry", *Journal of International Economics*, Vol. 18, 1985, pp. 83-100.

[79] Brenton, P., "Anti-dumping Policies in the EU and Trade Diversion", *European Journal of Political Economy*, Vol. 17, 2001, pp. 593-607.

[80] Calvin, L. and B. Krissoff, "Technical Barriers to Trade: A Case Study of Phytosanitary Barriers and U. S. -Japanese Apple Trade", *Journal of Agricultural and Resource Economics*, Vol. 23, No. 2, 1998, pp. 351-366.

[81] Camera, G. and A. Delacroix, "Trade Mechanism Selection in Markets with Frictions", *Review of Economics Dynamics*, Vol. 7, 2004, pp. 851-868.

[82] Campbell, K. and R Gossette, "A Study of Canada's Non-Tariff Trade Barriers: The Equivalents of Quantitative Import Restrictions", Research Branch, Canadian International Trade Tribunal, Ottawa, Ontario, Canada, 1994.

[83] Carter, C. A. and C. G. Trant, "US Trade Remedy Law and Agriculture: Trade Diversion and Investigation Effects", *Canadian Journal of Economics*, Vol. 43, No. 1, 2010, pp. 97-126.

[84] Chang, H. F, Carrots, "Sticks, and International Externalities", *International Review of Law and Economics*, Vol. 17, 1997, pp. 309-324.

[85] Crowley, M. A., "Do Safeguard Tariff and Antidumping Duties Open or Close Technology Gaps", *Journal of International Economics*, Vol. 68, 2006, pp. 469-484.

[86] Dixit, A., "Strategic Aspects of Trade Policy", *Advances in Economic Theory: Fifth World Congress*, 1987, pp. 329-362.

[87] Drazen, Allan, "Self-Fulfilling Optimism in a Trade-Friction Model of the Business Cycle", *AEA Papers and Proceedings*, Vol. 4, 1988, pp. 369-372.

[88] Duc, N. M., "Application of Econometric Models for Price Impact Assessment of Antidumping Measures and Labeling Laws on Global Markets: A Case Study of Vietnamese Striped Catfish", *Reviews in Aquaculture*, Vol. 2, 2010, pp. 86-101.

[89] Ederington, J. and P. McCalman, "Discriminatory Tariffs and International Negotiations", *Journal of International Economics*, Vol. 61, 2003, pp. 397-424.

[90] Elms, D. K., "Large Cost, Small Benefits: Explaining Trade Dispute Outcomes", *Political Psychology*, Vol. 25, No. 2, 2004, pp. 241-270.

[91] Farrell, M. J., "The Measurement of Productive Efficiency", *Journal of Royal Statistical Society*, Series A, General, Vol. 30, 1957, pp. 253-281.

[92] Francois, J., "An Extended Global Simulation Model: Analysis of

Tariffs & Anti-dumping Policy Impacts on Prices, Output, Incomes, and Employment", *Institute for International and Development Economics Report*, August, 2009.

[93] Ganguli, B., "The Trade Effects of Indian Antidumping Actions", *The State University of New Jersey Working Paper*, Vol. 26, 2005.

[94] Grinols, E. L. and R. Perrelli, "Politics, the WTO and Trade Disputes: Evidence from US Cases", *Pacific Economics Review*, Vol. 7, No. 2, 2002, pp. 335-357.

[95] Hendry, D. F. and M. P. Clements, "Pooling of Forecasts", *Econometrics Journal*, Vol. 7, 2004, pp. 1-31.

[96] Horlick, G. N and E. C. Shea, "The World Trade Organization Antidumping Agreement", *Journal of World Trade*, Vol. 29, No. 1, 1995, pp. 5-31.

[97] Hsiao, C., *Analysis of Panel Data*, UK: Cambridge University Press, 1986.

[98] Huff, D. L. and G. F. Jenks, "A Graphic Interpretation of the Friction of Distance in Gravity Models", *Annals of the Association of American Geographers*, Vol. 58, No. 4, 1968, pp. 814-824.

[99] Hungerford, T, "GATT: A Cooperative Equilibrium in a Non-cooperative Trading Regime?", *Journal of International Economics*, Vol. 31, 1991, pp. 357-369.

[100] Irwin, D. A. and N. Pavcnik, "Airbus versus Boeing Revisited: International Competition in the Aircraft Market", *Journal of International Economics*, Vol. 64, 2004, pp. 223-245.

[101] Jallab, M. S., R. Sandretto and M. B. P. Gbakou, "Antidumping Procedures and Macroeconomic Factors: A Comparison between the United States and the European Union", *Global Economy Journal*, Vol. 6, No. 3, 2006, pp. 1-20.

[102] Johnson, Harry G, "Optimum Welfare and Maximum Revenue Tariffs", *The Review of Economic Studies*, Vol. 19, No. 1, 1954, pp. 28-35.

[103] Kastner, J. and D. Powell, "The SPS Agreement: Addressing Historical Factors in Trade Dispute Resolution", *Agriculture and Human Values*, Vol. 19, 2002, pp. 283-292.

[104] Kastner, J. J. and R. K. Pawsey, "Harmonising Sanitary Measures and Resolving Trade Disputes Through the WTO-SPS Framework. Part 1: A Case Study of the US-EU Hormone-treated Beef Dispute", *Food Control*, Vol. 13, 2002, pp. 49-55.

[105] Kim, Y., "The Optimal Trade Bargaining Strategies in the Negotiation

of DDA", *Journal of Policy Modeling*, Vol. 26, 2004, pp. 65-80.

[106] Konings J. and H. Vandenbussche, "Antidumping Protection and Exports: Firm-level Evidence", *Catholic University of Leuven Working Paper*, September, 2008.

[107] Konings J. and H. Vandenbussche, "Antidumping Protection and Markups of Domestic Firms", *Journal of International Economics*, Vol. 65, 2005, pp. 151-165.

[108] Konings J. and H. Vandenbussche, "Antidumping Protection and Productivity Growth of Domestic Firms", *Working Paper*, August 11, 2004.

[109] Konings J. and H. Vandenbussche, "Heterogeneous Responses of Firms to Trade Protection", *Journal of International Economics*, Vol. 76, No. 2, 2008, pp. 371-383.

[110] Konings, J., H. Vandenbussche and L. Springael, "Import Diversion under European Antidumping Policy", *Journal of Industry, Competition and Trade*, Vol. 1, No. 3, 2001, pp. 283-299.

[111] Kovenock, D. and Thursby, M., "GATT, Dispute Settlement and Cooperation", *Economics and Politics*, Vol. 4, 1992, pp. 151-170.

[112] Krugman, P. R, "Strategic Trade Policy and the New International Economics", *International Organization*, Vol. 44, No. 1, 1990, pp. 107-135.

[113] Landon, F., "Japan-United Trade Friction: The Reciprocity Issue", *Asian Survey*, Vol. 5, 1983, pp. 653-666.

[114] Lee, K. H. and J. S. Mah, "Institutional Changes and Antidumping Decisions in the United States", *Journal of Policy Modeling*, Vol. 25, 2003, pp. 555-565.

[115] Lingelbach, W. E., "Commercial Policies as Causes of International Friction", *Economics of World Peace*, Vol. 150, No. 7, 1930, pp. 117-125.

[116] Maggi, G., "The Role of Multilateral Institutions in International Trade Cooperation", *The American Economic Review*, Vol. 1, 1999, pp. 190-214.

[117] McCalman, P., "Multi-lateral Trade Negotiations and the Most Favored Nation Clause", *Journal of International Economics*, Vol. 1, 2002, pp. 151-176.

[118] McLaren, J. S., "Sunk Costs and Judge Bowker's Objection to Free Trade", *American Economic Review*, Vol. 87, 1997, pp. 400-421.

[119] Miyagiwa, K. and Y. Ohno, "Closing the Technology Gap under Protection", *American Economic Review*, Vol. 85, No. 4, 1995, pp. 755-770.

[120] Myneni, G., J. H. Dorfman and G. C. W. Ames, "Welfare Impacts of the Canada-U. S. Softwood Lumber Trade Dispute: Beggar Thy Consumer Trade Policy", *Canadian Journal of Agricultural Economics*, Vol. 42, 1994, pp. 261-271.

[121] Nickell S. J., "Biases in Dynamic Models with Fixed Effects", *Econometrica*, Vol. 49, 1981, pp. 1417-1426.

[122] Orden, D. and E. Romano, "The Avocado Dispute and Other Technical Barriers to Agricultural Trade under NAFTA", *Invited Paper Presented at the conference "NAFTA and Agricultural: Is the Experiment Working?" San Antonio, Texas*, 1996.

[123] Park, J., "International Trade Agreements between Countries of Asymmetric Size", *Journal of International Economics*, Vol. 50, 2000, pp. 473-495.

[124] Park, S., "The Trade Depressing and Trade Diversion Effect of Antidumping Actions: The Case of China", *China Economic Review*, Vol. 20, 2009, pp. 542-548.

[125] Pauwels, W., H. Vandenbussche and M. Weverbergh, "Strategic Behavior under European Antidumping Duties", *International Journal of Economics of Business*, Vol. 8, No. 1, 2001, pp. 75-99.

[126] Pierce, J. R. "Plant-level Responses to Antidumping Duties: Evidence from U. S. Manufacturers", *Center for Economic Studies (CES) Research Paper* 09-38, October, 2009.

[127] Prusa, T. J., "On the Spread and Impact of Antidumping", *The Canadian Journal of Economics*, Vol. 34, No. 3, 2001, pp. 591-611.

[128] Reynolds, K. M., "Subsidizing Rent-seeking: Antidumping Protection and the Byrd Amendment", *Journal of International Economics*, Vol. 70, No. 2, 2006, pp. 490-502.

[129] Riezman, R., "Dynamic Tariffs with Asymmetric Information", *Journal of International Economics*, Vol. 30, 1991, pp. 267-283.

[130] Sherman, R. and J. Eliasson, "Trade Disputes and Non-state Actors: New Institutional Arrangements and the Privatization of Commercial Diplomacy", *Blackwell Journal Compilation*, 2006, pp. 473-489.

[131] Sing, L. H, "Singapore-Japan Trade Friction", *ASEAN Economic Bulletin*, Vol. 7, 1987, pp. 9-29.

[132] Staiger, R. W. and F. A. Wolak, "Measuring Industry-specific Protection: Antidumping in the United States", *Brookings Papers on Economic Activity*,

Microeconomics, Vol. 1, 1994, pp. 51-118.

[133] Stern, R. M., "Tariffs and Other Measures of Trade Control: A Survey of Recent Developments", *Journal of Economic Literature*, Vol. 11, No. 3, 1973, pp. 857-888.

[134] Sturm, D. M., "Product Standards, Trade Disputes, and Protection", *Canadian Economics Association*, Vol. 39, No. 2, 2006, pp. 564-581.

[135] Vandenbussche, H. and X. Wauthy, "Inflicting Injury through Product Quality: How European Antidumping Policy Disadvantages European Producers", *European Journal of Political Economy*, Vol. , 17, 2001, pp. 101-116.

[136] Veugelers, R. and H. Vandenbussche, "European Anti-dumping Policy and the Profitability of National and International Collusion", *European Economic Review*, Vol. 43, 1999, pp. 1-28.

[137] Windmeijer, F., "A Finite Sample Correction for the Variance of Linear Efficient Two-step GMM Estimators", *Journal of Econometrics*, Vol. 126, 2005, pp. 25-51.

[138] Yoshimatsu, H., "Social Demand, State Capability and Globalization: Japan-China Trade Friction over Safeguards", *The Pacific Review*, Vol. 15, No. 3, 2002, pp. 381-408.

[139] Zigic, K., "Intellectual Property Rights Violations and Spillovers in North-South Trade", *European Economic Review*, Vol. 42, No. 9, 1998, pp. 1779-1799.

[140] Zigic, K., "Strategic Trade Policy, Intellectual Property Rights Protection, and North-South Trade", *Journal of Development Economics*, Vol. 61, 2000, pp. 27-60.